U0359955

信息流广告实战

明学海——编著

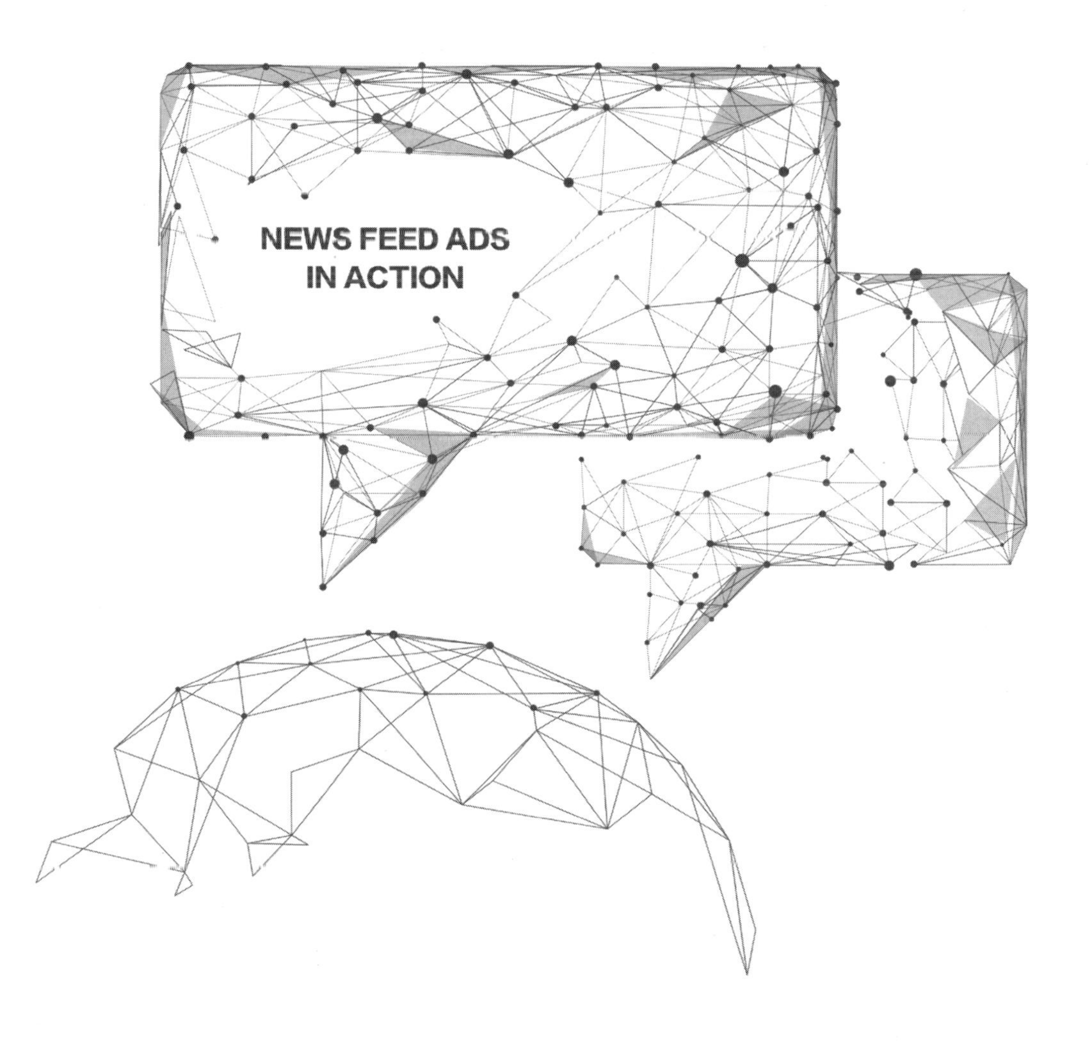

清華大學出版社
北京

内 容 简 介

近三年，信息流广告在数字营销领域呈现爆发式增长，市场空间迅速扩张。随着大数据和机器学习技术的快速发展，信息流广告的产品持续迭代，这对于运营服务人员来说既是机遇也是挑战。本书从数字营销的宏观行业视角切入，对于信息流广告，从发展路径、生态现状、理论基础、代表性平台的运营实战到领先的技术实践做了系统性讲解。

本书分为三大部分，共 11 章，内容包括行业解读、信息流广告运营共性方法论、巨量引擎平台和腾讯广告平台产品介绍、广告投放技巧、运营分析及优化技巧、高阶运营优化能力、拓展到其他媒体平台的实战案例解读、媒体营销 API 能力说明以及自建营销平台领先实践。

本书内容翔实，案例丰富，实用性强，适合信息流广告运营服务人员作为学习用书，也适合互联网广告领域的产品经理和技术人员作为参考书。

本书封面贴有清华大学出版社防伪标签，无标签者不得销售。

版权所有，侵权必究。举报：010-62782989，beiqinquan@tup.tsinghua.edu.cn。

图书在版编目（CIP）数据

信息流广告实战 / 明学海编著. —北京：清华大学出版社，2020.4（2025.4 重印）
（新时代 • 营销新理念）
ISBN 978-7-302-53715-1

Ⅰ. ①信…　Ⅱ. ①明…　Ⅲ. ①网络广告　Ⅳ. ①F713.852

中国版本图书馆 CIP 数据核字（2019）第 188053 号

责任编辑： 刘　洋
封面设计： 徐　超
版式设计： 方加青
责任校对： 宋玉莲
责任印制： 丛怀宇

出版发行： 清华大学出版社
网　　址： https://www.tup.com.cn，https://www.wqxuetang.com
地　　址： 北京清华大学学研大厦 A 座　　**邮　　编：** 100084
社 总 机： 010-83470000　　**邮　　购：** 010-62786544
投稿与读者服务： 010-62776969，c-service@tup.tsinghua.edu.cn
质 量 反 馈： 010-62772015，zhiliang@tup.tsinghua.edu.cn
印 装 者： 三河市东方印刷有限公司
经　　销： 全国新华书店
开　　本： 170mm×240mm　　**印　　张：** 22.5　　**字　　数：** 432 千字
版　　次： 2020 年 4 月第 1 版　　**印　　次：** 2025 年 4 月第 8 次印刷
定　　价： 79.00 元

产品编号：085010-01

信息流广告的崛起是一个时代的产物。消费者阅读习惯的改变，人工智能推荐引擎的完善，以及高速移动互联网4G的普及，种种因素都促成了信息流广告在互联网广告中的主流地位，并使之成为互联网巨头变现的主要方式之一。

《信息流广告实战》这本书深入浅出，围绕着信息流广告生态，从需求方到供给方，从商业模式到技术细节，全方位细致介绍了信息流广告中各个环节的实战经验。无论是刚入行的广告从业人员，还是在互联网行业里从事多年商业变现的资深人士，甚至消费者，都可从此书中了解信息流广告对互联网广告产生的深刻变革。

广告技术流（adexchanger）主编，ADBUG广告查查创始人　张迪

智能营销的发展分为三个时代。第一代是以搜索为代表，主要体现在PC平台，从用户体验上讲，是被动式营销时代，广告平台根据用户的关键词搜索兴趣推出相关广告，目前在逐渐走下坡路。第二代是以信息流为代表，主要体现在智能手机终端上，从用户体验讲是主动式营销时代，内容和广告融为一体，根据用户阅读或观看兴趣自动浮现广告，目前正方兴未艾。第三代是跨屏广告、PC、智能终端，OTT，甚至车载终端底层互相打通，线上线下场景融合，具体广告形式还在高速发展中。而目前的中国营销市场，是三代叠加，每一个从业者都在密切关注未来如何演变。学海作为实战派从业者，系统梳理了以信息流为代表的第二代智能营销，对于任何一个从业者和入行的新人，本书都有极大的借鉴意义。

腾云天下副总裁　高铎

我们有时候笑称移动广告分为“海陆空三军”。“陆军”是效果广告，“海军”是海外广告，“空军”是品牌广告。学海是我身边为数不多的兼具了品牌、效果以及出海广告多重属性的人，同时兼顾理论和实战，很欣喜地看到学海写这样一本关于信息流广告的书，全书深入浅出，娓娓道来，不管是对于“职业小白”还是广告从业者，都是一本不容错过的书。

Litemob 创始人 & CEO，原多盟销售总裁　张星

人类在互联网上获取信息的方式，一直在发生着巨变。每一次的巨变，都会造就一些大公司。最早，人们用“分类”这种方式检索互联网信息，从而诞生了像雅虎这样的公司；后来，人们发现信息爆炸，分类检索已经不能满足用户需求了。因此，出现了搜索引擎，搜索变成了人们获取信息的主要途径，Google 出现了。再后来，有人把每个人固定感兴趣的一些搜索词汇整理出来，主动帮大家自动搜索相关的信息，于是就有了信息流，今日头条等优秀的公司应运而生。信息流的关键点，在于推荐引擎是否准确，是否能够引起读者的兴趣，从这点来讲，信息流广告其实也应该是其内容的一部分。广告的推荐方式与信息流千人千面的推荐引擎息息相关，只有深入了解信息流的推荐方式，深入研究信息流和人的沟通方式，才能做好信息流广告。

我也和作者一起探讨过，下一个巨变将是什么，下一次人类获取信息的方式是什么。会是可穿戴设备吗？会是语音科技吗？会是万物互联，万物皆为屏吗？从今天我们看到的趋势来说，我们都认为下一个变革已经不远了，而我和作者都在不同的领域为之奋斗着，努力着，我们未来见！

最后要感谢作者，感谢他编写这本书，把他的知识和经验，详细地分享给大家。本书不论是对于刚入行的新人，还是从业多年的“老兵”，都是一本不可多得的学习资料。

新潮传媒高级副总裁、研发中心总经理　孙立群

信息流广告已成为当前中国数字广告中标志性的部分，而信息流广告的优化也从依赖人工经验到人机结合持续升级。本书是真正从实战中来到实战中去的典型，不仅深入浅出地介绍了行业基础知识、优化技巧和运营流程，更从实战出发帮助读者快速了解以往只有通过多年实战才能熟悉的行业深知。除此之外，这一本从技术角度介绍信息流产品和第三方技术工具发展的作品，对于初中级优化运营人员和中高级产品业务人员都能带来帮助。

MarketIn 创始人 & CEO　于华（Cain）

这是一本深入浅出地介绍信息流广告营销实战的书，包含了学海对于整个行业和产品业态的深刻理解。学海一直都站在营销技术的第一线，在这本书中我看到了他的热忱，无论是行业新人还是资深人士，都值得一读。

上海智远知识产权服务有限公司创始人，原蓝色光标业务 VP　Evan Xu

本书最大的亮点在于，不仅从信息流广告生态、信息流广告基础理论等宏观角度阐述，还基于作者本人多年信息流广告的实战经验，从信息流广告竞价原理、账户搭建技巧、数据分析、效果优化流程、账户运营优化策略等实战微观角度进行系统性的方法论总结和案例分析。时邑科技作为信息流营销领域的参与者，在本书中提及的效果优化流程、账户运营优化策略等方法论方面深受启发，本书也将会是时邑科技内部重要的学习材料。本书既适合想了解此领域的初学者和业务人员泛读，也适合在信息流一线工作的人员针对特定的知识点精读，它将成为信息流广告从业人员的必备读物，特此推荐给大家。

时邑科技，创始人 & CEO　王振关

移动互联网时代，不懂信息流产品的人，绝不能被称为“产品经理”，而高级的产品更是寥若晨星。作者学海（同事兼挚友）的这本书，理论完整、实操性强，诚然是本不可多得的好书。

移动互联网老兵　Nick Leung

和海总从2016年开始并肩作战，随着程序化购买的兴起，从DSP、PDB、AI+到现在信息流和短视频的爆发，我们参与并经历着这个市场的兴衰与变化。

媒体广告平台大规模的开放促使我们进入精细化运营的全新时代。数据和技术，流量与运营，需要我们不断探索和学习。如何让广告变得更有效，是一件有意思的事情，也是一个永恒的话题。恭喜学海第二本大作的出版。

北京锐拾数字技术有限公司，创始人 & CEO　史哲

我在阅读这本书的过程中，收获的不仅仅是信息流广告百科信息，更是对移动营销结构和交互关系的一个认识，透过表面的现象去寻求底层的关系。在看这本书的时侯要学习的是一套能举一反三的系统，从而更好地使创意在移动营销中为产品或品牌获取更强有力的增长。

Mobvista 高级创意总监　邢开捷

学海在广告行业实战多年，对广告行业产品和技术标准有丰富的经验和积累。对广告的产品形态和传播方式也在不断进行新的探索。广告是永恒的艺术，是价值的媒介，通过本书我在学海身上感受到他对传播和价值传递的信心和热忱，深受启发。相信专业人士和相关工作人员通过阅读此书都会有所收获。

京东云计算技术总监　马廷卫

很高兴要出版系统性讲解信息流广告的书了。

自 2014 年以来，随着智能手机的普及，国内的移动互联网广告规模迎来爆发式增长。其中，基于个性化推荐算法衍生的信息流广告成为主流。信息流广告从 2016 年起演化为独具特性的数字营销加值链。在广告主用户增长的整体诉求下，信息流广告作为自然流量最重要的渠道，预计未来三年依然会保持高复合增长率。

新的产品形态意味着巨大的市场机会，同时也意味着优秀人才上的稀缺。

与传统的广告形式相比，信息流广告在效果导向的运营中，是真正基于数据闭环的精细化运营实践。在产品、技术和运营实践以及公司经营上，信息流广告都要求从业者有更强的数据思维、技术思维、营销思维和复合能力。形象地说，在这个领域，不懂技术的产品经理不是好运营。

这就意味着，从业者既要从横向跨度上理解信息流广告的行业形态、营销价值，又要从纵向上对信息流广告从产品、运营到数据、技术有着深刻理解。

学海在数字营销上的见解往往令人印象深刻。2016 年 8 月，信息流视频类型的广告刚刚在今日头条和微博上出现，学海就兴冲冲地找到我，说他整合了一个新的广告产品——信息流视频（Feeds TV，FTV），这是数字营销上集内容、渠道、精准于一体的最佳实践。在这个产品故事中，学海将信息流广告的内容原生属性、渠道社交属性和算法精准优势融合在一起，并在接下来的三年中引领出信息流广告运营与产品上的多次成功实践。

与多数的数字营销类书籍相比，本书的内容聚焦在信息流广告形态的立体阐述。本书由浅入深，在满足“从入门到精通”的同时，丰富的案例也有很强的参考价值，相信读者会收获颇多。

宋　星

纷析咨询创始人

百度特聘专家

北京航空航天大学软件工程学院特聘教授

序 2

老友学海邀我给他的新书《信息流广告实战》作序，问及写这本书的初心，学海说："信息流的兴起对所有互联网人士都是一种不可忽略的趋势，甲、乙、丙三方对信息流的理解差异很大，行业专家和入门小白之间也有很深的知识鸿沟，鲜有一本书能够给出行业一个全貌的解读。"我读完此书，不仅能感受到其流畅易懂的行文，更重要的是，这是一本只有资深实践者才写得出来的书。学海一如我们共事时的状态，保持着高效的信息获取、实践和输出的习惯，这本书不仅凝结着学海在信息流广告产品和运营方面的经验和思考，也是市场上少有的将营销、运营、产品、技术实践融为一体的普及性作品。

为什么信息流是一个值得被重视的信息分发机制？因为它是人、货、场匹配的极致形态之一。作为互联网行业产品人，我们有幸在短短 10 多年间经历了搜索分发、社交分发、信息流分发三个时代。搜索是人找信息，社交是人找人，信息流是信息找人，每一种模式都有一个极致的产品形态。搜索引擎及其网盟将用户需求预测做到极致，信息、用户、上下文全部特征化，根据用户当时、当次的需求表达，找到匹配概率最高的结果；社交分发则将兴趣图谱和关系图谱用到极致，微信更是将这种相关性关系，沉淀到"微信群"这种实感化的介质中，让相似和相关的用户群产生小群体认同，进而激发信息分发；信息流则是推荐算法到今天为止最高效的人机交互形态之一，在深度学习的助力下，真正实现千人千面的信息推送，在视频信息流的推荐中，更是可以做到根据当前浏览的视频，动态调整接下来播放的视频。信息流的出现有历史偶然性和必然性，Google Reader（谷歌的在线 RSS 阅读工具）和百度新闻早就意识到推荐算法产品的重要性，但真正完成这个鲤鱼跳龙门动作的是张一鸣的头条和抖音。虽然头条的推荐算法被诟病会导致信息茧房，但不得不承认，用户第一次感受到了什么是“以我为中心”的信息推荐。

信息流带来的一个重要的变化是“广告即信息”，这也是头条、抖音、QQ 信息流等流量商业化的基础。如何理解“广告是一种有用的信息”，如何让系统配合人把有用的信息推送给有需求的用户，成为互联网营销领域的一个显而易见的挑战。如何度量和索引这些有需求的用户，在什么时间、什么场景、把什么信息给这些用户看，用户被这条信息曝光和互动的价值应该如何计价，这是信息流广告营销的基础问题。这些问题在学海的这本书里都有从原理到操作的详细解答。学海希望我能根据在不同平台的亲身经历，跟不同角色的读者分享下阅读本书的直观感受，谈下浅见：首先，对于甲方来说，用现在最受关注的话题来描述，就是“如何获取私域流量”“如何做用户增长”“如何进行高质量的用户生命周期管理”。选择官方信息流分发平台，理解平台规则和玩法，是筛选真实用户的保障。同时根据自身获客需求，建立一套与之相适应的数据监测和管理方法，串通从前端获客到后续留存的全链路数据，建立高效动态创意和内容管理，只有内容与信息流平台的用户需求匹配时，信息流流量应用才能达到最优。其次，对于乙方来说，这本书更多适用于运营人员的培训，便于初阶人员快速产生对系统的正确理解，给客户提供高质量的流量解决方案。最后，对于丙方来说，市场需要更多理解信息流的玩家，以帮助互联网人员解决数据系统的贯通性、实时可监测、私有化数据管理方案、内容和创意运营方案等问题。

对于每天使用各类信息流产品的用户来说，信息流的吸引力无需多说，它能让你沉迷、焦虑，也能让你欢喜、冲动消费。在人工智能落地的道路上，互联网产品永远在追求人、货、场的极致匹配，其效能常常令最初设计它的人都始料未及。信息流推荐只是人工智能改变世界的一角，先来看看学海对它的庖丁解牛。

李林波
京东数科产品专家

前言

从 2012 年起，数字营销中的程序化购买业态在国内被广泛认知——比美国市场晚一年半左右。然而，短短数年，程序化购买领域涌现出 DSP、PDB、DMP、CDP、TradingDesk、媒体超级平台等多种产品形态。主流产品形态的快速变化，实际上意味着流量购买方式在博弈中迭代，且不断趋于透明。

信息流广告从 2016 年在国内市场快速爆发，到 2017 年，已成为媒体新兴的主流产品形态。

2016 年起，第一梯队的腾讯、字节跳动、阿里巴巴、百度等已将信息流广告当作主流的商业化变现形式；而到了 2018 年，快速起量的媒体平台也推出了信息流广告平台进行商业化运作，其中典型的有抖音、快手、趣头条等。以抖音为例，2019 年其信息流视频广告收入预计可达数百亿人民币。未来 3 年，信息流广告依然会保持高速的年复合增长。

程序化购买对于营销需求方，解决的是流量采买效率的提升需求问题；而对于流量供应方，则提供了更好的广告去库存方式。这里边，业务形态上的典型代表就是近几年急剧爆发的信息流广告。

到了 2019 年，广告主在数字营销上的效果期望，已经从用户增长渠道升阶为用户精细化运营。信息流广告基于其精准投放、数据闭环及 OCPX

算法的优势，很好地适应了这个趋势。换言之，信息流广告已经极大地满足了营销效率提升的诉求，当前正作为重要渠道满足用户增长的需求。

笔者从事程序化购买领域工作多年，在经历了不同产品形态的实践后，笔者对于信息流广告的透明套利模式高度认同——它不再是以信息的不对称获取差价；在互联网广告领域，信息流广告从产业价值链、服务模式到运营逻辑，都与传统的数字营销有很大不同。然而与此同时，信息流广告发展过于快速，认知的不对称依然存在——广度上，市场上还没有一本介绍不同信息流广告平台的书；深度上，更没有从高维行业视角到低维技术原理贯通的书。因此，笔者期望能够从行业洞察到基础概念，到主流产品介绍，再到营销实践，系统地分享一下自己的理解。

因笔者水平和成书时间所限，本书难免存有疏漏和不当之处，敬请指正。

本书特色

1. 从行业解读到操作实践

市场上的书，要么讲营销理论、行业格局，要么偏重工具类平台说明，本书的特点在于既有宏观的行业视野，又有运营上的实操说明及案例。通过由面到点剖析，力求让读者系统性地了解。

2. 优化实操上理论到实践

基于笔者大量的实践经验，对于运营优化上的分享，不仅有逻辑推导、案例介绍，而且对于其技术逻辑和优化方法论均有翔实说明。

3. 技术原理的深度解读

从信息流广告的基本原理，到信息流广告平台的算法逻辑，书中都进行了深入说明。对于互联网广告从业者和创业者来讲，本书具备技术上的学习价值。

4. 领先的技术实践介绍

本书不仅对于信息流广告平台仅开放给大客户的试用能力做了说明，而且结合前沿营销技术平台自建经验，做了技术赋能及业务升级上的实践分享，对于从业公司来说具备业务升级和技术变革的参考价值。

本书内容及体系结构

本书内容分为行业篇、实践篇和技术赋能篇三大部分。

第一部分行业篇，从信息流广告的基本概念出发，分享了信息流生态现状上的产业格局及运作流程，并从技术原理和流量分发逻辑上做了探讨。

1. 信息流广告基本概念

从基础概念出发，分享了信息流广告的发展路径、信息流视频广告的崛起，再到信息流广告运作逻辑的说明。通过本部分内容的阅读，读者可以对信息流广告有一个整体的认知。

2. 信息流广告生态现状

对于行业现状及趋势做了分享，并对媒体资源方、广告主需求方、代理公司以及第三方数据、监测和创意公司的现状做了解读。读者可以了解我们所处的数字营销环境现状、发展变化及其逻辑。

3. 信息流广告理论基础

因国内众多的信息流广告平台在流量、算法、技术和运营技巧上各有不同，本部分旨在为读者解读信息流广告实践的共性逻辑，内容主要包括媒体流量售卖模型的说明、竞价购买的技术原理，以及实操上信息流广告的服务流程。

第二部分实践篇，翔实地讲解了今日头条巨量引擎广告平台和腾讯营销广告平台这两个最具代表性的信息流营销平台的入门、实操、实践案例及运营进阶方法。

4. 认识今日头条信息流广告

主要从流量资源开始，对巨量引擎广告平台做了整体介绍，并对开户、代理商平台功能及投放平台功能做了说明。通过对基础知识的了解，读者可以为运营实操做好准备工作。

5. 今日头条投放入门

从巨量引擎平台上账户搭建技巧出发，一步步地指导运营人员完成广告的投放操作，并对不同营销场景的差异化部分做了说明。通过入门知识的学习，读者可以完成巨量引擎广告平台上广告的入门操作。

6. 今日头条数据分析

从指标拆解开始，详述了报表分析、常规优化以及工具应用技巧。信息流广告的效果，需要靠广告的精细化运营来保障，对于优化技巧有着很高的要求。这也是我们单独开辟一大块内容对优化技巧进行说明的原因。希望读者完成本部分内容阅读后，能够对今日头条的信息流广告有较强的驾驭能力。

7. 今日头条优化实战

从今日头条的竞价原理出发，帮助读者构建转化链路的拆解分析能力，接着对冷启动、起量慢、掉量等问题分享了深度排查方案，并对云图工具、信息流视频等做了拓展能力上的说明。期望能够帮助运营服务团队实现能力提升，更好地发现问题和解决问题。

8. 腾讯广告平台说明

对于信息流广告市场上的另一个超级平台——腾讯广告平台做了整体介绍，包括开户流程、产品资源说明、代理商及投放平台等内容。完成本部分入门知识的阅读，读者可以为腾讯广告平台上的广告实践做好准备工作。

9. 腾讯广告平台投放实战

腾讯广告平台的资源储备、数据基础与算法表现，与巨量引擎平台存在着种种差异。本部分不再赘述共性内容，而是从账户搭建、操作、优化出发帮助读者触类旁通地构建腾讯广告平台优化能力，并掌握定向、OCPA等高阶技巧上的实操能力。

第三部分技术赋能篇，首先以案例形式，对于其他代表性信息流广告平台做了实操分享；进一步，基于头部媒体生态布局，从数据闭环、技术赋能和算法实践上做了生产效率提升及客户服务升维上的探讨。

10. 代表性平台案例分享

本部分内容深度解读了巨量引擎、腾讯广告、微信和粉丝通上的运营案例。之所以从策略制定到投放执行进行案例解读而不是继续其他平台的介绍，是为了帮助读者在完成前面内容的知识构建后，通过案例进行融会贯通，并且从实操场景上得到进一步启发。

11. 媒体 API 技术详解

头部媒体 API 的开放，是生态开放和繁荣的趋势，更是代理商、广告主在信息流广告生产效率提升上的良机。国内最先开放的是腾讯广告平台的 API，所以本部分从腾讯营销 API 讲起，并对今日头条营销 API、行业中其他 API 的整体趋势做了说明。本部分对基于营销 API 的领先实践做了场景和产品架构上的分享，对于代理商、广告主以及第三方技术公司自建平台提升效率或技术赋能上的转型，参考价值不言而喻。

本书读者对象

本书行业洞察、基础内容和实战案例并存，适用于初中级信息流广告运营服务人员和产品技术人员。当然，有着实操经验的高阶人员和管理者也可从中收获运营优化及技术实战上的经验。

本书要求读者对于数字营销和程序化购买已有知识储备，并假定读者对于媒体广告平台有初步了解，否则阅读起来会有一定的难度。

第一篇 行业篇

第二篇 实战篇

第一篇 行业篇

第 1 章　认知信息流广告

2014 年起，随着智能手机的普及，移动互联网迎来爆发式增长，流量从 PC 终端逐渐转移至手机、Pad 等设备。

2016 年，中国移动广告市场规模达到 1750 亿元，增速首次超过 PC 端，在网络广告中的占比超过 60%。移动端信息流广告成为网络广告市场新的爆发点，市场规模持续高速增长。

那么，什么是信息流广告？

1.1　信息流广告定义

随着人机交互的终端从 PC 逐渐转向智能手机，数字营销从业者意识到，由于手机屏幕较小，PC 上大量的广告形式将不再适用于手机。图 1-1 所示的横幅广告（banner），其在智能手机上可见性很差；而弹窗（pop-up）、前贴（pre-movie）等硬广又会破坏用户体验，影响媒体形象。

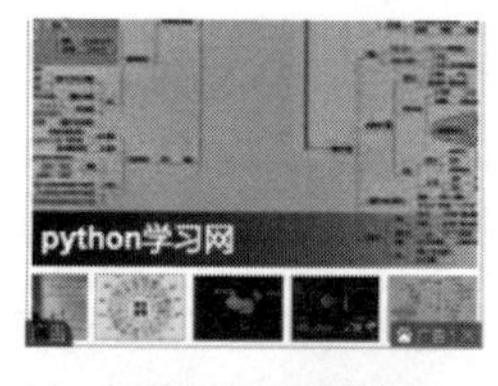

图 1-1　网易上的横幅广告

在此情况下，信息流广告因其原生性和对用户的低打扰，更利于传递信息并形成有效互动，逐渐新增为移动互联网上主流的广告形式之一，如图 1-2 所示。

图 1-2 微博上“长得不太像广告”的信息流广告形式

信息流（Feeds）广告，是在移动设备上穿插在内容流中的广告。初期主要存在于社交、资讯、视听类媒体，如国外的Facebook（脸书）、Twitter（推特），国内的腾讯QQ空间、微信朋友圈、微博、今日头条等。

信息流广告有图文、图片、短视频等不同形式，具备原生广告的六大属性：媒介适配性、内容创意适用性、用户体验打扰度低、用户选择自由、内容价值、数据管理能力。图 1-2 所示的场景，即为用户在查看微博好友信息的时候，在内容流中出现的信息流广告。如果不注意左上角的“广告”二字，很容易被当作普通内容来浏览甚至互动。

因其原生性和用户沟通的友好度，信息流广告可以很好地平衡广告主、用户和媒体的利益。对广告主来说，可以用更少的预算覆盖目标用户；对用户来说，可以减少硬广的干扰；而对媒体来讲，可以穿插在内容中释放大量的广告库存。时至今日，信息流广告已成为媒体广告商业化的必争之地。

当前在大数据和机器学习的加持下，信息流广告的算法推荐可实现“千人千面”的推送，使得信息流广告的原生性进一步加强。

1.2 信息流广告发展路径

2006 年，信息流广告最早出现在社交媒体 Facebook（脸书）上。Facebook 堪称信息流广告的鼻祖，扎克伯格本人将 News Feed（资讯信息流）视为过去十年最大也是最成功的赌注之一。News Feed 改变了欧美的新闻分发方式，同时也为 Facebook 带来了巨大的广告收入回报。到 2014 年，Facebook 超过 50% 的广告收入来自信息流广告，而同年 Twitter 上的信息流广告收入占比也超过了 70%。

在国内，2012 年，今日头条推出内容推荐功能，开辟了信息流类型内容智能分发的领域，并从资讯、搜索等媒体抢夺了大量的流量。随后腾讯、百度、阿里巴巴等纷纷进入战场，抢夺移动互联网的流量红利。

同样在 2014 年，今日头条推出了信息流广告形式，其他媒体陆续跟随。2015 年 1 月 25 日，微信朋友圈广告上线，如图 1-3 所示。

图 1-3 微信朋友圈第一条广告

微信第一条广告上线的时候，朋友圈中热传同时投放的广告是三个产品：宝马、vivo 和可口可乐。基于大数据技术精准投放，不同的人看到的广告不同。因此当时还流行了一阵比赛刷广告的热潮，而到 2018 年，信息流广告即便是在朋友圈也已经一天两条、司空见惯了。

相对于传统的硬广资源，信息流广告天然的原生特性决定了它更适合精准营销。而随着大数据技术的快速发展，到 2018 年第四季度，大数据和机器学习的人工智能已经越来越深地进入信息流营销全流程，即用户洞察、决策支撑、创意内容、智能投放和效果分析。

根据艾瑞数据，2019 年国内信息流广告市场规模将达到 1800 亿元，到 2020 年，环比增长率依然会高达 45% 以上（如图 1-4 所示）。随着短视频类厂商和垂直类媒体的加入，在迎来信息流营销百花齐放的同时，市场竞争会进一步加剧。

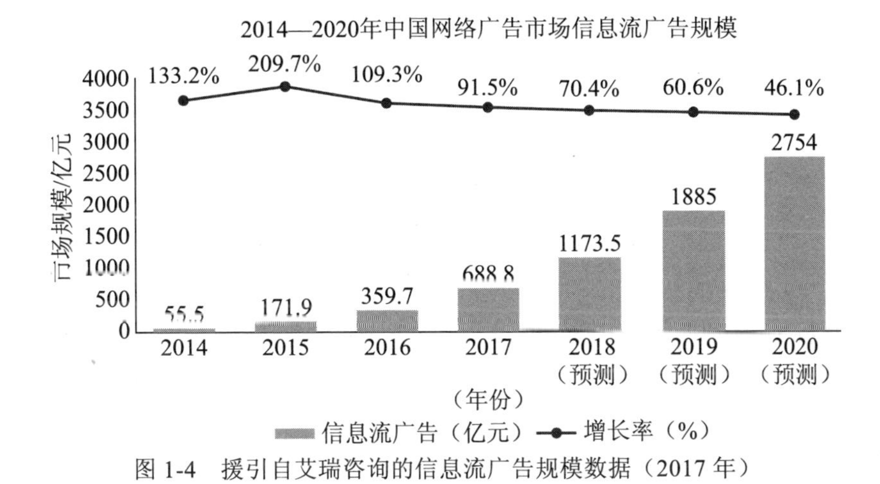

图 1-4 援引自艾瑞咨询的信息流广告规模数据（2017 年）

1.3 信息流视频广告

简言之，信息流视频，或叫视频信息流，指的是信息流中承载的内容形式为短视频，如图 1-5 所示。

图 1-5 今日头条中的信息流视频广告

视频信息流由 Facebook 和 Twitter 在 2014 年引入，自 2016 年开始多家国内媒体推出之后得到蓬勃发展。到 2016 年 9 月，今日头条的头条号短视频播放量超 300 亿 VV（video view）；2017 年微博春晚短视频播放量达 5.67 亿。

解读信息流视频的爆发，包含以下几个维度的原因。

（1）观看设备的变化引起观看习惯的变化。移动端上用户会偏爱短视频，且 41.3% 的用户参与过互动（数据来自 CNSA- 中国网络视听节目服务协会）。相对于传统的电视、OTV（Online TV，在线视频），互动、二次传播成为短视频吸引广告主的重要原因。

（2）用户对于长视频、短视频的内容偏好不同。用户观看的长视频主要是电影、电视剧、综艺等，而短视频内容则主要是新闻资讯类、搞笑娱乐类。对于广告主来说，短视频媒体启发了新的沟通方式和创意。

（3）媒体平台间内容去重度高。以今日头条为例，其与优酷内容的重合度为 14.5%，与微博内容的重合度为 29%，与 B 站（bilibili）内容的重合度仅为 1.1%。这就意味着，今日头条与微博这种短视频媒体之间，以及今日头条与优酷这种 OTV 之间的用户是有差异的，同时使用类似媒体的用户占比不高。从“广而告之”的营销需求出发，短视频媒体实际上提供了新的媒体覆盖渠道。

在继承了信息流图文形式原生优势的同时，信息流短视频更具视频移动化、内容差异化优势，在 2016 年成为一片新蓝海。短视频应用在 2017 年快速发展为四足鼎立的格局，包括抖音、快手类短视频应用，微信、微博、QQ 空间类社交媒体，今日头条、腾讯新闻、网易新闻等资讯媒体，以及 OTV 网站爱奇艺、优酷、腾讯视频等。

2018 年，抖音 APP 火爆全国。在今日头条 APP 和抖音 APP 的带动下，头条系 APP 的总使用时长在上半年达到 10.1%，仅次于腾讯系列，位居第二。也就是说，借助于信息流形式的资讯分发和短视频形式的内容赛道，今日头条系的用户使用总时长超过了阿里系、百度系和新浪系。这同时也意味着，今日头条系拥有了占比第二的信息流广告和短视频广告库存。

有别于传统的电视、OTV 以硬广曝光获取品牌声量的方式，短视频分发的兴起带来了全新的视频营销理念:“广告即内容”,像做内容一样做广告。这种营销理念促成了视频营销上两种场景的细分：对于大流量入口，如开屏视频，采用大曝光覆盖模式；对于垂直化流量入口，如今日头条的“推荐”页、腾讯QQ空间的“沉浸式”视频，则基于大数据算法采用TA（目标受众）人群覆盖的策略。

1.4 信息流广告运作模式

长期以来，互联网广告与数字营销的概念区分都很模糊。根据从业者背景，广告人可能会将互联网广告当作一个媒介渠道，而互联网从业者则更可能从数据和流量角度，将数字营销理解为从获取流量到转化付费的过程。概念或有不同，但营销诉求是一样的，都是为了促成用户转化路径的发生，如图1-6所示。

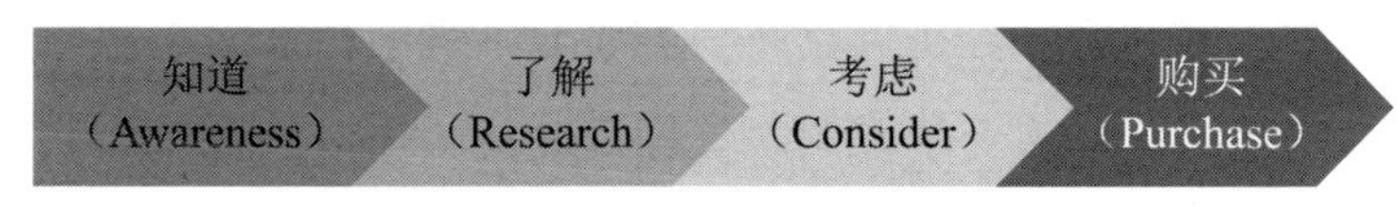

图1-6 用户旅程分析示意图

在数字营销的效果广告领域，用户转化路径有着更为量化的另外一种表述方式，就是营销转化漏斗，如图1-7所示。广告主与媒体之间流量的买卖，本质上是购买展示人群和点击人群，并通过引流率、转化率的提升，达成ROI（Return on Investment，投资回报率）的诉求。

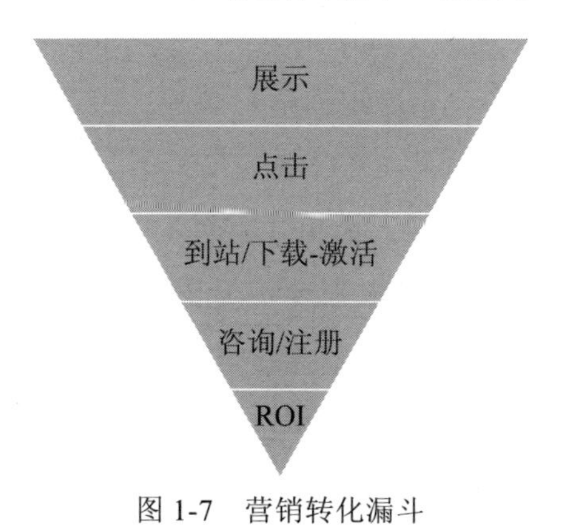

图1-7 营销转化漏斗

信息流广告的爆发是由效果广告直接促成的。

以前广告主想要营销效果，会通过品牌做声量，再通过搜索、电话、邮件等渠道做效果转化。4G 的提速降费促进了移动互联网的蓬勃发展，在这种情况下，只是等待用户搜索的方式来获取消费者的增量，显然不足以满足广告主业务拓展的需求。信息流广告使用广告推荐机制作为用户增量渠道，生逢其时。

信息流广告带来了广告运作模式的巨大改变。

首先是生态链上的盈利模式。信息流广告代理公司不再赚取广告主服务费和媒体资源的差价收益，而是背靠头部媒体的流量商业化政策，代理媒体产品进行流量售卖，赚取媒体的返点收益。也就是说，信息流代理业务上其实是媒体的代理商，收入上主要靠垒量收获的媒体返点。因头部媒体的阶梯返点是透明的，其业务模式天然具备透明性。

其次是广告运营模式的变化。相对于传统媒体采买（Media Buying）模式的直接投放，信息流广告在执行环节需要非常强的精细化运营能力。

下面是笔者实践过的一个案例，我们借此初步探讨其模式上的不同。

在该案例中，推广的目标是为某扫地机器人在双十一期间进行电商引流，考核 ROI。

从双十一媒体环境进行分析，媒体声量嘈杂，各种降价打折信息占据用户视野，因此信息传播需要更加“短平快”才能抓住客户眼球。

在媒体渠道选择上，社会化营销能更有效地直击目标受众（Target Audience，TA），因此选择了微博渠道。

在 TA 选择上，因“双 11”电商信息驳杂，用户会被铺天盖地的商品和打折信息覆盖。在这种情况下，广度覆盖 TA 传播品牌信息没有意义。因此，我们引入了简化版的转化路径，避免让所有 TA 走完传统意义上的消费决策流程。另外，从认知程度和需求强度上为该商品的受众做了细分，对于没有需求又不了解的用户直接放弃覆盖，重点覆盖小白用户和处于纠结状态的用户，如图 1-8 所示。

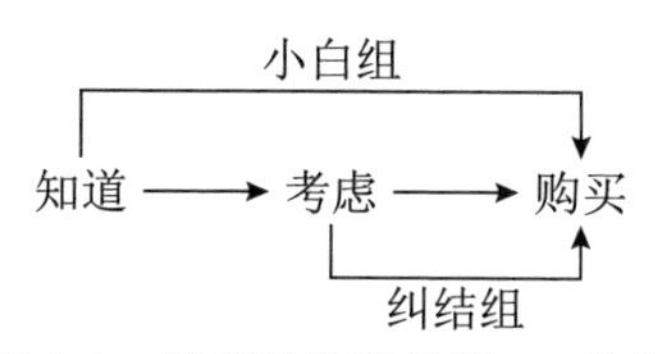

图 1-8　基于转化路径的 TA 选择

在创意沟通上，基于“‘双 11’不买贵的，但要买对的”的创意策略，选择了当时点击率和电商引流效果最好的短视频资源。根据小白用户和纠结用户的划分，分别匹配突出产品价值和性价比的创意。

至此，推导出的广告策略如图 1-9 所示，精准 TA 匹配相应的创意策略。

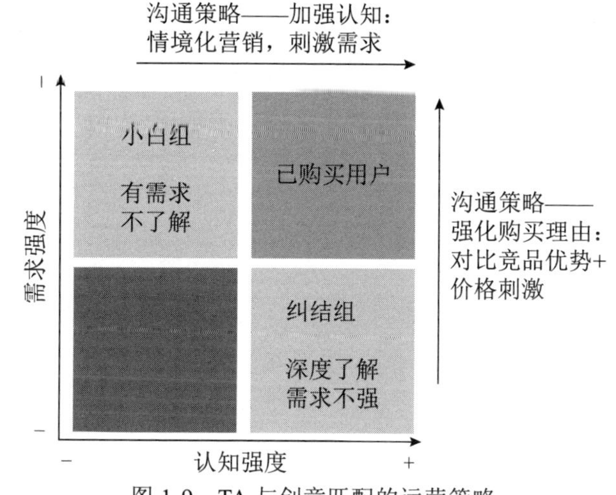

图 1-9　TA 与创意匹配的运营策略

该案例取用的是 TA 与创意匹配的策略，未采用 TA 与创意叉乘的 A/B 测试方案。因此，实际执行过程中通过 TA 定向与定制创意的方案进行投放，并密切关注投放效果，进行广告启停与预算倾斜，以实现 ROI 最大化。

执行拆解中的 TA 定向与创意匹配方案，如表 1-1 所示。

需要说明的是，在表 1-1 所述的执行方案中拆分了五类人群，匹配五类沟通策略。而实际在执行中，需要根据起量、ROI 等指标，及时对广告进行预算、定向、出价、频次、创意素材及文案上的调整。比如，执行中发现相同预算、出价下，母婴定向 CTR（点击通过率）高于宠物定向，那么预算就会倾斜到母婴人群；而宠物和母婴类型的素材导流率最高，那么素材就会倾斜到这两个方向来制作。

表1-1 TA与创意匹配的执行方案

TA细分		创 意 内 容
小白组	母婴家庭	婴儿常住环境需要避免奶渍、灰尘、过敏源，与其花时间打扫，不如让机器人来干，妈妈去给孩子讲故事
	宠物家庭	宠物常住环境会有宠物毛等，让机器人去打扫，人类陪宠物去散步玩耍
	新居家庭	新装修家庭有灰尘、家具、地毯等，让机器人来打扫，人类享受惬意的晚餐
纠结组	科技达人	机器人算法原理，科技感十足，且有折扣，错过悔一年
	折扣达人	不同品牌的机器人扫地试验对比突出性能，加折扣

执行过程中，此案例测试期创建了 32 条广告，最终通过四组广告放量，实现 CTR 平均值达到 6.53%，微博导流到天猫的 ROI 为 1∶2.7。

第2章 信息流广告生态现状

在近几年整体广告行业发展疲软的情况下，信息流广告市场爆发，是由效果广告的需求直接促成的。其中深层次的原因包括广告内容监管升级、用户浏览终端转移、大数据和人工智能算法革新，以及广告主在移动互联网媒介上突增的买量需求。

随着广告主的预算越来越多地投入到信息流广告上，数字营销的行业格局也发生了改变。如图 2-1 所示，行业中的角色划分变化不大，但业务逻辑的转变导致各家业务形态和经营状况大为不同。

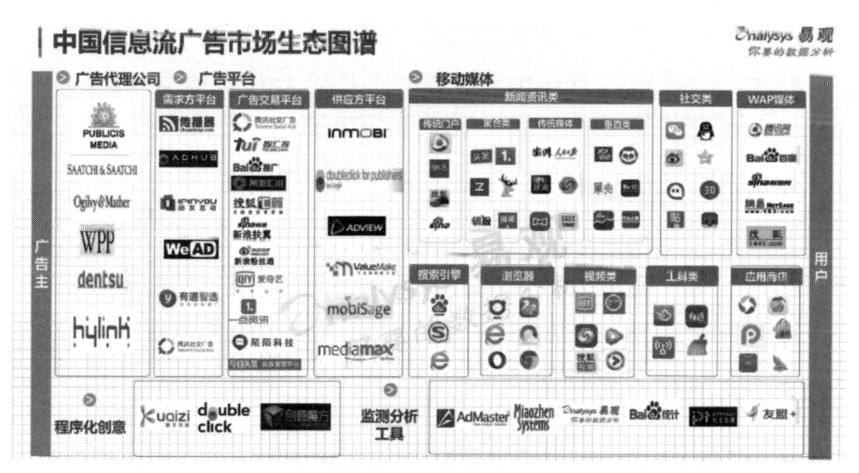

图 2-1　援引自易观数据的中国信息流广告市场生态图谱

2.1　媒体流量方

时至 2019 年，信息流广告已经成为媒体流量方商业化变现的必选方式。我们先来看一下媒体方的市场格局。

2.1.1　媒体流量方市场格局

2018 年年底的媒体流量方市场格局中，位于第一梯队的是腾讯系和今

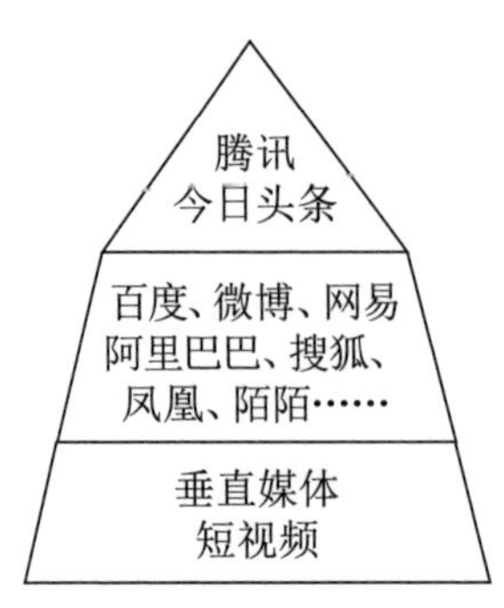

图 2-2 信息流市场竞争格局

日头条系媒体，其信息流相关广告营收规模都在百亿级；百度、微博、网易、阿里巴巴、搜狐、凤凰、陌陌等媒体信息流广告市场规模在十亿级的位居第二梯队，可参考图 2-2。百度 2016 年 Q4 才开始上线信息流广告，起步较晚。

从 2017 年开始，汽车、电商等垂直媒体以及抖音、B 站等短视频平台陆续加入战局，信息流市场的头部资源争夺战愈演愈烈。

媒体资源方影响市场格局的主要因素有三个：产品能力、流量能力和技术能力。

- 产品能力直接体现在是否受用户喜欢和市场认可，决定了用户规模及使用时长，而这也是媒体信息流广告库存的基础。
- 流量能力，或者叫产品营销能力，指的是产品内容的流量资源流转及内容运营的能力。是否能够通过内容运营持续获取流量，是竞争成败的核心。
- 技术能力，通常指的是广告精准推送的能力。基于大数据精准识别用户、通过科学的推荐算法实现“千人千面”的广告触达，是广告商业化的关键能力。

2.1.2 超大型媒体平台的流量矩阵

在信息流市场的流量争夺战中，超大型媒体根据平台特点打造产品矩阵，以形成流量生态，用户及流量的获取能力很强。以头条系和腾讯系为典型，如图 2-3 所示。

我们以今日头条系为例来探讨其产品矩阵及流量打法。

需要说明的是，为概念上不出现混淆，我们此处将“今日头条”定义为其资讯分发 APP；头条系指的是其 2018 年 4 月变更的整体品牌“字节跳动”的产品体系，包括资讯分发和短视频两条赛道的产品矩阵，并且启动了全球化业务。

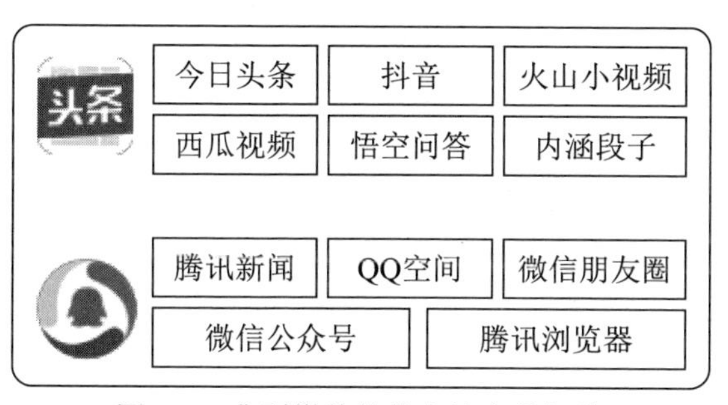

图 2-3　典型媒体的信息流产品矩阵

早在 2015 年，今日头条就开始布局海外，推出了今日头条 APP 海外版 TopBuzz。在 2016 年的乌镇互联网大会上，张一鸣表示，全球化将是 2017 年字节跳动的核心战略之一。我们会发现，业务路径上今日头条对标的是 Facebook 和 Instagram，APP 的定位从新闻资讯领域延伸到了短视频领域。今日头条的全球化战略，期望的是以海外产品进行流量上限的突破。到了 2018 年底，今日头条先后推出了火山小视频 APP 海外版 Hypstar、抖音 APP 海外版 TikTop，并收购了 Flipagram 和 Musical.ly，投资了 Dailyhunt 等公司。

出海业务是另外一个话题，我们可以利用其他机会探讨其业务的逻辑及玩法。在本书中，我们先聚焦到今日头条系的国内市场来继续讨论。

如果说近几年国内的移动互联网，流量就是主战场，那我们可以看到头条系产品横跨资讯分发和短视频两个赛道，并分别在信息流图文和短视频的两波大战中脱颖而出。

第一波是始于资讯分发的信息流大战。2012 年，字节跳动推出“今日头条”产品，依托“算法编辑 + 智能分发”做资讯分发。简单来说，在用户的认知中，今日头条是个“个性化推荐新闻的 APP”。

在用户时间高度碎片化的时代，今日头条通过“信息”找“人”的产品逻辑来满足用户多场景的阅读需求。其在移动资讯领域直面腾讯、网易等头部媒体竞争，凭借智能的兴趣推送赢得用户友好度，从而作为黑马胜出，享受了第一波红利。

今日头条的智能分发逻辑，核心是用户识别与内容推荐，如图 2-4 所示。

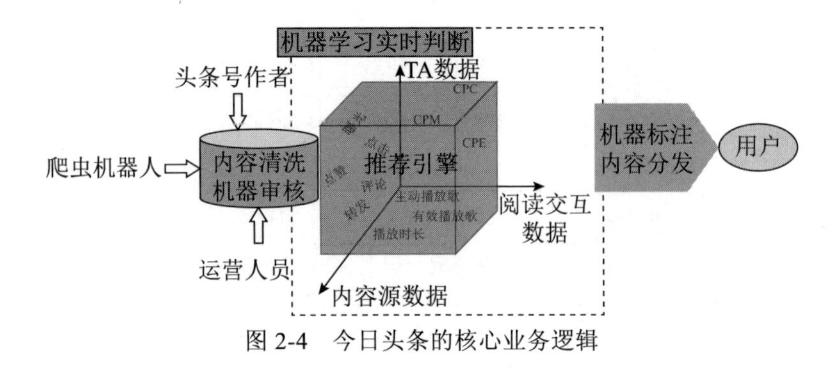

图 2-4 今日头条的核心业务逻辑

2016—2017 年，类似于今日头条资讯分发模式的聚合型平台已经很多，流量竞争十分激烈。基于内容推荐模式的应用包括腾讯新闻、一点资讯、腾讯的天天快报、阿里巴巴的 UC 浏览器、网易新闻、凤凰新闻、趣头条、新浪新闻等，可谓战火纷飞。正当存量用户市场不足以支撑流量扩张需求时，短视频来了。

在第二波的短视频大战中，头条系布局短视频产品矩阵，并成功构建起流量壁垒。2016 年，字节跳动的掌舵人张一鸣提出 All in 短视频，推出了“抖音”+“火山小视频”+“西瓜视频”产品体系。

2016 年 1—9 月，中国短视频投资事件数量比 2015 年增长 122%，资本吹起的短视频行业风向标已经很明显。2016 年 12 月，今日头条 CEO 张一鸣表示，未来一年将会拿出至少 10 亿元补贴短视频创作者；2016 年 9 月，微博和秒拍宣布将拿出 1 亿美元推动短视频行业发展；2017 年，字节跳动通过巨额补贴和营销投入，在众多短视频应用中再次脱颖而出。到了 2018 年，短视频应用市场排名前五中，头条系就占有三席。

2018 年 6 月，抖音 DAU（日活跃用户数量）过亿，成为短视频应用中日活用户最多者。而对于头条系产品矩阵来说，利用信息流广告开始商业化的抖音，已经成为其产品体系中的价值王者。在今日头条和抖音两大流量入口的带动下，头条系产品的使用时长占比移动互联网总使用时长，从 2017 年上半年的 3.9%，上升到 2018 年上半年的 10.1%，仅次于腾讯系，已超过阿里系、百度系和新浪系。

庞大的流量基数，为头条系带来了丰富的广告库存，信息流广告也成为头条系产品的主要收入模式。

相对于传统的开屏等广告形式，信息流广告与资讯分发有着技术上的协同性。信息流广告主要借助于DMP（数据管理平台）人群识别实现精准投放，而这个逻辑与资讯的兴趣推荐是一致的。在信息流广告精准投放的技术基础与资讯智能分发的主逻辑相耦合的情况下，今日头条在数据和算法上的优势为信息流广告提供了支撑。

随着短视频、基于公众号的KOL（关键意见领袖）、小程序等新生事物基于信息流媒体的演化，广告形式、互动方式会更加多元化。随着视频技术与信息流广告分发的伴生发展，无论是UGC（用户生产内容）还是PGC（专业生产内容）都可以更便捷地植入广告，视频信息流在营销智能化上表现出越来越多的可能性。

2.2 广告需求方

互联网广告，尤其是移动互联网广告，成为广告需求方越来越重要的媒介渠道。根据易观数据，2018年中国互联网广告市场规模将达到3509亿元，同比增长16.6%，如图2-5所示。

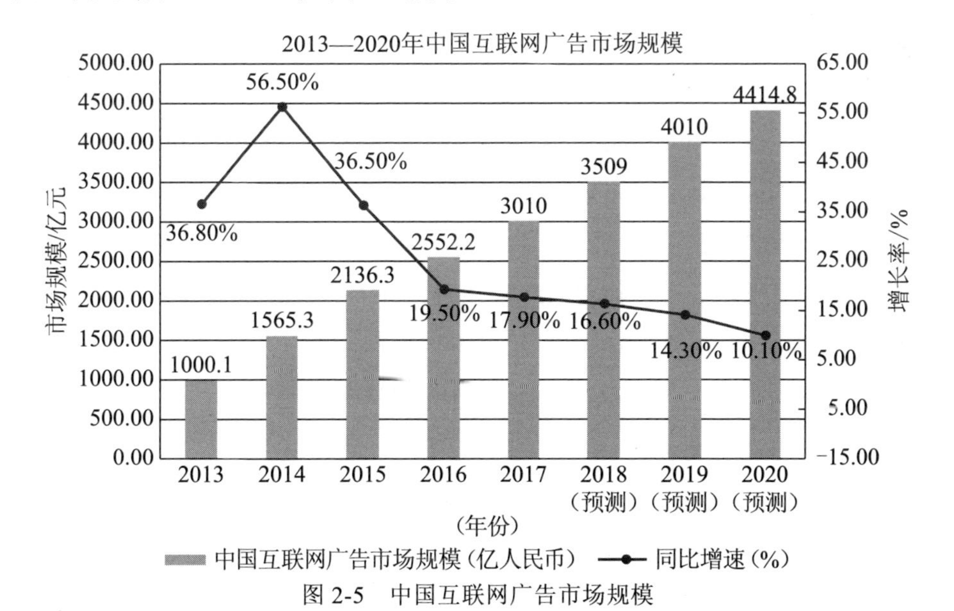

图2-5 中国互联网广告市场规模

但图 2-5 所示数据中有两个值得注意的点，可从相应报告中找到论据。

■ 易观国际

目前互联网进入存量市场阶段，大规模用户增长时代已经过去，对存量用户的精细化运营是厂商营收增长的主要方式，挖掘垂直媒体、小众媒体用户的深度营销价值被厂商和广告主接受，长尾流量的营销价值得以体现并成为市场新入者的生存空间。

■ Adexchanger

2017 年是中国数字广告市场透明化元年，其中广告测量验证是重中之重。2018 年，“透明化”和“广告安全”必然会是新常态。正如宝洁 CBO 2017 年年底在接受媒体采访时所说“期待在提升”。回顾过去，2018 年是一个名副其实的品牌安全之年。

从中我们可以看出，广告主在数字媒介采买上的需求进一步“精准化”。在头部媒体资源上期望精细化运营，而对于中长尾资源则希望深度营销。与此同时，“透明化”越来越受广告主重视，2014—2016 年以 RTB（实时竞价）长尾流量做差价的模式不再受广告主认可。

我们来看一下有着“营销风向标”之称的 P&G（宝洁）的动作。

因业绩不景气和品牌老化的困扰，宝洁从 2015 年起已经将广告和公关代理商在全球范围内从 6000 多个精简到 2000 多个，削减了高达 5 亿美元的广告预算。与此同时，宝洁采用开放式广告承包（Open-sourcing）和整合制作（Pooling production）的方式，替代了之前全案承包给某广告代理集团的方式。而这对于 4A（美国广告代理协会），是一个巨大的打击。

宝洁甚至成立了自己独立的广告公司。

2018 年 4 月，宝洁宣布由其北美织物护理业务（P&G Fabric Care）成立一家独立广告公司，团队人员均来自与宝洁有过合作的广告公司，包括阳狮、WPP 和宏盟集团等。

需要说明的是，成立独立广告公司的此业务单元，旗下拥有汰渍等主要品牌；新广告公司的人员并不是离开原公司，而是同时担任两份职务。

宝洁的独立广告公司，事实上在国际客户和 4A 广告代理之间，带来了三个改变。

- 不再是传统的比稿选择创意策略，而是将三家相互竞争的创意代理盛世长城、李奥贝纳、GREY顶尖人才合为一个团队，从而优化沟通效率和成本。
- 不再是数十年依赖的“AOR”（单一广告公司长时间的全案代理）收费模式，而是采用月费（Retainer）+项目（Project）费用结算模式。
- 不再是广告公司帮忙做媒介策略和执行，而是将媒介策划（Media Planning）和媒介购买事务（Media Buying）转到内部团队来做。

宝洁、可口可乐这类金字塔尖的国际广告主在与专一全案代理公司解除耦合的同时，国内广告主是什么样的呢？

非金字塔尖的广告主，在代理公司的使用上向来强调性价比。尤其是在数字营销领域，新兴的广告主极少使用固定的单一代理公司，代理公司的竞争预算获取与执行难度变得越来越大。那么，在如此复杂的供需两方市场环境下，代理公司到底在发生着什么变化？

2.3 代理公司

1994年10月14日，美国著名的Hotwired杂志推出了网络版，并在其网站上推出了广告版位，吸引了AT&T（美国电话电报公司）等14个客户的预算。当时因为新奇，横幅广告（banner）的点击率高达40%以上。这是全球第一例互联网广告。

而全球第一家广告公司JWT（智威汤逊），成立于1864年，这比互联网里程碑式的事件，早了整整130年。

2.3.1 国际4A广告代理公司

20世纪初，广告代理公司出现了4A组织，距今已经有近100年的历史，其初期成员包括奥美（Ogilvy&Mather）、智威汤逊（JWT，J.Walter Thompson）、麦肯（McCann）、李奥贝纳（Leo Burnett）和天联（BBDO）等著名广告公司。

4A 是广告代理行业的协议制定者，其中广告主媒体费用收取比例为 17.65% 就是最主要的协议。

1 盛世长城广告公司(Saatchi & Saatchi)
2 奥美广告公司(O&M)
3 广东省广告公司
4 智威汤逊广告公司(JWT)
5 天联广告公司(BBDO)
6 中视金桥广告公司
7 梅高广告公司(Meikao)
8 电通广告公司(Dentsu)
9 李奥贝纳广告公司(Leo Burnett)
10 阳狮广告公司(Pulicis)
11 北京未来广告公司
12 灵智精实(Euro RSCG)
13 麦肯.光明广告(McCann)
14 博达大桥广告公司(FCB)
15 精信广告公司(Grey)
16 广而告之有限公司
17 恒美广告公司(DDB)
18 腾迈广告公司(TBWA)
19 凯络媒体(Carat)
20 互通国际广告公司

图 2-6　2018 年中国 4A 广告公司 Top20

在 20 世纪 70—80 年代，4A 逐渐进入中国。当时国内尚未允许外商独资广告公司独立运营，所以 4A 采用与国内公司成立合资公司的方式运作，典型的有盛世长城（Saatchi&Saatchi 与长城）、智威汤逊中乔（J.Walter Thompson 与中乔），如图 2-6 所示。

然而，20 多年来，广告行业从品牌传播到数字营销，再到近 5 年的效果营销和整合营销，源自程序化购买的智能营销趋势已经势不可当。其迭代的速度从几十年到几年，甚至到按季迭代。据 eMarketer(互联网数据资讯平台) 预测，2018 年美国广告程序化购买支出将超过 460 亿美元，占美国网络展示广告支出的 82.5%。

除了数据和技术驱动的趋势外，广告行业的边界越来越模糊，去中心化趋势愈加明显。

- 来自Adexchanger 2018年的信息：普华永道（PWC）、安永（EY）、埃森哲（Accenture）、德勤（Deloitte）和毕马威（KPMG）这类大型审计、咨询公司已经在营销领域全力拓展业务。到了2017年，由咨询公司创立的数字广告代理机构，在前五名中已经占据三个席位，分别是IBM Ix、埃森哲互动

（Accenture Interactive）和德勤数字（Deloitte Digital UK）。

- 来自Publicis Groupe Zenith的报告：程序化营销将在2019年之前覆盖全世界，以算法为基础的自动化营销是智能营销的开端。
- Gartner预测：到2019年，自助分析和BI用户创造的分析结果将超过数据科学家。
- 2018年5月，阳狮集团和阿里巴巴全域合作战略深化，开启“云上营销”。在此情况下，全球范围内传统意义上的广告代理公司纷纷布局数字营销业务。

国际 4A 中，WPP 从 2015 年开始布局程序化购买业务，搭建程序化购买团队 Xaxis（邑策）和移动透明业务（PBU）板块，其他 4A 公司 IPG 等陆续跟进。2018 年 7 月 1 日，据路透社资讯，安客诚（Acxiom）公司与埃培智 IPG（Interpublic Group）达成协议，或以大约 22 亿美元的价格出售 Acxiom 营销解决方案（marketing solutions）部门。

而国内广告代理公司是什么情况呢？

2.3.2 国内广告代理公司

根据中商情报网的数据，2018 年中国广告程序化购买支出总额达 228.1 亿美元，同比增长 36.6%，如图 2-7 所示。

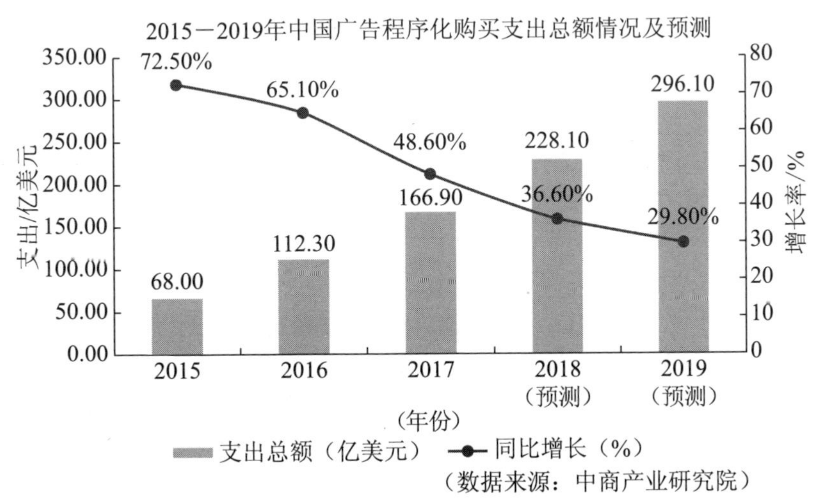

图 2-7 中国广告程序化购买支出总额

国内市场头部媒体资源垄断的马太效应不断扩大。根据 Admaster（精硕科技）的报告，2019 年相对于 2018 年，79% 的广告主依然会增加数字营销投入，且预算平均增长 20%，如图 2-8 所示。

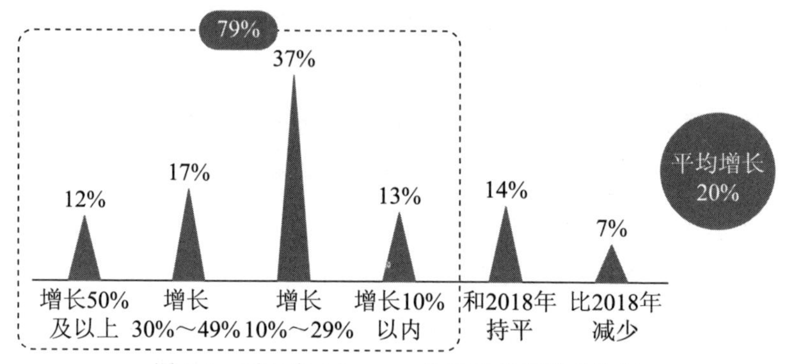

图 2-8　援引自 Admaster 的数字营销增长数据

但这里边值得注意的是，根据 eMarketer 的数据，BAT 三家公司将会占据其中超过 70% 的份额。

与此同时，流量的变化和迁移更加难以预料，以数据支撑决策且利用技术来提升运营效率成为必然的选择。在技术更先进、流量更易迁移的情况下，会随时出现新的头部化标杆，如今日头条之抖音。

传统的广告公司发展模式为绑定大客户，期望成为其首选代理公司（LA），并提供 AOR 模式（全案代理）服务，包括创意策略、媒介策略、渠道执行等，其运作模式如图 2-9 所示。

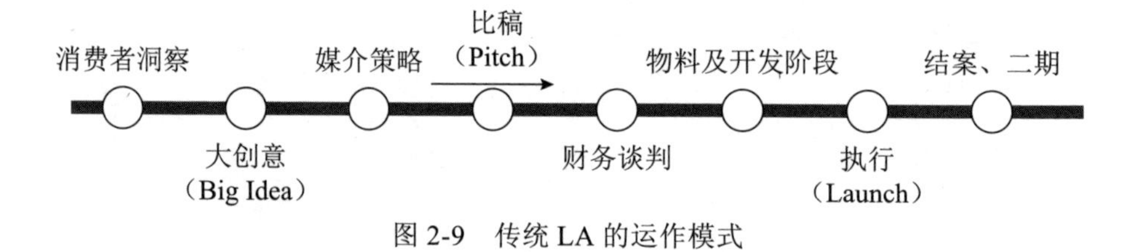

图 2-9　传统 LA 的运作模式

简而言之，LA 的定位，就是清晰地把握客户的营销需求，并在执行过程中管理或协调其他代理商，对最终的交付负责。

金字塔顶端的客户一直有 LA。还是以宝洁为例，宝洁每年会将 3% 的销售收入给到全球的核心广告公司作为服务费，这个金额高达几亿美元。

这种 AOR 的服务模式，使得 4A 广告公司的绩效与客户的收入息息相关；而 4A 公司需要担任 LA 的角色，帮广告主解决品牌和产品营销的问题。

互联网为数字营销带来巨大的变革，而中国对于互联网广告的监管一再升级，传统 LA 模式行不通了，因为他们可以把握广告主的营销诉求，但无法执行落地。执行落地的障碍一个是对于飞速变化的流量环境缺乏及时了解，第二个就是欠缺落地的整体链条。试想，LA 广告代理一般一年筛选一次媒介、渠道供应商，而国内的互联网环境每 3 ～ 6 个月就会发生较大的变化，LA 运作的信息效率和执行效率是达不到的。

而非金字塔顶端的广告主，在代理公司的使用上会高度强调性价比，会更加追求效果。

在多元化服务能力方面，战略上以业务的多态性抵抗系统性风险的 LA 模式，迎来了咨询公司通过并购来做数字营销的升维攻击；而在效果导向的代理业务方面，LA 业务则被更接地气的垂直代理公司蚕食。

传统的 LA 模式已经不存在了。

依托头部快速崛起的媒体流量和产品，为广告主提供效果营销业务的新型代理公司正在崛起，典型的如蓝色光标、派端威行、云锐、智云众等。

信息流代理公司与传统广告代理公司相比，服务模式上的核心差异在于运营的精细化，如图 2-10 所示。

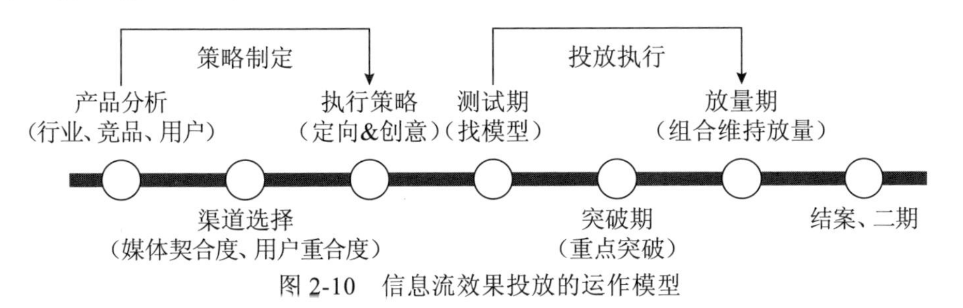

图 2-10 信息流效果投放的运作模型

从左到右，从策略制定到投放执行，整体流程上传统广告代理公司与信息流代理公司是一样的。区别在于，前者是瀑布式的执行方式，即策略制定后，按制定好的执行方案来依次执行创意制作、渠道投放、效果分析等环节。而信息流代理公司在执行环节具备非常明显的敏捷项目管理特征，在执行期中，测试与放量甚至可能有多个循环迭代。

2.4 第三方数据公司

我们在第二章的开头，探讨了信息流广告的生态图谱，其中包括第三方监测公司和程序化创意公司。随着精准广告在受众优选上的需求度越来越高，拥有数据资源或基于监测服务形成数据积累的公司，纷纷推出了数据服务板块。

第三方数据公司，即作为广告主第一方、媒体第二方之外，依托自有DMP平台提供第三方数据服务的公司。第三方数据公司提供的服务一般包括用户洞察、受众管理及营销应用三大板块。具体地说，用户洞察指的是消费者画像及转化链路分析，受众管理指的是用户 / 人群包管理及数据融合匹配管理，营销应用一般是指投放应用及投放分析。

基于不同的营销场景，我们选取具有代表性的三家公司 Admaster（精硕科技）、TalkingData（腾云天下）和 ZMT（众盟）来探讨其各自的服务模式。

2.4.1 精硕科技

Admaster（精硕科技）成立于 2006 年，初期提供的是广告监测服务，主要服务于汽车、快消、3C、IT、母婴等行业。

Admaster 提供的数据服务主要偏向于品牌传播方向，包括如下内容：

■ 为广告主建立第一方DMP

基于受众资产积累及网络行销自动化的诉求，广告主会建设自有的数据平台，即第一方 DMP，也叫 PDMP。到了 2019 年，广告主用户运营上的需求又将 PDMP 的概念延展到了 CDP（客户数据平台）。

Admaster 在此服务类型中，通过 SAAS（软件即服务）或本地化部署的方式，为广告主打通广告主与媒体的数据，并通过标签体系识别广告人群。其业务流程主要包括数据收集、数据管理和数据应用三大环节。

商业价值上，除了收益的诉求之外，第一方 DMP 如能做数据托管、打通媒体与广告主诉求，则数据收集和客户耦合是数据公司在商业利益上的长期诉求。

■ 基于Admaster DMP进行TA投放

基于 Admaster 规范的或为广告主自定义的标签体系，Admaster 会对接程序化购买公司，或对接媒体的程序化购买流量，进行定向投放。这是 Admaster 提供的 DMP 在精准用户覆盖上的价值。

■ CRM（客户关系管理）打通

CRM 打通一般是前面两个服务的升阶版服务内容。

广告主一般会用 CRM 系统来管理自己的存量客户数据资源，而当使用 DMP 系统进行用户覆盖后，广告主会期望将互动用户当作潜客来管理。

我们回想 1.4 章节的数字营销上的用户转化路径，广告主会将有效点击、到站、留资等人群当作自己的潜客来管理。打通 DMP 潜客人群到 CRM 存量客户人群，广告主就有机会实现对自己消费者转化路径和用户数据资产上更好的洞察，从而提升营销决策的精准度及执行效率。

CRM 打通隐含的营销诉求，是近几年随着信息流广告的普及而盛行的“品销联动”。广告主期望在信息流原生广告进行品牌传播的同时，能有效引入客户转化达成效果转化。

在 DMP 到 CRM 的打通落地上，PII（个人身份信息）映射是对于数据技术公司数据积累及技术能力的一大考验。

■ 动态创意投放

动态创意投放，在数字营销领域的类似说法是“千人千面”，指的是为不同的 TA 展示不同的广告创意。因国内的头部媒体一般不支持在页面内部署广告渲染代码，Admaster 的动态创意投放通常是与 DSP（需求方平台）公司合作或采用 Adserving 技术来实现。

广告主动态创意的需求，一般是由于客户多产品线或多单品推广的需求，想要为不同的产品匹配不同的目标用户，投放不同的创意。比如汽车行业的不同车型、电商行业的不同爆款单品，或手游行业的不同手游产品等。

关于 DSP、Adserving 相关技术原理，笔者将在后面章节详述。

■ Leads质量评估

Leads，营销领域一般简称为“留资”，即用户在广告主的推广页面留下的联系资料，典型的如汽车活动推广中的试驾留资。

Admaster为广告主提供的Leads评估，是通过打通并管理曝光—点击—官网或落地页的到达—留资—电销或话务中心的电话中心，建立Leads质量模型来实现的。

■ 社交洞察

社交平台上主流的广告形式一般是信息流广告，具备内容特点。从品牌传播的角度，广告主会关心用户的品牌回想率（Brand Recall）、信息回想率（Message Recall）和美誉度（Likeability）。

通过社交平台上舆情数据的挖掘，Admaster的社交洞察产品在服务此类需求场景时，可帮广告主进行消费者舆情分析、评估和量化社交投放的效果。

Admaster的数据积累及服务能力包含PC端和移动端，从2017年开始可以提供OTT（Over The Top）端数据服务能力。

2.4.2 腾云天下

TalkingData（腾云天下），业内简称TD，成立于2011年。TD最初提供的服务是移动端效果数据监测，后续逐渐推出了多元化产品体系，以数据解决方案服务游戏、金融、地产等行业。

TD的产品及服务矩阵分为营销平台、数据平台、咨询服务三层。

■ 营销平台

基于SDK（软件开发工具包）监测方案带来的数据积累，TD陆续推出了以数据和技术为核心的一系列营销产品及服务。

在产品应用层，TD的产品体系包括：为开发者的应用分析打造的统计分析产品“灵动分析”（TalkingData APP Analytics），为移动开发者提供广告监测和防作弊服务的产品“AdTracking”，专为手机游戏广告主打造的游戏运营分析产品“Game Analytics”，以及为品牌广告主打造的品牌传播效果分析产品“Brand Growth”等。

在广告主整合服务层，TD 推出了智能营销云产品（Smart Marketing Could）和 CDP 模式的私有化数据管理产品（Smart Marketing Hub）。

■ 数据平台

数据平台，是 TD 提供的 SAAS 服务平台。TD 的数据优势在于移动端效果数据的积累，以及在位置数据上营销价值的挖掘。

基于庞大的数据基础，TD 可以打造更为轻量的数据服务产品，从而聚焦到数字营销行业中的刚需场景。

其代表性产品包括：为大中型企业基于线下客流进行店铺选择的“智选”产品，为移动开发者提供的行业数据分析产品“移动观象台”，以及聚合标签查询、风险侦测、设备评级等行业应用场景产品“数据智能市场”等。

■ 咨询服务

TD 推出了咨询加技术落地再加数据服务的服务矩阵，在广告主移动推广及运营数据分析、从品牌曝光到效果转化的第一方 DMP 解决方案，以及线上线下数据打通上都有独特的优势。

DMP 相关的技术内容，我们在后面会有实战上的探讨。此处我们先从数据服务的角度，来横向对比这两家公司。

Admaster 始于 PC 监测，初期主做品牌数据服务；TD 始于移动 APP 推广效果监测，初期主要做推广运营分析。而从其近两年推出的产品体系来看，在移动互联网广告领域，两家的业务从数据分析、营销应用到 PDMP 建设出现趋同性。这是为什么呢？

原因很简单，广告主在认识到数据的资产价值之后，数字营销领域的品牌传播与效果转化便不可割裂了。广告主希望有效管理从曝光到点击再到转化的用户，更好地理解用户的转化漏斗，提升营销精准度，同时也希望通过归因分析的数据支撑，提升营销决策的准确率和效率。

在这种诉求下，广告主需要的不仅仅是数据源的量级、数据分析应用能力，还包括数据的多源性，包括 PC、移动、OTT 以及线下数据。CDP 的出现就是为了从营销买量环节解决用户增长、用户洞察和用户运营问题。

2.4.3 众盟数据

ZMT（众盟数据），业内一般简称为“众盟”。众盟成立于2013年，是当前市场线下数据积累及应用能力领先的第三方数据服务商，主要服务于零售、O2O、房地产、汽车等行业。

线下数据的价值爆发，其根本原因依然是移动互联网广告高速发展中对于线下位置数据的需求。在PC时代，数字营销上只有线上数据；而在移动时代，因为用户随时随地都会携带手机，线下数据在数字营销上的价值在2015年后迎来爆发窗口。据统计，线下数据的量级是线上数据的20倍，随着移动智能手机的普及，这个比例有可能进一步加大。

从部署Wi-Fi探针开始做线下数据收集的众盟，在积累了10亿+的探针、移动手机等数据的同时，推出了SAAS模式的DMP产品“值数”，主要提供数据采集分析、人群洞察与精准营销服务。

■ 采集分析

众盟数据采集分析的产品分为两档，“银宝盒”和“金宝盒”。主要的数据源是通过部署Wi-Fi探针回收的线下场景用户数据，如用户到访、停留时长、到访频次、到访周期等。通过分析用户到店行为，可进行客流分析（“银宝盒”功能）和销售分析（“金宝盒”功能）。

■ 人群洞察

众盟基于线下场景的分类，通过1000多个标签进行人群洞察，包括性别、场景轨迹、兴趣爱好、地理位置、消费水平等。因众盟的数据多数来自线下，其标签打分规则与线上数据服务平台Admaster、TD有所区别。

通过自有投放平台“值投”以及媒体、第三方投放平台的对接，众盟人群标签也进行了标签映射，可以更全面地识别用户。

众盟输出的人群画像包括基础属性、家庭结构、线下行为、来源地区等。

■ 精准营销

众盟数据在精准营销上，主要是通过自有DSP平台“值投”和微信投放平台“值粉”投放，其中“值投”主要对接的是媒体的程序化流量，“值粉”则是场景化的基于企业微信公众号进行粉丝营销。

众盟也提供了数据服务，通过ID映射可使用众盟的人群进行精准投放。在信息流营销领域，比较适合客户对于线上推广、到店引流类场景，如O2O客户。

线下数据的营销场景，主要包括基于位置的精准投放、到店分析与归因、用户行动轨迹挖掘等。国内可提供线下数据服务的公司，行业内典型的还有来自美国的xAd和国内的滴滴、高德等，此处不再一一详述。

2.5　第三方广告监测公司

简单来说，广告监测公司提供的是投放、效果数据的统计监测服务。广告主是流量的买方，媒体或投放渠道是流量的卖方，监测任务一般由第三方机构来担任。

国内市场代表性的第三方监测公司包括Admaster、秒针、TalkingData等，还有移动端市场的谷歌DoubleClick、国双科技、传漾、Sizmek等。此外，国内还有独立的第三方广告验证公司，其中以Adbug（荷格科技）为代表。

下面以Admaster、秒针和TalkingData为例，横向对比三家的服务差异。

2.5.1　监测服务能力对比

监测服务能力上，三家公司基于数据积累的不同（PC、移动、OTT等）及业务基因的区别（品牌、效果），提供的服务有所区别，详情见表2-1。

表2-1　监测服务能力对比

	Admaster	秒针	TalkingData
曝光监测	有	有	有
点击监测	有	有	有
排重点击	无	无	有
激活自然量	无	无	有
激活推广量	无	无	有
转化监测	有	有	有

续表

	Admaster	秒针	TalkingData
站内监测	有	有	有
反作弊	有	有	有
引流归因	有	有	有
效果归因	无	无	有
剧监测	有	有	有
KOL监测	有	有	有
舆情监测	有	有	有
跨屏监测	有	有	有
iGRP	有	无	有

除了跨屏监测、OTV 专属的剧监测和 iGRP（互联网总收视率）外，上述其他监测服务对信息流广告也是有效的。

实际的信息流广告合作中，监测指标范围既要看广告主与监测公司的协议要求，也要看媒体支持的监测范围。一般来说，信息流广告最常用的监测服务是曝光、点击和转化监测。

我们看一下在信息流广告方面上述三家公司监测能力上的相同和不同点。

■ 相同点

曝光和点击监测，即统计曝光与点击数据差异，是监测公司提供的基础服务，三家公司都有。

三家公司均提供了转化监测、站内监测及反作弊监测。

■ 不同点

三家公司在转化监测和反作弊监测上的技术方案不同，从而指标数据也不一样。

其中，排重点击、区分激活自然量和激活推广量，为 TD 公司基于 SDK 方案独有的。

基于 PC 技术的引流归因和基于 SDK 技术的效果归因，三家都有，区别在于 Admaster、秒针在 PC 端的积累大于 TD，而在移动端效果数据上的积累则反之。

剧监测、KOL 监测、舆情监测和跨屏监测，是 Admaster 和秒针基于品牌传播诉求首先支持的；TD在2018年开始服务品牌广告主后增补了相关服务能力。

因OTV投放的品牌需求，Admaster还推出了iGRP监测服务。

媒体入口覆盖上，偏品牌监测的第三方公司Admaster与秒针，会力求全渠道覆盖；而具有效果监测基因的TD则专注于移动端入口监测，如表2-2所示。

表2-2 媒体入口覆盖对比

监测公司	移动APP	PC	OTT	PAD	小程序
Admaster	有	有	有	有	有
TalkingData	有	无	有	有	有
秒针	有	有	有	有	无

2.5.2 监测指标差异

三家公司的监测指标都比较完备。其中，TD初期只做移动端监测，在2018年服务品牌业务后才逐渐提供Mix Reach（跨屏触达）、CPQL（有效线索成本）、CPUV（单人覆盖成本）三个指标；而Admaster、秒针未提供深度转化率的监测。具体三家公司的检测指标横向对比可参考表2-3。

表2-3 监测指标对比

	Admaster	秒针	TalkingData
曝光数	有	有	有
点击数	有	有	有
CTR	有	有	有
频次	有	有	有
到达率	有	有	有
Mix Reach	有	有	有
TA浓度	有	有	有
时间分布	有	有	有
地域分布	有	有	有
CPM	有	有	有
CPC	有	有	有
CPUV	有	有	有
CPQL	有	有	有

续表

	Admaster	秒针	TalkingData
重合度	有	有	有
ATR	有	有	有
深度转化率	无	无	有

需要注意的是，随着行业的发展以及公司经营范围的变化，上述监测服务范围及支持的指标体系可能会发生变化，读者应以公司实际披露出来的资料为准。

依然是以这三家监测公司为代表来说明其变化。2019 年，Admaster 和秒针已合并进入明略科技，并从业务范围上做了拆分——秒针业务依然是以监测和数据服务为主，Admaster 的业务则转向社交洞察解决方案。而 TD 从监测和数据上，迅速向全场景覆盖发展，在效果和品牌服务监测领域持续推出不同的产品。

如上所述，监测公司在积累了数据之后，已陆续转型为监测加数据再加技术服务类公司。这里边除了上面具有代表性的三家外，还有一些借着从监测到数据服务赛道切换的机会快速崛起的玩家，比如 Adbug、热云等。

严格来说，Adbug 的业务起源不是数据监测，其主要的服务是为广告主提供独立的第三方广告验证，包括品牌安全、广告可见度、流量质量度等。Adbug 的服务对象主要是需要广告投放审计的广告主。不过从技术逻辑上，Adbug 与监测公司是类似的，因而也可以获取广告投放后的数据。

2018 年 10 月，Adbug 推出了名为“广告查查”的互联网广告搜索引擎，其定位类似于广告行业的“天眼查”。“广告查查”的主要服务对象是对广告透明度有需求的广告主——这也是近年来不可逆转的趋势。

“广告查查”同时也提供创意查询服务。不仅仅是 Adbug，随着信息流广告对于创意需求的不断加大，越来越多的公司推出创意数据服务。其中，很大一部分公司的数据来源和技术积累都是来自于之前的广告监测或验证服务业务。

2.6　第三方创意公司

国内的第三方创意公司，有两种主流的产品服务形态。一种提供的是创意编辑服务，如筷子科技；另外一种提供的是创意数据服务，如智线、热云、APP Growing（有米营销云）、Adbug（荷格科技）等。在信息流广告行业中，运营优化需要大量的创意数据作为支撑，因此我们接下来主要探讨创意数据公司的服务内容。

创意数据公司基于行业创意的挖掘，满足了三种需求场景。一是机会情报，即哪些广告主在哪些平台上投放什么样的广告；二是优化决策，即好的创意是什么样的，适用于什么样的渠道与产品；三是设计参考，即好的创意是什么样的场景，包含什么样的元素，匹配什么样的文案等。

各家创意数据公司从数据上进行 SAAS 模式的商业化，都是 2017 年以后的事情，原因在于信息流广告的优化需要大量的创意参考。上述四家创意数据公司中，智线是最早开始创意方向上 SAAS 商业化的，热云、有米和荷格科技都是 2018 年才陆续启动同类业务的。

因创意数据平台的应用非常直观，本书不再占用篇幅进行描述。读者朋友可以注册各平台的试用账号试用。此处仅基于四家主流公司的调研进行对比参考，如表 2-4 所示。

表2-4　四家创意平台的对比参考

公司名称	智线	荷格科技	有米	热云
产品名称	Social Peta	广告查查	APP Growing	Ad Insight
收费模式	SAAS账户 API对接	SAAS账户 API对接	SAAS 账户	SAAS账户
平台	移动	PC、移动	移动	移动
优势行业	游戏、工具、电商	游戏、金融	游戏、网服	游戏
数据量级	亿级（国内+国外）	亿级	百万级	百万级
创意指标	综合展现、互动、转化	发现次数	发现次数	发现次数、时长

第三方创意数据公司的数据一般是利用爬虫和大数据技术，从主流的信息流媒体和创意渠道获取。在创意的应用上，一般可按行业、媒体、广告样式、

素材类型、设备、时间等多维筛选查看投放素材。

需要注意的是创意平台的数据量级和商业化路径正快速增加，表中相关数据有时效上的限制。

当前国内在创意数据上实现商业化运作的公司已有几十家，相信随着信息流广告的发展，创意数据应用及服务能力也会像人群数据一样，越来越细分。对于创意投放三要素——文案、素材、落地页，创意数据平台解决了前两个问题，行业内也有部分公司专注于解决落地页的监测及评估，如一叶智能、腾讯的蹊径等，此处不再赘述。

第 3 章 信息流广告理论基础

效果营销催生了信息流广告的蓬勃发展。在此过程中，利用信息不对称的差价营销方式逐渐消退。通过技术来达成更高的营销效率和用户体验，成为数字营销的新趋势。由此，大数据技术需要解决的核心命题，聚焦到流量交易过程中如何提升广告主信息的触达效率，从而提升转化效果。

我们在前面的章节探讨了信息流广告的生态现状。那么，信息流广告当前主流的交易模式有哪些？

3.1 不可不知的流量售卖模型

IAB（美国互动广告局）在 2014 年定义了互联网广告中程序化购买的四种交易模式，至今全球的计算广告市场依然在沿用，如表 3-1 所示。

表3-1 IAB定义的程序化购买交易模式

交易模式	库存是否保证	出价方式	资源拥有者	定义
PDB	保证库存	固定价	广告主私有	Programmatic Direct Buying，程序化直接购买
PD	非保证库存	事先出价	广告主私有	Preferred Deals，优先购买
PA	非保证库存	竞价	少量广告主	Invited Auction，邀请竞价
RTB	非保证库存	竞价	公开	Real-Time Bidding，实时竞价

这四种流量交易模式，构成了数字营销在程序化购买领域规则上的基石。

3.1.1 广告资源分发的优先级

四种交易模式，换个角度可以从广告资源分发的角度来划分，如图 3-1 所示。广告资源如果走 RTB 拍卖模式，公开竞价的即为常规意义上的 RTB，或叫公开竞价（Open Auction）；邀请竞价的就是 PMP（私有购买市场，或叫 PA）；事先约定好固定价格的，则保价保量的就是 PDB，保价不保量的就是 PD。

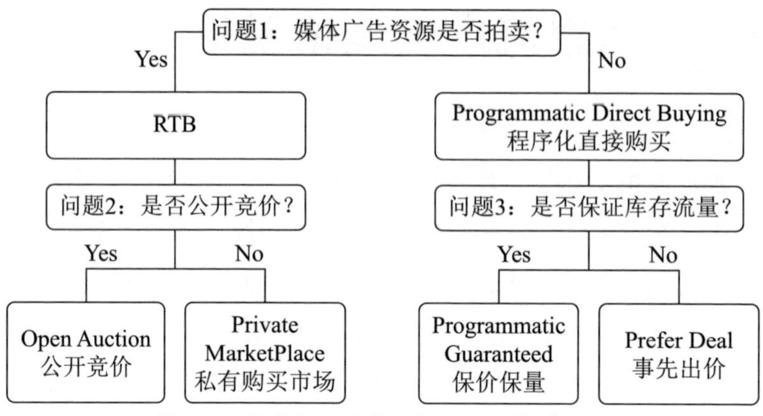

图 3-1　广告资源分发视角的交易模式划分

在国内的互联网广告市场，程序化购买目前主流的方式包括 PDB、PD 和 RTB。PA 在偶然的异业广告主联合营销中可能会出现，但没有哪家公司将其作为标准化产品主推。在其他三种方式中，媒体的流量分发优先级通常是 PDB>PD>RTB。

现在让我们先跳出技术的视角，把目光重新拓展到数字营销这个更大的范畴，并将流量当作一种普通商品来看媒体在流量上的售卖模型。

头部媒体会将自己的广告库存分到不同的池子里边，如图 3-2 所示。最优的广告资源，放到 CPT/CPD（按时间付费 / 按天付费）池；次优的，放到 PDB/PD 池；剩余资源，放到 RTB 池中。这里边会出现因库存剩余而往下一个池子流入的情况，我们通常管这叫作“再分发”。例如，CPT/CPD 卖不掉的广告库存，进入 PDB 池；PDB 卖不掉的广告库存，再分发流入 RTB 池。甚至有 CPT 广告库存再分发进入 PDB 池，PDB 池也没有卖完的情况下进入 RTB 池的可能性。

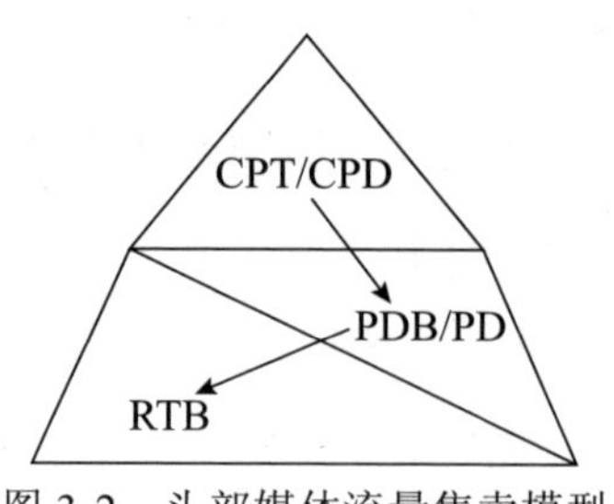

图 3-2　头部媒体流量售卖模型

了解了这个基础模型，我们依然以今日头条为例，来看它的广告库存是如何售卖的。

2018 年年底，今日头条系的流量变现生态，已经构建成了复合型流量体系，包含信息流广告、开屏广告、KOL 营销、短视频营销、品牌挑战赛、联盟流量“穿山甲”等。此处为了便于对 RTB 基本原理的理解，我们简化理解为今日头条 APP 的广告谱系包含开屏广告、信息流广告、详情页广告。

■ 开屏广告

在启动 APP 时展示，具备大屏、强曝光属性，适合品牌客户。

■ 信息流广告

展示在新闻资讯内容流中，可基于用户的地域、人口和兴趣属性进行定向投放，适合效果诉求类客户的精准投放需求，也可用于期望软性传播的品牌客户。用户点击信息流广告后会进入落地页或 APP 下载页进行后续营销，使用深度链接技术后甚至可以直接进行跨 APP 导流。信息流广告的行业适用范围很广。

■ 详情页广告

出现在文章内容和相关阅读之间。可以关联文章内容进行投放，使用了沿袭自 PC 的 textual（上下文）技术。详情页广告可借势上下文内容，强调产品内容或品牌信息，且设置关键词、内容和来源的定向投放，从而将广告精准推送给感兴趣的群体。因此，用户会有体验上的一致性，比较适合汽车、金融、游戏等行业。其缺点是广告位稍隐蔽，如图 3-3 所示。

对应到图 3-2 的流量售卖模型，我们从塔尖往下看。

位于广告库存池金字塔尖的是开屏广告，今日头条的售卖方式是 CPT。

位于中间的是今日头条的 GD（固定位广告）库存，“推荐”频道的第四个位置。GD 的售卖规则类似于 PDB，保价保量。GD 广告资源位与开屏资源一样，优先保证 CPT 方式的售卖。在 CPT 广告没有投满的情况下，GD 广告在前 10 刷随机出现，而在 CPT 广告投满的情况下只出现第九和第十刷。同样的，按照图 3-2 流量池再分发的规则，开屏广告在 CPT 没有投满的情况下，也会进入 GD 广告的展示。

图 3-3　详情页广告位示例

在金字塔腰部以下的，是信息流广告和详情页广告，今日头条的售卖方式是 CPM 或 CPC。其交易模式一般为 RTB，也可以按广告主及代理商的需求进行 PDB/PD 方式的对接，但并未当作标准的流量产品来售卖。

笔者曾为某国际汽车广告主对接过今日头条的信息流短视频资源位，走的是 PDB 对接的方式。执行方案就是，媒介按公司与今日头条媒体事先约定好的固定价格、资源位采买，通过 Deal ID（交易 ID）来识别双方，并通过流量推送比来达成频次控制的目标。此案例考核的是 CTR 和 CPL，但投放的创意是广告主的创意供应商（Creative Vendor）定制的品牌创意。可见当时在信息流媒体上该汽车广告主的期望依然是品牌传播与效果导流兼得。

广告主在 PDB 投放的时候一般会选择 OTV 媒体，其营销目标是在满足做声量需求的同时，追求精准受众覆盖上的 ROI 最大化。这点与信息流广告在 RTB 模式上偏向效果投放的诉求有所差异，此处不展开讨论。

3.1.2 程序化交易模式的演变

当我们探讨到这里的时候，也许终于到了澄清程序化购买、RTB、DSP这三个容易混淆的概念的时候。

■ 程序化购买

程序化购买（Programmatic Buying）是一种业务形态，相对应的概念是人工媒介采买。程序化购买利用技术和大数据进行自动化广告投放，是计算广告领域泛指的概念，旨在提升广告投放的效率，通过大数据精准识别用户，在合适的时间、合适的广告环境中，为合适的用户投放合适的广告创意。

■ DSP

DSP，全称为需求方平台（Demand Side Platform），是程序化购买领域中的一种产品形态。DSP 对应的是 SSP（供应方平台，Supplier Side Platform）。

DSP 以程序化购买的方式，为广告主选取流量进行采买服务；而 SSP 往往聚合媒体广告资源进行程序化流量售卖。

一部分 DSP 技术公司会兼有 PDB 或 PD 购买的技术能力和服务。SSP 中的产品形态目前主流的有 ADX（广告交易平台，Ad Exchange）和 ADN（广告联盟，Ad Network）。

让我们不厌其烦地强调这一点：DSP 不等于程序化购买，它只是程序化购买行业中的一种产品形态。

DSP 也不等于 RTB。

■ RTB

RTB，实时竞价（Real Time Bidding），是由 IAB 定义的一套技术规范。全球范围内，程序化购买行业中最基础的技术就是 IAB 定义的 Open RTB 规范。

表 3-1 所示程序化购买的四种交易模式，流量的买卖双方基于 RTB 技术规范进行流量对接，而各方平台也基于 RTB 技术数据和技术能力打造。

基于 RTB 的产业链，在国内成形于 2012 年，因此行业内将 2012 年定义为中国 RTB 发展元年。在这一年，不仅 DSP 平台、Ad Exchange 广告交易平台迅速崛起，还发生了RTB发展史上的里程碑式事件。

- 2012年，中国RTB展示广告市场规模达到2000万美元，根据IDC（互联网数据中心）统计，2013年增长率为300%。
- 媒体流量方，国内第一家Ad Exchange广告交易平台一淘TANX 2011年9月发布，2012年聚合10亿媒体流量；腾讯、百度、凤凰、网易等媒体开始把部分广告流量采用RTB方式售卖。
- 中国涌现出悠易互通、易传媒、品友互动等多家DSP需求方平台。
- 沃尔玛、微软等国际广告主，在中国以RTB模式投放第一批DSP广告。
- 国际广告交易平台谷歌DoubleClick第一个正式登陆中国市场。

RTB产业链之所以快速发展，是因为它很好地解决了媒体广告库存售卖率的问题，同时为广告主的跨渠道用户频次覆盖和去重提供了技术上的解决方案。

国内的程序化交易市场，2015年中期到2016年年底是一个分水岭。行业格局上我们可以将之分为两个阶段。

第一个阶段，2012—2016年，以DSP和ADX为代表的平台在国内快速涌现。RTB产业链从PC、移动APP到互联网电视入口逐步完善。为便于理解，我们先看程序化购买生态中到2015年年底的角色划分，如图3-4所示。

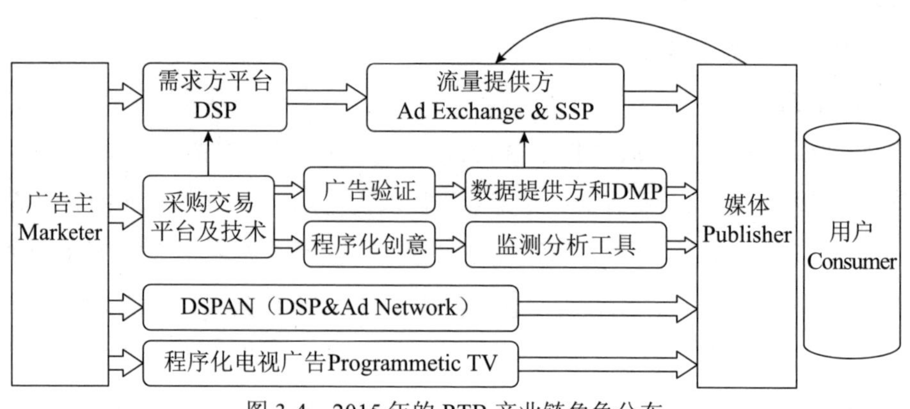

图3-4　2015年的RTB产业链角色分布

在2012—2015年的RTB市场格局下，广告主的程序化媒介购买需求会经由代理公司到达DSP等渠道。DSP根据RTB技术对接程序化流量供应方，然后在其媒体流量上进行广告采买。

第二个阶段，2016年起，媒体自身的DSP快速崛起，极大改变了行业格局。

现在我们分别来看2015年年底、2018年年底的两张中国程序化广告技术生态图，如图3-5和图3-6所示。

因图中信息量较大，我们可以从RTB China（中国程序化广告技术资讯网）中的页面来查看详细信息。

链接为：http://www.rtbchina.com/china-programmatic-ad-tech-landscape。

图3-5 2015年年底中国程序化广告技术生态图

图 3-6 2018 年年底中国程序化广告技术生态图

纵向对比相隔三年的这两张程序化购买技术生态图，我们会发现以下变化。

（1）生态逐步完善，市场中的参与者大幅增加，无论是作为广告需求方的 DSP，还是作为流量供应方的广告交易平台 Ad Exchange，抑或是第三方数据、监测平台，代表性的公司蜂拥而出。

（2）出现了新的技术平台。比如，信息流广告的爆发，促使第三方程序化创意平台快速发展。需要注意的是，这里的程序化创意平台是 2.6 章节所描述的第一种，即提供程序化创意制作的平台；而场景化户外媒体如电梯屏、公交电视、映前广告等的高复合率增长，催生了程序化数字户外广告公司。

（3）头部媒体的综合大型投放平台出现了，腾讯、百度、今日头条等分别推出了自己的综合性平台。

这几年发生了什么？我们在前面的章节探讨过，最大的变化是移动互联网广告的市场份额超过了 PC 终端，其中信息流广告爆发成为新生的主流广告形式，而信息流广告中 RTB 交易模式的占比越来越高。所以，要理解这种变化深层次的原因，我们需要从技术的角度深入理解 RTB 的原理。

3.2 RTB 技术原理

RTB 的基本技术原理，适用于PC、移动及OTT、程序化户外等多类终端。

RTB 交易模式与传统排期模式在营销思维上的一个核心差异点，在于 RTB 购买的是 TA，或者叫流量，而传统包段模式购买的是广告资源位，采用 CPT 模式。

3.2.1 RTB 交易流程

我们参考图 3-7，来看看 RTB 模式“挑人”投放广告的流程。

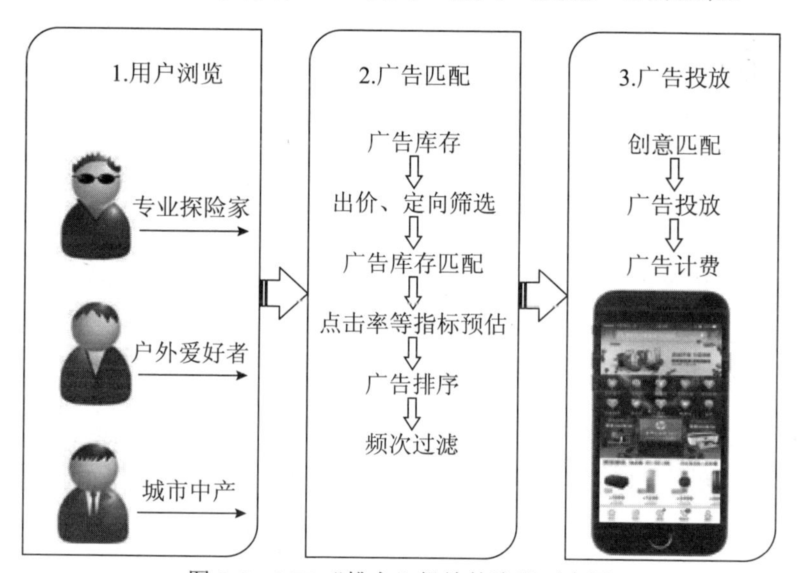

图 3-7 RTB“挑人”投放的流程示意图

首先是流量的形成。当用户浏览媒体终端时，媒体后台大数据会基于该用户的上网行为、历史记录等种种信息，为用户打上标签。同时，用户的媒体浏览行为与广告位匹配，构成广告库存，或者叫可竞价流量。

在毫秒级的实时周期内，该广告库存会从媒体流量端推送到购买端。这个过程可能是从媒体到 DSP 平台，或者从媒体经过广告交易平台（Ad Exchange）到 DSP 平台，也可能发生在大型投放平台如 TSA（腾迅社交广告平台）的流量聚合端到购买端内部。

依然是在毫秒级的实时周期内，广告购买端同时会有多个预设的广告需求参与此流量的竞价。在需求方引擎内，经过广告主内部广告的筛选后，会形成多条广告之间的实时竞价，即广告匹配的过程。

赢得竞价的广告获得投放机会，从而匹配出相应的创意展现广告，根据实际成交价格，广告计费完成。

让我们用一个例子来说明这个过程。

我们设定一个背景，某 DSP 技术平台张三正为某汽车广告主李四越野车服务。广告主对于广告的定向要求是“25 ～ 35 岁的男性，定向一线到二线城市，年收入 30 万元以上”，且单用户覆盖频次不超过三次。投放的创意形式为信息流大图。

我们再来假定经过广告主同意，DSP 技术平台张三为汽车广告主李四投放的渠道为广告交易平台 Inmobi。

好了，现在 DSP 技术平台张三的优化师已经按照广告主李四的定向、频次覆盖等需求，为广告主设定好了广告计划（此过程也叫作 Campaign Settings），并设定投放渠道为 Inmobi，广告位资源位信息流大图。当然，这里边还可能有监测链接、DMP 对接等操作，我们暂时忽略。

我们现在看流量生成及广告筛选、竞价的流程是什么样的。

现在有一个资讯 APP 已经对接广告平台 Inmobi，让 Inmobi 帮它做流量的商业化售卖。我们假设有一个用户 A 现在在使用此资讯 APP 浏览内容。这时用户 A 的浏览行为与该资讯媒体 APP 的广告位匹配，就构成了一条广告流量。此 APP 通过用户 A 的浏览行为，识别出此用户位于北京、年龄 30 岁左右。媒体 APP 为该用户打上相应的标签，并携带设备信息、IP 信息、广告位信息等多种信息作为广告流量发送给交易平台 Inmobi。

Inmobi 收到这条广告请求后，经过筛选发现其没有作弊等行为，可以进行售卖。而 Inmobi 经由跨媒体用户识别，发现此广告请求的用户具有较强的购买能力和年收入 40 万以上的水平，会增补消费、收入水平和其他自己识别的标签发送给下游的多个 DSP 购买平台，附上结算方式为 CPM。

DSP 广告平台张三收到了 Inmobi 发过来的这条广告请求，匹配为广告主预设的筛选条件，发现这条广告是汽车广告主李四想要的。但同时，这条广告也是快消广告主李五、金融广告主李六想要的。这时候 DSP 广告平台张三内部的竞价引擎会先进行内部筛选，从出价、创意的 CTR 预估等种种条件进行判断，最后幸运的汽车广告主李四从内部赢得了对 Inmobi 这条广告的竞价机会。那么，李四开始响应 Inmobi 的广告请求，进行外部竞价。

Inmobi 下游对接的 DSP 平台除了张三之外，还有另外多家。其中，DSP 需求方平台张四、张五分别也有三条广告希望赢得用户 A 的广告请求。那么，DSP 需求方平台张三为李四创建的这条广告，就需要跟张四、张五为其广告主创建的总共 6 条广告竞价。再次幸运的是，经过 Inmobi 广告平台引擎的筛选，广告主李四的广告竞价成功了。

这时候，广告主李四的广告创意就可以经由 Inmobi 发送给该资讯 APP，在媒体 APP 上进行广告展示了。而用户 A 在浏览媒体 APP 的时候，会看到广告主李四的这条广告。

需要说明的是，RTB 的成交价规则是价高者得，但往往不是“价最高者得”。一般来说，流量的卖方，如 Ad Exchange 广告交易平台，对于胜出者需求方平台 DSP 的成交价遵循的原则是“第二高价成交”。 这样做可以有效避免 DSP 需求方平台通过不断阶梯式降低出价的方式来探测出成交价，也可防止恶意出价带来的不良竞争。

当然，市场上也有极少数的 Ad Exchange 是以“第一高价”成交的。另外，国内市场上通常是按照第二高价加一分钱的方式来成交。

同时，为了保护流量售卖方的利益，这里边会有一个底价（floor price），或者叫地板价的概念。当 Ad Exchange 的广告请求中携带底价时，则 DSP 平台上只有高于此价格才算有效出价。流量方一般会根据广告位置、DSP 方的行业等设定底价。

上面的例子是媒体到广告交易平台（Ad Exchange）到 DSP 再到广告主的 RTB 产业链，我们现在加上常见的监测公司和数据公司，来探讨下这中间各方的赢利模式。

■ 广告交易平台

向广告需求方收取广告费，与媒体进行收益分成；或者向流量资源方及广告需求方收取服务费。

■ DSP需求方平台

从广告费中分成；或者采用透明模式，不赚取差价而是收取广告主的技术服务费。前一种方式在国内的传统 DSP 中比较主流；后一种服务费模式在国内 Trading Desk 中也陆续出现，国外比较代表性的平台是“the Trading Desk”。

■ DMP数据平台

向数据使用方收费，使用方可能是 Ad Exchange、DSP，甚至可能是广告主。其收费模式一般是按效果分成，或按实时查询、包段时间等来收费。

■ Ad Measurement广告监测公司

一般向广告主收取监测服务费。

在上面的例子中，我们探讨了一个传统的 RTB 产业链中的加值链，包含业务流、数据流和加值环节。这种模式下，在一个用户的广告价值上，多个中间环节在以差价或服务费的方式赢利，包括交易平台 Ad Exchange、需求方平台 DSP、数据平台 DMP、监测公司，甚至还有创意公司，等等。

因此，这种业务模式的前提，就是 DSP 通过技术手段为广告主甄选出的流量更具备性价比，这对于 DSP 技术平台来讲意味着大数据和投放技术能力上的很大挑战。

之所以我们大胆地将上述模式描述为传统 RTB 产业链，是因为随着信息流效果广告的爆发，头部媒体的综合性大型平台出现了，我们可以称之为超级平台。

国内市场上，媒体的超级平台比较有代表性的有腾讯广点通、百度推广后台、今日头条投放平台、阿里巴巴 Uni Desk、微博粉丝通等多家。国外市场上，有脸书（Facebook）、推特（Twitter）、Google Ads（曾命名 Google AdWord）等。

媒体超级平台，本质上是媒体以自身及聚合流量为基础，依托大数据技术打造的整合性流量分发平台。

流量上，超级媒体平台自身的流量如QQ空间信息流、今日头条APP信息流，联盟流量上如广点通的联盟流量、今日头条推广后台的穿山甲流量。

数据和技术能力上，媒体超级平台本质上是Ad Exchange加DMP加DSP。在信息流等广告形式上，媒体超级平台走的也是RTB技术路线。

媒体超级平台的广告商业化方面，当前主流是SAAS模式，即我们所熟知的由代理商为广告主进行"开户投放"的模式。这种模式因为不经过第三方Ad Exchange和DSP平台，因此不存在第三方差价收费的问题。一般来说，其成交价格在超级平台内部经竞价产出，不存在多个加值环节，天然透明。

了解了两种RTB业务模式的业务逻辑和计费方式，我们现在从技术角度来看一下RTB竞价环境中，毫秒级时间段内发生的事情。

3.2.2 RTB接口协议

RTB开放协议是由IAB的Open RTB项目开发的一套接口规范。Open RTB项目的使命是制定开放的行业标准，以便于广告购买方与供应方的通信。因此，全球范围内的RTB产业链都遵循这套规范。

我们先来看Open RTB API规范中约定的几个术语。

1. RTB

对单个曝光（impression）的实时竞价（Real Time Bidding），即当用户等候时的广告曝光实时竞价。

2. Exchange（交易平台）

对每个曝光（impression）进行竞价（auction）的服务（service）。

3. Bidder（竞价方）

对每个曝光（impression）进行竞价（auction）的服务（service）。

4. Seat（席位）

期望得到曝光并使用竞价方（bidder）作为代表的需求实体。

5. Publisher（媒体方）

运营一个或多个广告版位（site）的实体。

6. DealID（交易 ID）

代表一个媒体方 (Publisher) 和一个席位（seat）之间预设协议的标识符，用于在某些条款下购买曝光（impressions）。

为便于理解，笔者提炼了实时竞价请求信息交互逻辑，如图 3-8 所示。本图阐述了交易平台（Exchange）与其竞价方（bidder）之间的 OpenRTB 信息交互流程。需要注意的是，此处的 Exchange、bidder 等是技术上高度抽象的概念，不要将之与产业链中的 DSP、Ad Exchange、媒体超级平台等产品实体直接对等。

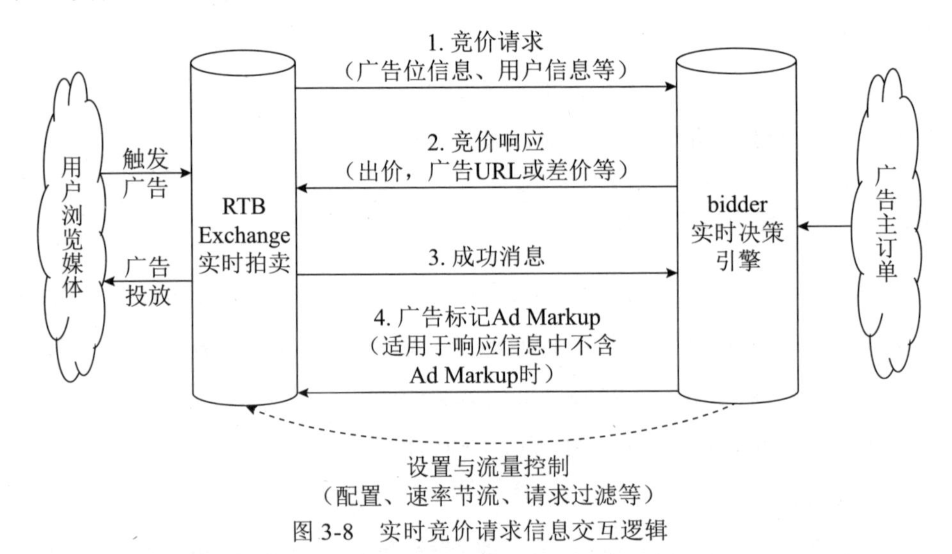

图 3-8　实时竞价请求信息交互逻辑

（1）竞价请求：媒体方（Publisher Site）会首先发起广告请求（Ad Request）。一个 Ad Request 会产生多个竞价请求（Bid Request）并发送给不同的竞价方（bidder）。

（2）竞价响应：竞价方（bidder）回复竞价响应消息（Bid Response）。

（3）成功消息：交易平台 Exchange 基于预设的拍卖规则（auction rules）进行评估，对竞价成功的竞价方（bidder）返回成功消息。

（4）广告标记：竞价成功的竞价方（bidder）在收到成功消息后，如果在之前的请求响应报文中未携带广告标记（Ad Markup）信息，会专门返回一个 Ad Markup 报文，包含差价等关键信息。

具体到技术实现的自由度上，IAB 规范中定义的成功消息 Win notice URL 和广告标记 Ad Markup 中可携带任何标准的宏（macros），是交易平台（Exchange）向竞价方（bidder）传递的敏感数据，比如清算价格（clearing price）。另外，需要注意的是，在常规的广告平台 Ad Exchange 与需求方平台 DSP 的对接方案中，由于系统及带宽成本的原因，竞价失败是没有明确的提醒信息的。这种情况下交易平台可以通过线下或单独的流程来给予通知。感兴趣的读者朋友可以从 IAB 的官网 www.iab.com 中获取更多信息。

上面的规范描述了在实时竞价环节中基本的信息交互流程。实际的业务场景中还会涉及其他交互，如流量筛选上的媒体黑名单同步、竞价引擎中的媒体 / 广告位白名单筛选，以及基于 DMP 的人群包黑、白名单等。

让我们稍微延展一下 RTB 技术部分的探讨，因为这是后续章节中理解技术原理的基础。

Exchange 与其 bidder 之间使用的基本协议是 HTTP，其传输的数据格式是轻量级的 JSON。IAB 规范中建议使用 JSON 承载 Bid Request 和 Bid Response，当然也可以结合其他格式，如 XML、Thrift 等。

这里边最重要的是竞价请求 Bid Request 传递的信息。Bid Request 使用对象 Bid Request 来描述，Bid Request 又包含多个子对象，其中只有 Imp 对象是技术上必填项（requied），用于描述拍卖的曝光（impression），且起码需要包含曝光类型（impression type），如横幅（banner）、视频（video）、原生（native）等。在 IAB 规范中，信息流（feed）类型是 native 的一种。

在 PMP、PDB 等购买方式中，曝光（impression）也可以是私有交易市场（private marketplace）的一个集合，用一个 DealID 来管理多个曝光资源。

Bid Request 的其他子对象分别提供不同的信息，用于辅助竞价方（bidder）做定向及出价的决策，包含用户的细节（user）、使用的设备（device）、位置信息、广告限制信息、广告曝光即将发生的内容和媒体等。这些子对象会因流量源来自 PC 和移动设备而不同。在 PC 流量上，其子对象为 site，即网站说明；而在移动端为 APP，即应用说明。IAB 规范用名为 Distribution Channel 的抽象类来区分 Bid Request 是来自 site 或 APP。

交易平台 Exchange 也可以使用继承的“类”（class）来与竞价方（bidder）传输数据。表 3-2 总结的是竞价请求 Bid Request 中使用的对象说明。

表3-2 Bid Request对象说明

对象 （Objects）	说 明
Bid Request （竞价请求）	基本对象（Top-level Object），包含全球唯一的Bid Request或auction ID，为必填项
Imp （曝光）	描述具体曝光（impression）的容器（container）；一个广告请求（request）拥有起码一个Imp
Banner （横幅）	横幅曝光（banner impression）的细节，包含横幅内视频广告（in-banner video）等
Video （视频）	视频曝光（video impression）或原生曝光（impression）的视频素材细节
Native （原生）	原生曝光（native impression）的容器
Site （网站）	网站（website）的细节
APP （应用）	APP的细节
Publisher （媒体）	媒体的细节描述
Content （内容）	广告曝光所在内容的细节
Producer （生产者）	内容的生产者（producer）
Device （设备）	设备信息
Geo （位置）	位置信息的详细描述
User （用户）	设备的使用者，即广告的受众
Data （数据）	来自其他数据来源的人群定向数据的集合

续表

对象（Objects）	说　明
Segment（标签）	来自其他数据来源的用户数据点
Regs（限制）	竞价请求（Bid Request）中所有曝光（impressions）的限制条件
Pmp（私有交易）	适用于此曝光（impression）的私有交易市场（private marketplace）合约的集合
Deal（交易）	适用此曝光（impression）的售卖方（seller）与购买方（buyer）之间的交易条款（deal terms）

需要说明的是，随着信息流、短视频等新型广告形式的出现以及广告行业技术的发展，IAB 会不断地修订接口规范。上表使用的 IAB API 版本为 2.3.1。

从上表来看，一个理想的竞价请求（Bid Request），会告诉竞价方（bidder）竞价决策必要的信息，包括流量从哪里来、广告位资源是什么样的、用户是什么样的、使用什么样的设备、位于什么区域等信息。当然，实际上可能不会这么理想。

IAB 约定的对象规范中，各字段定义分为三类。

（1）缺失会导致协议走不通的属性（attributes）是必填（required）类。

（2）一些可选填（optional）的属性（attributes）是建议（recommended），建议类字段一般对于业务是比较重要的。

（3）还有一些是选填的（optional），流量方和交易平台可以选择不推送给竞价方（bidder），这种类型的数据除非指定了缺失值，否则缺失的属性值都会被定义为“未知”（unknown）。

我们先来看下表 3-3 的 Bid Request 对象的字段要求。

表3-3 Bid Request对象说明

属性（Attribute）	类型	描述
ID（标识）	字符串；必填	出价方Exchange提供的唯一ID

续表

属性（Attribute）	类型	描述
Imp（曝光）	对象数组; 必填	Imp对象的数组
Site（网站）	对象；建议	媒体，只适用于网站（website）
APP（应用）	对象；建议	APP，只适用于APP
Device（设备）	对象；建议	设备信息
User（用户）	对象；建议	设备的用户；广告受众
Test（测试）	数值，缺省为0	0为live模式，即生产模式；1为test 模式，即测试模式
At（类型）	数值，缺省为2	竞价类型，1=first price（第一价格）；2=second price plus（第二价格）；Exchange-specific 竞价类型可使用大于500的值（value）
Tmax（最大时间）	数值	提交bid以避免超时的最长时间，毫秒数；此value一般线下沟通
Wseat（白名单）	字符串数组	购买方的白名单，缺省表示对购买方（buyer）无限制；SeatIDs由Exchange与bidder提前沟通优先级
Allimps（所有曝光）	数值，缺省为0	Flag，用于Exchange证明提供的曝光（impressions）是否代表了该背景（context）下可获取的所有曝光（impressions），如网页上所有的视频广告位，包括前贴、暂停等。0=no或unknown；1=yes，即所提供的曝光（impressions）就是所有的
Cur（货币）	字符串数组	多货币，使用ISO-4217 alpha代码的竞价可支持的多货币，只有Exchange接受多货币的情况下才是“建议录入”（recommended）
Bcat（黑名单类）	字符串数组	黑名单，全称blocked advertiser categories
Badv（黑名单）	字符串数组	黑名单，通过域名识别广告主的黑名单
Regs（限制）	对象	说明行业、法务或政府的规定
ext（扩展位）	对象	用于扩展

Bid Request 对象是 OpenRTB 定义的携带信息最多、消息队列中最重要的对象之一。其代码我们可通过一个移动端发起竞价请求的 JSON 示例来了解。在本示例中，device 对象代表移动设备，APP 对象用于描述移动应用的信息。


```
{
  "id" : "IxexyLDIIk" ,
  "at" : 2,
  "bcat" : [ "IAB25" , "IAB7-39" , "IAB8-18" , "IAB8-5" ,
"IAB9-9" ],
  "badv" : [ "APPle.com" , "go-text.me" , "heywire.com" ],
  "imp" : [
      {
      "id" : "1" , "bidfloor" : 0.5, "instl" : 0,
      "tagid" : "agltb3B1Yi1pbmNyDQsSBFNpdGUY7fD0FAw" ,
      "banner" : {
      "w" : 728, "h" : 90, "pos" : 1,
      "btype" : [ 4 ],
      "battr" : [ 14 ],
      "api" : [ 3 ]
} }
],
  "APP" : {
      "id": "agltb3B1Yi1pbmNyDAsSA0FwcBiJkfIUDA", "name":
"Yahoo Weather" ,
      "cat" : [ "IAB15" , "IAB15-10" ],
      "ver" : "1.0.2" ,
      "bundle" : "12345" ,
      "storeurl" : "https://itunes.APPle.com/id628677149" ,
```

"publisher" : {
"id": "agltb3B1Yi1pbmNyDAsSA0FwcBiJkfTUCV", "name": "yahoo" ,
"domain" : "www.yahoo.com"
}
},
"device" : {
"dnt" : 0,
"ua" : "Mozilla/5.0 (iPhone; CPU iPhone OS 6_1 like Mac OS X) APPleWebKit/534.46 (KHTML, like Gecko) Version/5.1 Mobile/9A334 Safari/7534.48.3" ,
"ip" : "123.145.167.189" ,
"ifa" : "AA000DFE74168477C70D291f574D344790E0BB11" ,
"carrier" : "VERIZON" ,
"language" : "en" ,
"make" : "APPle" , "model" : "iPhone" ,
"os" : "iOS" , "osv" : "6.1" ,
"js" : 1,
"connectiontype" : 3,
"devicetype" : 1,
"geo" : {
"lat" : 35.012345, "lon" : -115.12345,
"country" : "USA" ,
"metro" : "803" ,
"region" : "CA" , "city" : "Los Angeles" , "zip" : "90049"
}
}, "user" : {
"id" : "ffffffd5135596709273b3a1a07e466ea2bf4fff" ,

"yob" : 1984, "gender" : "M"
}
}

在本示例中，需求方平台 DSP 可以从竞价请求中获取丰富的流量信息，包含设备信息、APP 信息、用户出生日期和性别标签等。在这种情况下，需求方平台 DSP 对流量和用户有充分的认识，竞价引擎可以根据广告主的需求进行出价决策。

然而，在实际的市场环境中，我们可能需要对数据传递的完备性抱以悲观的期望。因为在 RTB 的广告请求中，可能会有大量的广告请求流量信息是不足的。

3.2.3　第三方技术平台的价值

我们再从字段要求上看一下 Bid Request 对象，会发现交易平台 Exchange 在竞价请求中"必须"（required）携带的信息并不多。

Bid Request 对象包含全球唯一的 Bid Request 或 auction ID，是必填项；另外 Imp 曝光对象数组是必填项；而其他所有字段都是非必填项。本对象中的其他属性用于描述 Bid Request 的曝光（impression）规则和限制。其中重要的子对象（object）Site 和 APP 分别用于描述网站资源和移动应用资源上更详细的信息，对竞价方（bidder）的出价决策很重要。IAB 将这两个子类定义为强烈建议（highly recommended）。然而，流量方依然可以选择不携带。设备信息 device 和用户信息 user 对于需求方平台 DSP 的出价决策非常重要，但也是非必填项。

对于"选填项"（optional）的信息，如果广告平台 Exchange 并不包含在发给需求方平台 DSP 的竞价请求中，那么 DSP 就难以对流量有充分的认知，从而可能无法知道自己的广告将要投给什么样的人、什么样的媒体。

这就是为什么在流量产业链中，除了流量交易方的媒体、交易平台 Ad Exchange、需求方平台 DSP、广告主之外，会有本章第一节的技术生态图谱（3.1 章节的图 3-6）中数据平台、监测公司等角色。

我们来看一下在RTB竞价环境中，其他角色起到的作用是什么。

1. 第三方DMP

第三方数据供应和管理平台，典型厂商是秒针、Admaster、Talking Data等。

其应用场景是帮助DSP识别用户信息。具体来说，如果竞价请求中携带设备信息，但缺乏Device对象和User对象的标签说明，则DSP在收到竞价请求的时候，在毫秒级别内请求第三方DMP以获取用户数据，再判断是否出价以响应竞价请求。

2. 监测分析

投放统计和监测平台，典型厂商是Admaster、尼尔森（Nielsen）、谷歌Double Click等。

在监测能力上，其一般通过监测代码实时回收投放的曝光、点击等数据，从而作为广告的裁判来分析媒体投放数据与广告主投放数据的差异。注意曝光、点击的数据是在竞价成功、广告投放之后回收的，并不作用在竞价请求及响应环节。

反作弊能力则一般作用在RTB竞价环节。当竞价请求到达DSP时，DSP可利用监测分析平台（如尼尔森）的反作弊能力，判断其是否为作弊流量。作弊流量不参与竞价，并可加入黑名单。

3. 广告验证

一般是用于验证曝光可见度（Viewability）和品牌安全性，通过添加监测代码的方式，在曝光环节实时做数据回收。

4. 程序化创意

程序化创意（Programmatic Creative）公司，此处指的是程序化创意制作平台。一般用于RTB竞价成功后，在创意投放的时候通过创意URL和ID等信息做广告渲染。

5. Trading Desk

采购交易平台。在国内，一般指的是对接多个投放渠道的投放平台，其渠道可能包括不同的DSP平台、基于API对接的API，甚至可能包含流量方平台 SSP 等。在 RTB 竞价环节，Trading Desk 实时处理来自于不同渠道的广告请求。

3.2.4 RTB 产品形态的变化

在 RTB 竞价环节中，DSP 的投放决策引擎核心需要处理的就是将流量信息与广告主的投放策略进行匹配，从而判断是否出价、出什么价格。而流量资源筛选的关键是用户识别。

在移动互联网的信息流广告中，用户关键信息是通过 Device 对象描述的。这一点从技术上解释了 PC 时代与移动互联网时代 RTB 产业格局的不同。

1. PC 时代

广告资源主要来自于网站（website），媒体、Exchange、DSP 之间的用户识别通过 Cookie MAPPing（Cookie 映射）实现。

PC 网站上使用 Cookie 进行用户识别，而 Cookie 是不能跨域名调用的，即每个域名只能存储本域名下的 Cookie，这就意味着 Exchange 和 DSP 之间需要做 Cookie MAPPing 才能互相做用户识别。另外，用户通常不会设置 Cookie 的过期时间，也就意味着浏览器关闭时，用户的 Cookie 就被删除。因此，媒体、Exchange、DSP 之间的 Cookie MAPPing 在网站资源上是必要的，这也意味着产业链各方可以较好地交换用户数据。

2. 移动互联网时代

流量主要来自于移动应用（APP），DSP 只能通过媒体 APP 或交易平台 Ad Exchange 传递的 Device 对象来描述。通常的技术方案是，在竞价请求中资源方通过传递 MD5 加密过的 IMEI 或 IDFA 来传递用户设备（Device）信息从而描述用户。

与 PC 端的 Cookie 不同的是，设备信息的有效期长达几年——只要用户依然在使用此设备，就一直有效。因此，数据价值大大提升。

另外，用户的数据隐私越来越受到关注。2018 年 5 月 25 日，欧洲联盟出台《通用数据保护条例》（General Data Protection Regulation，GDPR），Facebook 和谷歌等美国企业成为 GDPR 法案下第一批被告。

GDPR 的生效，对个人数据的隐私和保护将更加透明和具有可操作性。

随着数据隐私越来越受重视和移动端数据的资产价值越来越高，头部媒体已不再向下游 DSP 提供 IMEI、IDFA 等设备信息，由此带来传统的 RTB 产业加值链因流量识别困难逐渐失效。

与此同时，媒体超级平台从流量资源和大数据技术上对传统 DSP 公司进行了降维攻击，逐渐成为信息流广告的主流产品形态。

流量资源上，媒体超级平台拥有自己的优质资源和联盟资源，可以按照本章前面所说的金字塔售卖模型进行流量分发；大数据技术上，媒体超级平台耦合 Exchange、DSP 和 DMP 技术能力于一体，在数据算法和技术精准方面更胜一筹。

因此，在信息流广告上，以效果广告为导向的传统 RTB 产业链逐渐消失了。

也许引用技术成熟度曲线（The Hype Cycle）来理解传统 DSP 模式失效的趋势，会让我们觉得更“顺理成章”，如图 3-9 所示。

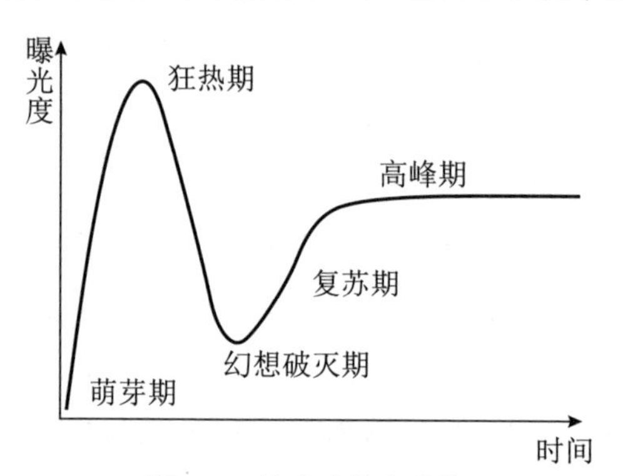

图 3-9　技术成熟度曲线

技术成熟度曲线是高德纳咨询公司（Gartner）在 1995 年引入的概念，又叫炒作周期。它将新技术、新概念在市场上的预期和成熟度随着时间的变化分为五个阶段。图中的横轴是时间（Time），纵轴是曝光度（Visibility）。此曲线中使用媒体曝光度来量化说明市场预期。

1. 萌芽期（Technology Trigger）

在此阶段，随着非理性的宣传，技术上的知名度无所不在，然而随着问题和限制的出现，失败的实践远大于成功案例。

2. 狂热期（Peak of Inflated Expectations）

过分的市场关注度强化了成功案例的故事性，使得失败的实践者无动于衷或不知所措。

3. 幻想破灭期（Trough of Disillusionment）

技术从故事性走向了客观和务实，能存活和发展的经营模式逐渐增多。

4. 复苏期（Slope of Enlightenment）

业态和产品形态演变为更为市场所接受的模式，典型的例子是 1996 年的因特网（Internet）。

5. 高峰期（Plateau of Productivity）

新技术的价值和潜力被市场实际接受，产业链进入成熟阶段，“涌现”出可持续发展的产品形态。[说明：此处“涌现”的概念引用自凯文・凯利（Kevin Kelly）写的《失控》一书，感兴趣的读者朋友可以参考。]

然而，技术的发展总会带来新的机会。从 2017 年开始，随着国内头部媒体逐渐开始投放营销 API，第三方投放技术公司又迎来了重塑生产工具的转机。我们在后续章节再来探讨。

现在，让我们回到信息流广告在 RTB 模式下最大的战场　媒体超级平台上，看媒体的信息流广告是怎么运作的。

3.3 信息流广告服务流程

信息流广告已成为媒体广告商业化的主流形式，各大媒体都在陆续推出。我们先来看市场上主流的信息流广告平台有哪些。

3.3.1 主流的信息流广告平台

我们按照移动互联网上媒体的分类来看有哪些媒体已经推出了自有的信息流广告平台。按媒体属性，大致可将媒体广告平台作如下分类。

1. 新闻资讯类

包括今日头条的巨量引擎、一点资讯、腾讯智汇推、阿里汇川、新浪扶翼、凤凰风羽、搜狐汇算、网易有道等。

新闻资讯类媒体平台的特点是用户使用时间长、黏性强，且因具备多个频道，广告资源形式多样。

2. 社交类

包括腾讯社交广告（原名广点通）、微博粉丝通、陌陌、微信 MP 等。其特点是用户互动性强、可二次传播、精准度高，因一般不区分频道，广告形式比较单一。

3. 搜索类

包括百度、搜狗、360 等。特点是针对用户诉求的营销精准度更高，广告形式较少。

4. 视频类

包括爱奇艺奇麟神算、优酷等。其特点是依托用户观看记录对兴趣识别更精准；均起步较晚，形式较为单一。

信息流广告平台是如此之多，如要列举所有的平台特点和操作流程，需要大量篇幅；而且媒体平台能力迭代的周期一般不会超过 6 个月。对读者来讲，注册一个媒体投放平台的账号来试用，是学习的最好办法。因此，我们接下来会以代表性的平台今日头条、广点通、粉丝通、UC 等为例，来看看它们通用的运营逻辑。

3.3.2 信息流广告运营服务流程

信息流广告的投放运营服务，可能是由广告主自己的运营团队、媒体直客服务团队或第三方代理公司来完成的。当前市场的运营优化服务，主流还是信息流广告代理公司提供。我们现在假定自己是一个初阶的乙方（代理公司）优化师，用这个视角来看一下服务流程是什么样的。请回想一下 2.3 章节中我们提到的信息流代理公司与传统媒介采买代理公司的区别。我们可以理解为，信息流代理公司，本质上是代理媒体广告投放平台为广告主提供服务的。

代理商中，信息流广告的最小作战单元包括三个角色：销售（或叫推广人员）、AE（Account Executive，客户专员）、优化师。销售主要负责拓客，AE负责售后服务，优化师负责运营优化。当然，有些公司会将销售和AE的角色合并，简化为拓客角色和客户投放服务角色两种。

我们将广告主的信息流投放服务分为三个阶段：竞标、开户充值、运营优化。

■ 竞标

广告主一般会在年初或年末发起招标，对信息流广告按不同的媒体渠道分为不同的标段，比如今日头条标段、广点通标段等。而每个标段的竞标宣讲部分，又可能分为商务标和技术标两个环节，分别给予一定的打分比重。总得分最高的服务商方胜出。

商务标宣讲中，媒体给予代理商的商务政策成为决定胜负的关键。有好的媒体政策，就意味着可以给客户更好的价格返点或流量赠送，也就意味着广告主可以用更少的钱买更多的流量，自然会有更大的优势。举例来说，如果这家公司恰好是腾讯的铂金代理商，或爱奇艺的核心代理商，又或者是一点资讯的游戏行业代理商，那自然信心满满。这也就是为什么在信息流广告中会有“二代”来“拼盘子”的操作模式。如果某代理商A没有好的政策，而B代理商的媒体政策良好，则A可能会跟B一起来“垒量”，从而享受媒体更好的阶梯政策。

技术标宣讲则较为考验综合能力，主要是运营能力和技术能力。

运营能力上一般通过对客户投放意图的拆解、对投放平台的理解和案例来表述；而技术能力上更多的是比拼如何通过技术工具或自有技术能力来达成更好的投放效率和效果。

当然，竞标时对于客户情报的把控也很关键，包括KPI难度、历史投放情况、消耗潜力、特殊投放要求如定向等对于KPI的影响等。

■ 开户充值

媒体平台开户类的信息流广告，其运营服务一般是预充值的。竞标成功后，代理商就会为广告主开通投放账户。头部的媒体投放平台如广点通，是不允许个人开户的，需要提交企业资质，经过媒体的审核后方可开户完成。

具体的开户操作，各媒体平台均有相关说明，在此不做赘述。

开户完成后，代理商即可为广告主进行账户充值，进行广告投放账户的搭建。

■ 运营优化

信息流广告效果导向上的运营优化，通常分为测试期、突破期和放量期 3 个大的阶段，有时候突破期和放量期会迭代反复。相关内容，我们在 2.3 章节中已有初步说明，此处开始进入细节。

运营优化的第一步，是确定广告投放账户搭建的基本方向，即基于竞品投放或广告主的历史投放制定测试期投放策略。通常测试期投放策略需要考虑的方向包括投放平台资源位、预算分配、素材方案、定向要求等。

在测试策略制定后，搭建投放账户的基本原则是：测试点明确、单一变量，从而使得账户结构清晰，使 A/B Test（A/B 测试）便于开展。

具体来说，广告的上层结构按广告位或定向分，而广告的最小颗粒度层按测试创意或文案分，注意每个 A/B Test 组只有一个测试点。

初始账户搭建后，就要通过数据统计分析转化效果进行持续优化，目标是找到可以放量突破的广告进入放量期。这里边最重要的两个数据是起量数据和效果成本数据。起量一般指的是曝光量可以快速突破，而效果成本数据是要看起量的同时成本是否可控。原则上对于投放的广告是优胜劣汰，强者恒强。

运营优化中除了账户优化外，另外一个重要的工作内容就是客户沟通。优化师需要隔日甚至是小时级将投放数据和效果数据发送给客户，因为客户方对于数据有基于自己整体营销诉求上的解读。

需要注意的是，上面的表述中引入“广告的上层结构”和“广告最小颗粒度”的称呼，是因为不同媒体平台的广告层级不同。例如，今日头条的基础维度叫“广告计划”，对应到腾讯社交广告平台的同一维度叫“广告”。为便于理解，后续我们按照广点通的命名来理解，以避免重复解释，即广告的分层为计划—广告组—广告。

理解了整体的服务流程后，我们现在假定自己是一个信息流广告优化师，看具体要为客户提供什么样的服务。

效果广告优化师，是随着互联网广告商业化的发展而发展的。早在2000年之前，在美国的雅虎（Yahoo）上就出现了搜索广告，当时优化师主要的工作是做雅虎搜索关键词排名优化，即我们所说的SEO优化师；到了2005年，在谷歌（Google）和雅虎（Yahoo）上的搜索优化师，则基于搜索引擎做竞价优化，规则变为了价高者得；依然是搜索优化，到了2008年，在百度、谷歌等搜索引擎上的计费规则变为根据点击率预估和出价来做搜索竞价优化。而直到2012年后，腾讯广点通、今日头条投放平台等陆续推出，信息流优化师的工种才出现。

可见，SEO行业的优化师是基于搜索引擎提供排名优化服务的。SEO近二十年的变化主要是在搜索平台、搜索引擎算法和付费规则上，其基本逻辑依然是基于关键词；而基于媒体超级后台的信息流优化师，在市场上被广为认知是2016年之后的事情。

与搜索引擎基于“人找信息”来通过关键词优化的基本逻辑不同，信息流的基本逻辑是“信息找人”，信息流优化师提供的是将信息精准触达用户的服务。因此，虽然操作流程、优化技巧上SEO与Feeds会有颇多相似之处，但执行逻辑本质上是不同的。

日常的广告投放优化中，优化师需要处理的主要是投在什么位置，定向什么人群，投放什么素材，分析和处理投放数据从而进行优化调整。

1. 位置

优化师首先需要决定的，是广告投放到哪里。

不同的渠道、渠道上面不同的广告位，其受众人群和成本价格不同。举例来说，今日头条渠道上的是资讯人群，而微博上面更多的是社交人群；今日头条的首页信息流和详情页信息流价格不同。再比如，今日头条的“娱乐”频道和“科技”频道，内容背景和用户属性也会有所不同。

2. 定向

决定了投放位置后，优化师需要准确地找到广告主需要的用户，一般采用标签定向或号码包上传的方式。

标签定向方式上，不同的媒体信息流投放后台，一般会共通地支持位置、终端、社会属性和兴趣类定向。位置包括省市定向和商圈定向等；终端指的是厂商 / 设备型号、联网方式、运营商、操作系统等；社会属性一般指的是年龄、性别等，部分媒体可支持消费能力、收入水平等定向；兴趣定向分不同的媒体标签体系，一般包括行业兴趣类和 APP 行为类定向。

号码包方式则比较灵活，优化师可以从广告主的第一方 DMP 或第三方 DMP 上获取各种形式的号码包，上传后进行定向投放、排除投放、拓量投放等。以腾讯社交广告（Tencent Social Ads，TSA，原名广点通）的 DMP 为例，支持上传的号码包如图 3-10 所示。

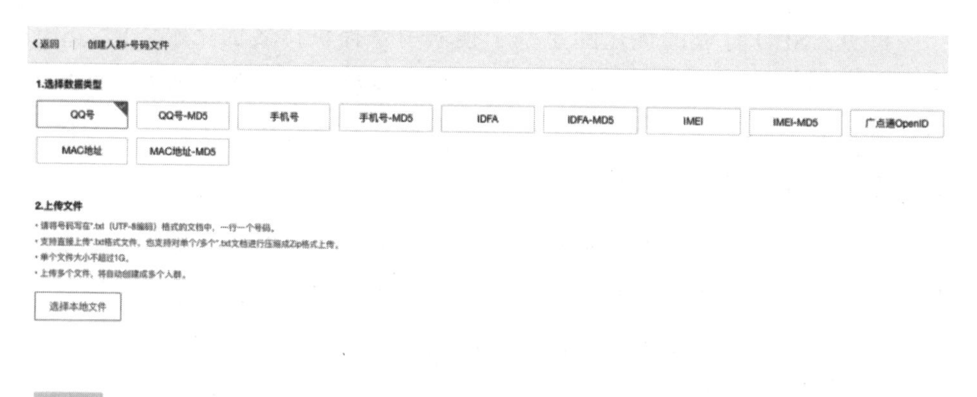

图 3-10　TSA 支持上传的号码包类型

除了人群定向外，优化师可以按照广告主的需求进行时间控制和频次控制。时间控制包括投放周期是哪天到哪天，也可以做时段定向（day parting），比如只投放早高峰 7：00AM—9：00AM 和晚高峰 5：00PM—8：00PM；频次控制是限定一个用户只会曝光几次（需要注意的是，技术上一般只支持曝光频次控制，而不支持点击频次控制——因为点击是用户的主动行为）。

3. 素材

选择了投放位置并决定了投放给什么人之后，就要确定投放给用户什么样的创意（creatives）。

可以说，素材是优化的基础，也是优化师倾注精力最多的部分。信息流广告优化中，往往需要频繁地更换创意才能找到好的优化模型。我们这里先概述一下创意优化的基本要求。

信息流广告有个“黄金3秒”原则。因为用户在信息流媒体上刷信息的速度往往很快，“黄金3秒”指的是需要用户在3秒内接收到广告信息并产生兴趣。“黄金3秒”原则适用于图文信息流和视频信息流。

素材是影响CTR（点击率）的关键因素。我们简单地将素材分为图文/视频创意和文案两部分。在图文/视频创意上，重点突出、内容原生、信息简洁直观是基本要求；而对于文案，围绕推广产品的特点重点讲述、内容具象、通俗易懂、唤起人“了解更多”的欲望是基本要求。

4. 数据

广告投出去了，优化师就需要跟踪广告数据，找问题，分析调整策略。从这个角度来讲，优化师是每天需要跟数字打交道的工种。

还记得1.4章节中提到的营销转化漏斗图吗？信息流广告优化的本质，也是为了促成营销转化漏斗，其基本数据指标包括展现量、点击量、到站访问量、转化量、ROI（投资回报率）。

我们可以这么具象一个信息流优化师的日常工作。

（1）广告投放后，优化师需要分析广告投放数据、找出问题并制定优化方案。

（2）按照优化方案执行新建广告、调整出价、修改定向、更换素材等各种操作后，优化师需要跟踪执行效果，及时监控投放数据。

除了为客户输出报表和分析服务外，优化操作的日常，往往是在A与B之间往复迭代。

运营优化的目标，是达成客户的KPI。这里边因不同的优化目标，需要做转化路径上的各节点拆解，从而实现“由终见始”，即基于广告主的KPI来反推优化方案。

因此，运营优化的逻辑是以数据来驱动的。

第二篇

实战篇

第4章 认识今日头条信息流广告

2019年1月17日，字节跳动发布商业化品牌“巨量引擎”，旨在对今日头条系的广告资源进行整合，重塑营销价值。巨量引擎的启动标志着字节跳动产品体系的战略升级和全场景用户覆盖上的互联互通。

在营销技术最为发达的美国，预计到2019年年底程序化广告的投放比例将达83%，而中国的整体比例也将高达65%。随着“巨量引擎”的发布，今日头条将联系旗下APP数据，还原用户画像，目标将“以用户为中心的”精准营销占比提升到95%。

4.1 广告产品介绍

巨量引擎整合了今日头条以及头条系的其他APP产品，并基于个性化机器推荐算法，实现用户特征与内容特征的精准匹配。

数据能力上，巨量引擎实现今日头条旗下各产品超过4亿日活用户数据的打通，基于用户的识别进行“千人千面”的投放。

巨量引擎的广告产品包含信息流广告、开屏广告、视频广告等多种形式，横跨品牌广告和效果广告两个领域，并以联盟方式整合了“穿山甲”流量。下面我们按广告类型进行说明。

4.1.1 今日头条信息流

今日头条APP自身的广告位于今日头条的推荐频道、本地频道和视频频道。

图4-1所示为今日头条本地频道的大图信息流广告形式。因笔者在北京，故“本地”频道显示为“北京”。

本图所示的广告形式为信息流大图，另外今日头条支持的广告形式还包括小图、组图和信息流视频，其中信息流视频的广告创意时长要求在10

分钟之内。

图 4-1 今日头条的本地大图信息流广告示例

今日头条 APP 广告位的刷新，是手机用户滑动屏幕更新内容时触发的，广告每次会出现在刷新的第三个到第五个位置。不一定每次刷新都会有广告出现。

今日头条 APP 的信息流广告支持 CPT、GD 两种保价购买模式，也支持 CPC、CPM 两种 RTB 竞价购买模式，适用于品牌或效果两种广告诉求。

4.1.2 穿山甲流量

穿山甲流量是字节跳动聚合的联盟流量，在 2019 年年初已覆盖 5.5 亿 DAU。从为广告主提供的流量池构成来看，穿山甲流量是今日头条 APP、抖音 APP 等的有效补充，因其与字节跳动主站的用户重合度低于 20%。

穿山甲的广告形式包括原生信息流广告、开屏联投广告和激励视频类广告。

■ 原生信息流

穿山甲的原生流量主要有三个来源：第一个是超过 1000 家的工具、女性、出行等行业媒体；第二个是华为、小米等十多家厂商的流量；第三个是字节跳动旗下 APP 的剩余流量。

穿山甲的广告位形式与今日头条信息流类似，包含信息流大图、信息流组图、信息流小图和信息流视频。

■ 开屏联投

开屏联投资源是字节跳动旗下 APP 与其他 APP 联投的开屏资源，旨在为品牌广告主满足强曝光需求的同时，通过开屏资源的搭配实现更高的性价比。

开屏联投的广告形式包括开屏视频、九宫格、动图等。

■ 激励视频

“穿山甲”于 2018 年推出激励视频资源形式，以最适配流量原生模式的全屏激励视频形式，为游戏、网服等广告主提供更高的 CPM 收益。

穿山甲的激励视频广告形式如图 4-2 所示。相对于插屏全屏广告的强干扰性，激励视频可利用互动、激励、试玩等多种方式，保护用户体验且引导用户转化。

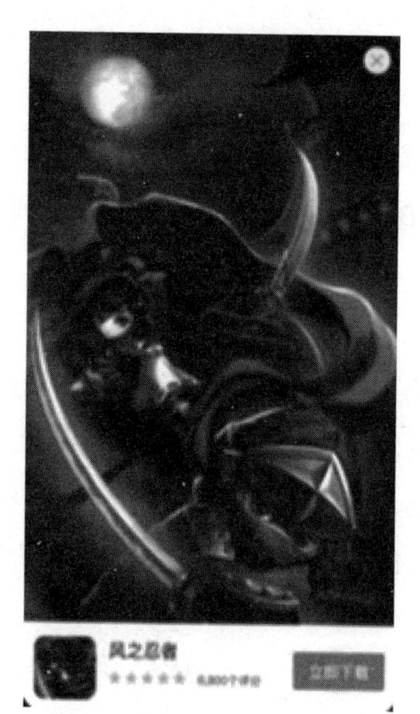

图 4-2　穿山甲激励视频广告示例

穿山甲信息流资源目前仅支持 RTB 竞价模式的购买，计费方式包括 CPC、OCPC 和 OCPM。

4.1.3　视频广告

与传统 OTV 的视频前贴、暂停等广告形式不同，巨量引擎的视频广告是短视频形式的广告。

巨量引擎的短视频广告资源包含三个位置：开屏中的视频广告位，信息流内容中的视频广告位，详情页中的视频广告位。后两者与信息流广告的位置类似，仅是创意形式不同。

这三个资源位实用场景有所不同。

- 开屏视频广告：具备大屏、强曝光的特点，适合品牌传播类需求。
- 信息流视频广告：位于资讯流中，像内容一样具备原生性，适合信息传递和效果导流类需求。
- 详情页视频广告：位于用户点击内容，进入详情页并浏览完内容的下方，如图4-3所示。详情页视频广告对于用户的兴趣判断更为精准，适合效果类营销需求。

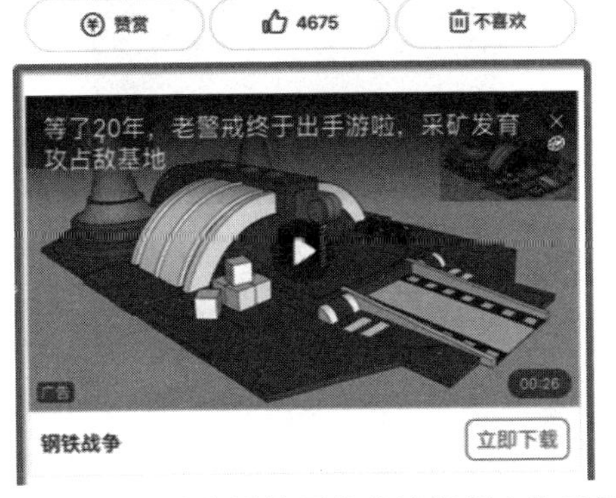

图 4-3　今日头条详情页信息流视频广告示例

与信息流广告一样，今日头条的短视频广告也支持 CPT、GD、CPC 和 CPM 四种购买方式。

与信息流广告不同的是，短视频广告还支持 CPV 计费方式（单次播放成本，Cost Per View），且巨量引擎引入了 VTR 的衡量标准（View Through Rate，播完率）。

VTR= 视频播放量 / 广告展现量 ×100%

CPV 计费方式更注重视频创意的播放效果，其规则为播放时长超过 10 秒钟的播放量为有效播放。

4.1.4 开屏广告

开屏广告即 APP 启动时加载的广告，一般展示时间固定。其中静态广告 3 秒、动态广告 4 秒，而开屏视频广告为 5 秒——需要注意的是，这里的开屏广告与上面说的开屏视频广告为同一广告资源位。

开屏广告具备强曝光属性，适用于品牌传播。

图 4-4 所示为今日头条 APP 的静态图开屏广告。巨量引擎的开屏广告资源包含今日头条系 APP 的开屏广告资源和今日头条联盟的开屏联播资源。

图 4-4　今日头条开屏广告示例

今日头条系 APP 的开屏资源包含今日头条 APP、头条视频 APP 及其他头条系 APP，仅支持 GD、CPT 两种保价模式的售卖。

而开屏联播资源是巨量引擎联盟的 APP 广告资源，既支持 CPT 模式的媒介直接采买，也支持 CPM、CPC 模式的竞价采买。

4.2　开 户 说 明

在巨量引擎平台上投放广告，首先需要有广告主投放账户。

广告主的信息流广告投放有两种模式，通常称之为自助和托管模式，即广告主自主运营广告或委托代理商帮其运营广告。在巨量引擎后台，广告主可自助开户，有托管服务的广告主可选择其代理商帮忙开户。

4.2.1　自助开户

巨量引擎提供了便利的自助开户申请入口，登录地址为 https://ad.toutiao.com，如图 4-5 所示。

图 4-5　巨量引擎开户入口

在该页面内按开户导航，完成基本信息填写、账户密码获取和输入、资质补全后，即可等待开户审核的结果。审核时间通常仅需一个工作日。

广告主在申请开户时，需要避免不被允许的行业，包括今日头条竞品类 APP、医疗药品类、保健品、金融类等，详情可参考上述开户入口中的说明。

账户开通后，需进行充值操作方可进行广告创建工作。

账户充值入口依然是在 https://ad.toutiao.com。登录巨量引擎投放后台（即头条的 AD 后台），即可看到如图 4-6 所示的后台功能，并可在“财务”菜单中进行充值操作。

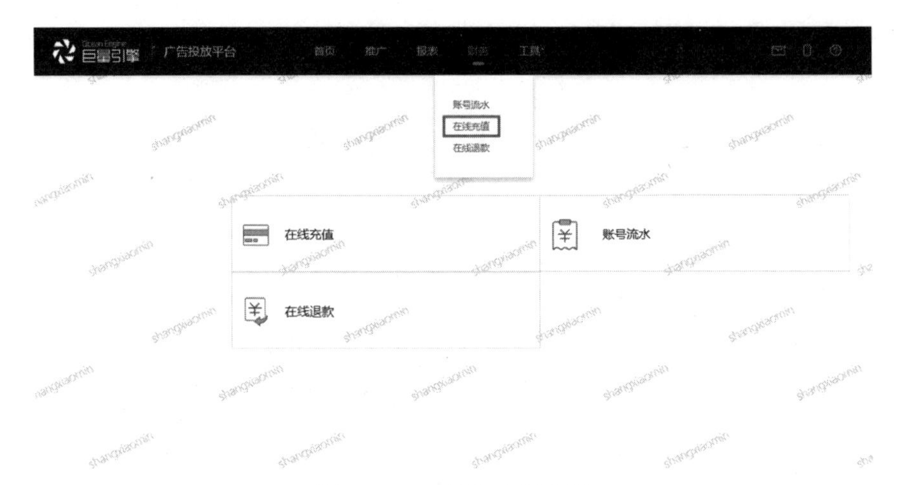

图 4-6　AD 后台充值界面

4.2.2　代理商开户

有服务代理商的广告主，也可以委托其代理商在代理商后台进行开户、充值操作。巨量引擎的代理商入口为 https://ad.toutiao.com/agent。

代理商管理平台中，在“广告主管理”模块可通过“创建广告主”来为广告主开户，如图 4-7 所示。

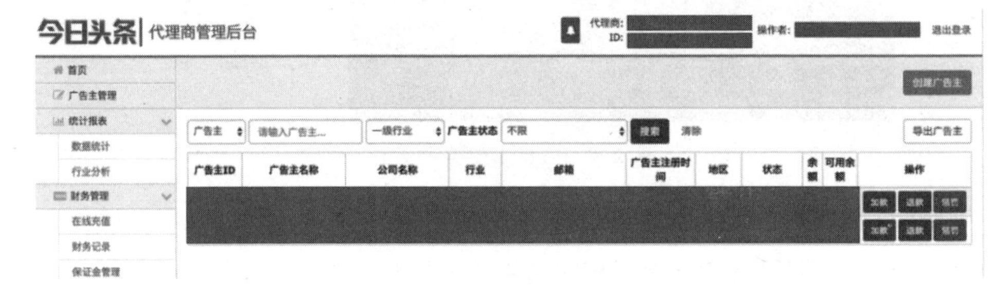

图 4-7　代理商创建广告主入口

在输入账户信息、账户类型，并与自助开户类似的提交资质等操作后，即可提交广告主账户，等待今日头条审核，如图 4-8 所示。

图 4-8　代理商开户功能

在开通了账户后，代理商可为其广告主进行充值、加款、退款等操作。

4.3　代理商管理后台

通过巨量引擎的代理商账户，可从代理商管理平台登录广告投放后台，也可直接访问广告投放平台。

代理商管理后台是为代理商提供代理商层业务数据、财务数据、广告主数据分析及操作的后台；投放管理平台以广告主账户为单位，提供标准化的投放及分析能力。

图 4-9 所示为今日头条代理商管理后台的整体功能，我们简要介绍一下。

■ 首页

显示代理商的账户余额及消耗信息。其中账户余额为某代理商名下所有广告主的总余额。

■ 广告主管理

除查看、创建广告主外，代理商还可以对广告主进行“加款”“退款”和“惩罚”操作。

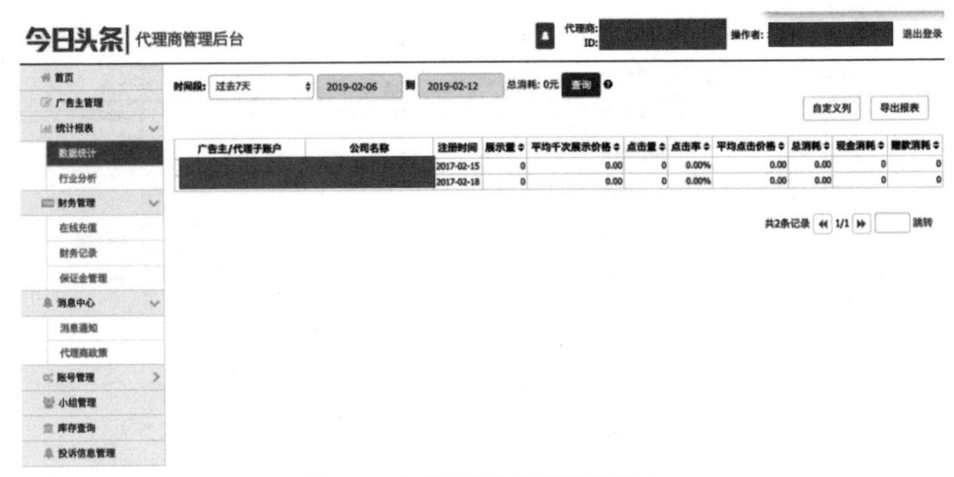

广告主/代理子账户	公司名称	注册时间	展示量	平均千次展示价格	点击量	点击率	平均点击价格	总消耗	现金消耗	赠款消耗
		2017-02-15	0	0.00	0	0.00%	0.00	0.00	0	0
		2017-02-18	0	0.00	0	0.00%	0.00	0.00	0	0

图 4-9　今日头条代理商管理后台

■ 统计报表

包含“数据统计”和“行业分析”两个二级导航。数据统计展示的是代理商名下所有广告主的展示量、消耗等数据；而行业分析是按行业维度展示广告主的展示、消耗等数据。

■ 财务管理

可用于在线充值，查看代理商为各广告主操作的财务记录，以及管理保证金。

■ 消息中心

用以查看代理商的消息通知及代理商政策。

■ 账号管理和小组管理

用于管理代理商的账户信息和用户角色。

■ 库存查询

用于查询 GD 广告库存，如图 4-10 所示，方便代理商做 GD 流量购买的信息参考。

RTB 可竞价流量的预估在广告投放平台，不在代理商平台这一层。

■ 投诉信息管理

代理商向今日头条的投诉建议信息。

图 4-10 代理商层的 GD 库存查询功能

4.4 广告投放平台

当前今日头条的广告投放平台，功能上依然类似今日头条的 Ad 广告后台，分为旧版和新版，新版已改名为“巨量引擎”。

图 4-11 所示为旧版今日头条广告投放平台，包含首页、广告组和计划、统计报表、联播投放、账号管理、消息中心、库存管理和工具箱八个功能模块。

图 4-11 旧版今日头条广告投放平台

新版广告投放平台直接登录入口为 https://ad.toutiao.com，登录后会进入“首页”菜单。

相对于旧版，新版投放平台将导航栏从竖版更新为新版，并在一级导航菜单上做了精简，使用友好度更高。我们此处以新版广告投放平台为主进行介绍。

■ 首页

首页包含广告主在该广告账户下的消耗、余额、广告等统计数据，以及该账户下的数据趋势图等。此处专门说明“该广告账户”，是因为实际操作中存在一个广告主“养”几个投放账户的情况。

首页的功能布局如图 4-12 所示。

图 4-12　新版巨量引擎广告管理平台

需要说明的是：

■ 账户余额数据实时更新，账户消耗数据每10分钟更新一次。

■ “今日账户消耗”和“账户消耗”，仅包含竞价广告和品牌广告数据，不包含开屏联播数据。

■ 首页中支持数据查看时间段的筛选，在图4-12的右下角，可选时间段为“过去7天”“过去30天”“昨天”和“今天”。其中选择“今天”后会显示当天的分小时数据，统计周期截止到当天的前一个小时。

■ 数据趋势图呈现用户转化路径的前端数据，包括展示、点击、点击率、平均点击均价、平均千次展现费用、总花费等指标。

我们后面也会探讨腾讯的效果广告平台 TSA，需要注意今日头条巨量引擎的“展示”指标对应腾讯 TSA 的 “曝光”；而其“花费”指标则对应 TSA 的“消耗”。

■ 推广

推广即旧版的“推广管理”模块，此模块整合了广告新建、分析及广告管理功能，如图 4-13 所示。

在“推广”模块的左侧，按广告新建的降序排列展示的是最新编辑的广告，方便进行广告管理；而推广模块上面显示的是消耗、余额及预算信息。

推广模块提供了广告组、广告计划及创意三层的筛选、查看分析及编辑功能，并提供了批量工具及自定义列功能。

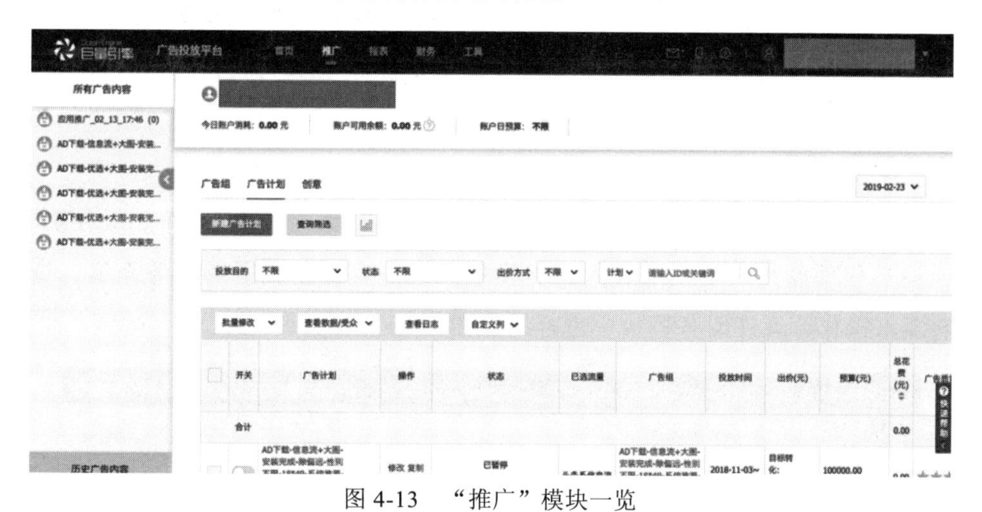

图 4-13　“推广”模块一览

■ 报表

报表对应旧版今日头条 Ad 后台的“统计报表”模块，提供了强大的投放数据分析功能，如图 4-14 所示。

巨量引擎的报表分为五类，即账户报表、受众分析、效果广告报表、品牌广告报表及开屏联播。

图 4-14 “报表”模块一览

其中账户层级报表、受众分析类报表为各信息流平台所共有；开屏联播为巨量引擎独有资源的报表，将效果分析和品牌分析拆分为两类报表为巨量引擎平台所独有。

如果将信息流广告的运营优化过程比喻为驾驶汽车，那投放行为就是控制方向盘，而报表分析行为则类似于路况把控。我们后面会针对广告投放、效果分析分别做详细探讨。

■ 财务

即旧版的“财务管理”功能，包含“在线充值”“账号流水”两个二级导航。无论是代理商为广告主进行的财务操作，还是广告主自助的财务充值、查看流水操作，都在财务模块中进行，如图 4-15 所示。

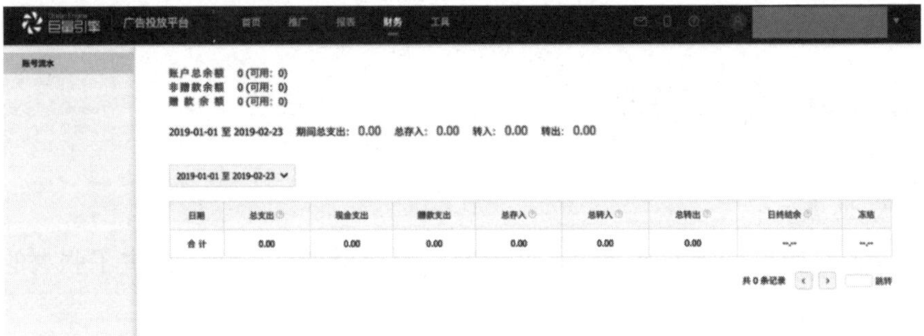

巨量引擎 广告投放平台 首页 推广 报表 财务 工具

账号流水

账户总余额 0 (可用：0)
非赠款余额 0 (可用：0)
赠 款 余 额 0 (可用：0)

2019-01-01 至 2019-02-23 期间总支出：0.00 总存入：0.00 转入：0.00 转出：0.00

2019-01-01 至 2019-02-23

日期	总支出	现金支出	赠款支出	总存入	总转入	总转出	日终结余	冻结
合 计	0.00	0.00	0.00	0.00	0.00	0.00	--.--	--.--

共 0 条记录 跳转

图 4-15 “财务”功能一览

需要说明的是，巨量引擎投放平台对首次充值的下限要求是1万元，续费要求是1000元。

■ 工具

即旧版的“工具箱”模块。巨量引擎集成了大量运营工具辅助广告的投放及优化，如图4-16所示。

账户辅助
操作日志
评论管理

定向辅助
兴趣词定向词包管理
头条DMP
DPA自定义人群管理
DPA动态词包管理
头条号合作

创意辅助
动态创意词包管理
正版图库
素材库 new
即合平台 new
创意中心
易拍 new

优化辅助
计划诊断 new
页面质量检测

计划辅助
移动建站
极速下载服务
飞鱼CRM new
转化跟踪
门店管理
卡券

图4-16 巨量引擎的“工具”集

新版巨量引擎的工具包含账户辅助、定向辅助、创意辅助、优化辅助及计划辅助五大类。对于行业中的第三方平台技术公司来说，如有实用的投放工具可与字节跳动沟通，融合到巨量引擎头条上来为广告主提供营销服务。

第 5 章　今日头条投放入门

巨量引擎创建广告的入口位于投放后台的“推广”模块，在进入广告创建的具体操作之前，我们先来看一下常规账户搭建的技巧。

5.1　账户搭建技巧

巨量引擎的账户结构与腾讯效果广告平台的命名不同，前者的账户结构是一个投放账户对应多个广告组，一个广告组对应多条广告计划，而广告计划下又有不同的创意。

也就是说，巨量引擎的广告分为三个层级——广告组、广告计划和广告创意。因为巨量引擎支持多创意投放功能，所以一条广告计划可以对应多条创意。反过来讲，因为巨量引擎的广告会有一条创意在多个广告计划下投放的情况，因此计划与创意是多对多的关系。我们用图 5-1 来帮助大家理解巨量引擎的账户结构。

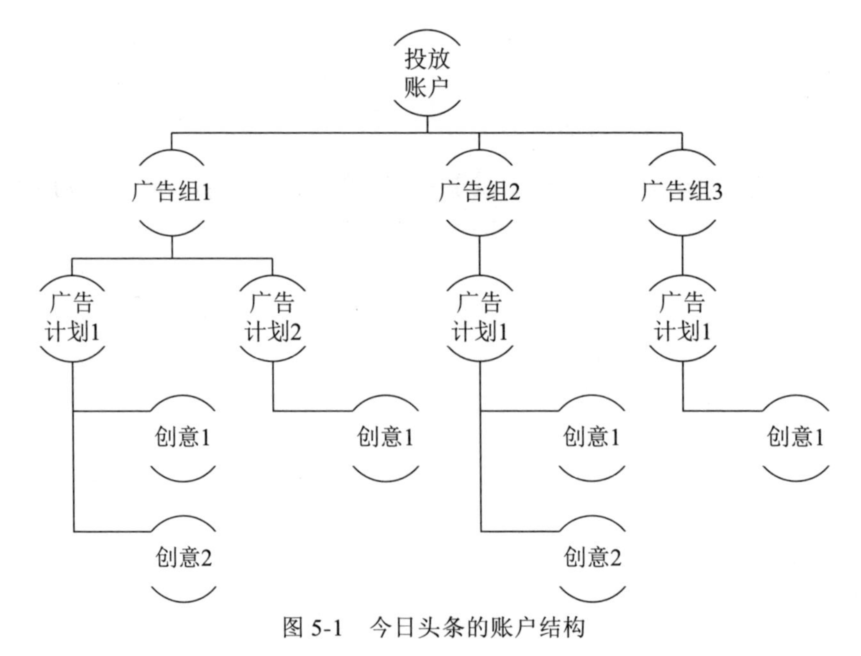

图 5-1　今日头条的账户结构

一个头条账户包含广告组、广告计划、广告创意三个基本元素，这是构成今日头条账户的基本结构。

在搭建一个合理的账户之前，我们需要综合考虑如下四个维度的因素。

■ 推广目标

拆解广告主的考核目标、推广诉求，进而明确账户推广目的、推广位置和投放平台。

■ 产品分析

根据广告主推广产品的定位及其历史转化表现明确投放品类，同时便于搭建账户后分配预算和出价。

如没有历史数据可参考，则可以参考广告主产品在其他平台上的表现及推广收益。

■ 行业及竞品分析

参考行业竞争情况、媒体流量在行业上的竞争情况以及竞品的推广数据，制定相应的流量竞争策略，如出价、地域、资源位等。

■ 受众分析

根据受众特点，明确受众使用场景和用户画像，便于选择定向及适配创意。

此处我们分享一个常用的账户搭建技巧。

先看广告主的行业及推广目标，针对具体情况进行账户搭建。比如产品单一的广告主可以选择广告创意为核心搭建账户，推广目标中地域定向清晰的广告主则可以选择地域为核心来搭建账户。下面是四个最常用的搭建维度。

（1）以产品为核心搭建账户：适用于产品类型丰富或多品线的广告主，典型行业如手游、电商、汽车等。

（2）以地域为核心搭建账户：适用于业务在地域上分布明显的客户，以笔者服务过的生鲜O2O、汽车零售店等为例，这类客户的线下分布有大区、城市的业务量级、运营成熟度等不同类别，故推广诉求也会不同。

（3）以创意为核心搭建账户：适用于推广产品较为单一，而创意制作能力较强的广告主。如果广告主允许服务商对创意有自主制作的权力，也适用。

（4）以投放时间为核心搭建账户：比较适合品牌活动较频繁，或推广时间有明确周期划分的广告主。在这种情况下，信息流广告可与其他品牌推广、线下活动等进行配合，达到最好的联合营销效果。

实际使用中，为保证 A/B 测试组的设置更为精细化，往往采用组合维度的方式来进行账户搭建。我们来看三个案例。

5.1.1 多品线 + 区分投放系统平台的案例

在此案例中，广告主为某贵金属投资公司，产品包括贵金属和石油 APP，考核目标分别为 iOS、安卓两个平台的 APP 下载。

在搭建此账户的时候，我们先将品类和投放平台进行组合，构成两个对比组 iOS—贵金属、安卓—贵金属，iOS—石油、安卓—石油。然后，我们根据投放的人群、地域定向再拆分四个组，形成账户结构，如图 5-2 所示。

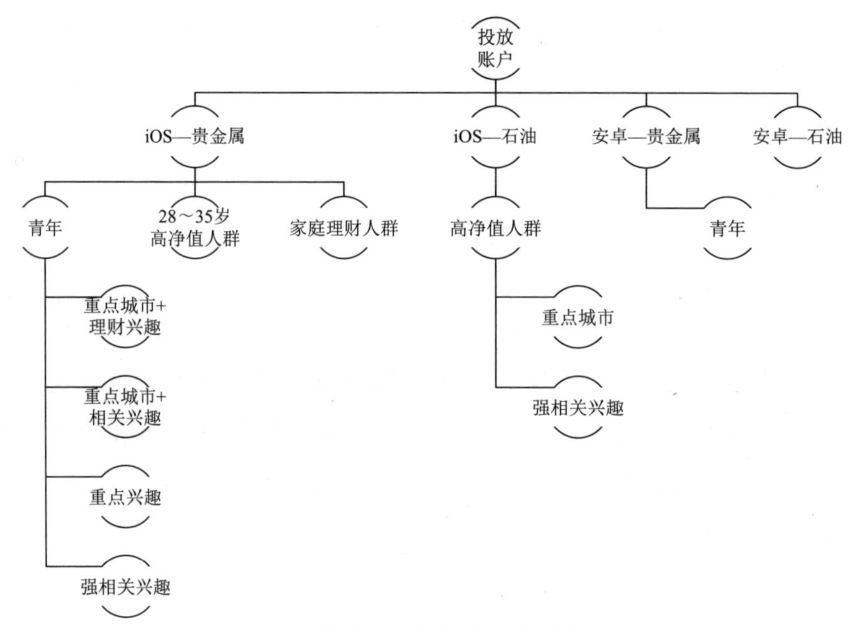

图 5-2 某贵金属客户的账户结构示例

依据这个逻辑，我们可以按照投放平台和品类组合出四个广告组，再按照不同的定向形成广告计划，从而构造出一套清晰且具备对比测试价值的账户结构。

5.1.2　场景化分组案例

此案例为某婚纱摄影客户的销售线索推广，广告主投放平台为今日头条信息流。我们按场景进行分组，以广告创意策略为主要优化方向，如图 5-3 所示。

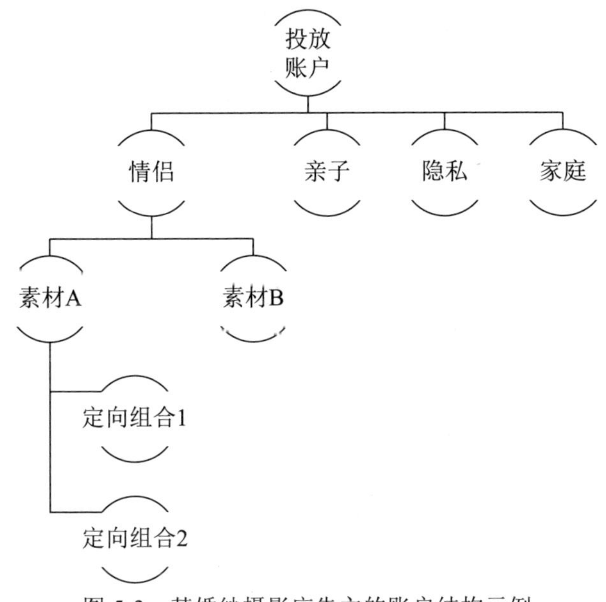

图 5-3　某婚纱摄影广告主的账户结构示例

在此案例中，我们按照营销场景划分广告组，在组内按照素材划分广告计划，搭建起以创意为核心的账户结构。

5.1.3　地域 + 品线 + 活动组合维度案例

在此案例中，广告主推广某干果生鲜 O2O 类 APP 的下载。此案例仅在巨量引擎上做 APP 的推广，但因客户业务有分品类做城市定向推广的要求，且有单品或品牌活动配合，因此我们需要组合维度，如图 5 4 所示。

我们先划分了三类广告组，即城市 + 单品、城市 + 活动、线上优惠券类，然后在每个广告组内再按定向和广告创意来分广告计划，从而在账户结构上平衡了测试场景的完备性和有效性。

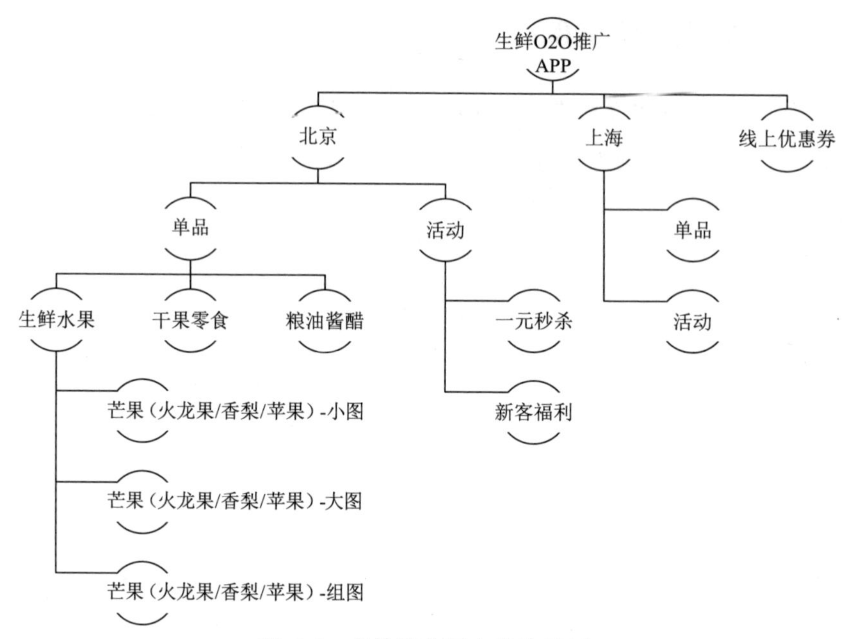

图 5-4　多维组合账户结构示例

账户结构直接体现在广告组、广告计划的数量及命名上。广告组、广告计划的命名通常遵循以下几个要点。

（1）广告组、广告计划命名逻辑清晰，辨识度强。

（2）广告组、广告计划名称不要重复。

（3）建议以固定格式命名，不同定向维度或素材样式可采用连接符进行区分。

5.2　创建广告组

在巨量引擎后台，一条广告的创建流程是：离线规划账户结构—创建广告组—创建广告计划—广告投放。广告投放后需进入“报表”模块进行指标分析，然后回到“推广”模块进行广告优化。

5.2.1　广告组创建说明

广告组是包含一系列创意的一组广告，此级别用于设置推广目的及预算等；广告计划可以理解为一个广告管理单元，包含一条或多条创意；一条广告计划下的一个创意是一个竞价单元（bidder），包含文案、图片或视频素材。

广告的三个层级统一在“推广”模块进行管理，如图 5-5 所示。

图 5-5 广告的三个管理层级

如果是已有广告的管理，进入推广后会默认进入“广告计划”层。我们现在以新账户的全新广告创建来看广告创建的基本流程。

在“推广”模块的广告组层选择“创建新广告组”，即可进入广告新建的引导页面。广告组的创建分为三个步骤，如图 5-6 所示。

图 5-6 创建新广告组

实际操作中，建议针对一款产品或其他推广标的创建一个广告组，在广告组下按不同的推广目标、预算、出价或定向等创建多条广告计划，以方便 A/B 测试。

5.2.2 广告组创建相关设置

创建广告组时需要设置推广目的、预算模式及金额、广告组名称。创建成功的广告组可在推广管理中进行查看。

■ 选择推广目的

新版巨量引擎将推广目标分为五类，其中“应用推广”“销售线索收集”“头条文章推广”分别对应旧版今日头条投放平台的“应用下载”“落地页”和“文章推广”。表 5-1 对五种推广目的分别进行了适用场景说明。

表5-1 巨量引擎的广告推广目的

推广目的	应用说明	适用客户
应用推广	以应用下载为目标，增加APP下载量；支持“落地页”“下载链接”两种下载方式	应用下载类客户
销售线索收集	以收集销售线索为目标，增加落地页上用户留资量	落地页推广客户
抖音号推广	以粉丝获取或二次传播为目标的推广	粉丝获取或社交传播类广告主
门店推广	获取线下到店率	线下门店导流类或O2O类广告主
头条文章推广	利用今日头条的信息流广告把关于产品或服务的文章推荐给用户，提升阅读量	头条号作者，或软文推广需求客户

■ 设置预算模式及金额

巨量引擎在广告组层允许不设预算和设置日预算两种模式。广告组层的日预算不能低于 1000 元，预算单次修改幅度不能低于 100 元。另外，24 小时内修改预算操作不能超过 20 次。

■ 填写广告组名称

巨量引擎对于广告组名称的规定是，长度在 1 ～ 100 个字符，中文不允许超过 50 个字。另外，广告组名称不能重复。

■ *广告组层推广管理*

如果已有广告在运行，则可对广告组进行推广管理，如图 5-7 所示。在广告组层的推广管理中提供了多样的报表分析能力，包括趋势图查看、广告组状态及投放目的筛选、效果及受众数据分析、操作日志等。另外，在广告组层可进行批量启用、暂停、删除等操作。

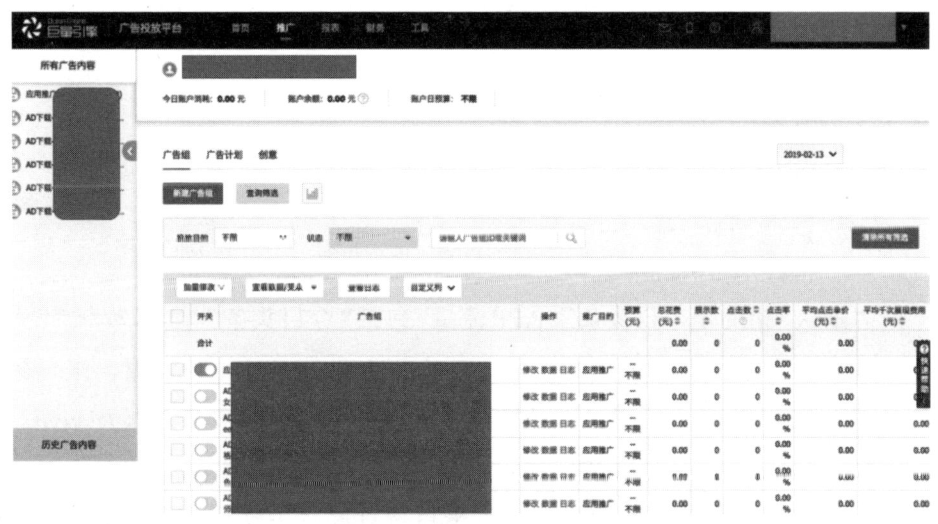

图 5-7 广告组层推广管理

对于新建广告的流程，完成推广目的选择、预算及广告组名称录入后，点击“下一步”，即进入新建广告计划步骤。

5.3 创建应用推广计划

广告计划的创建，因推广目的不同各节点设置也有所不同。此处我们以最常用的“应用推广”为例，看看创建广告计划的整体流程。

5.3.1 选择投放范围和投放目标

计划层可选择的投放范围分为“默认”和“穿山甲”，如图 5-8 所示。

图 5-8　计划层可选投放范围

“默认”指的是今日头条系APP流量，包括“今日头条”“西瓜视频”“火山小视频”和“抖音”等APP；而“穿山甲”指的是穿山甲流量，来自聚合的猎豹清理大师、掌阅、悦动圈等1000多个APP的流量，以及vivo、OPPO、三星、金立、魅族等厂商的流量。

而在投放目标设定上，应用推广类投放目标分为转化量、点击量和展示量三类。选择投放目标后，巨量引擎的流量分发机制会向最有可能发生相应行为的用户展示广告。如选择转化量，则广告分发引擎会向转化可能性最高的用户分发广告。

需要注意的是，投放目标页面因推广目的不同而不同。对于应用推广类的目标设定，需要设置下载链接，如图5-9所示。

下载链接的设置因推广APP包的操作系统不同而不同。对于安卓包，输入安卓（APK）下载链接即可，巨量引擎投放平台可自动识别应用包及其下载渠道；而因为iOS统一从苹果的应用中心下载，输入iOS下载链接后巨量引擎会自动识别为iOS链接，不支持短链跳转。

安卓APP需要录入应用包名，一般在输入下载链接后自动获取包名，也可以手动填写；iOS APP包名无须录入。

图 5-9 应用推广类投放目标设定

5.3.2 定向设置

广告受众的选择是不同推广目的在广告计划创建上的必经节点。

巨量引擎提供了丰富的用户定向手段，除了图 5-10 所示的常用定向外，还包括文章分类、运营商、新用户和手机品牌四类高级定向选择。

我们先来看一下用户定向上的相关功能及规则。

■ 标签定向

用户定向的筛选上，可以选择地域、性别、年龄、兴趣等定向标签，也可以选择联网方式以及用户浏览终端的平台。需要注意的是，平台如选择了 PC 定向，则其他定向设置不生效。

下面是几种基础定向方式在技术上的相关说明。

1. 地域定向

巨量引擎地域定向使用的数据是用户当前 GPS 信息、IP 地址、历史城市和服务器地址等数据通过加权计算得出的，比传统基于 IP 地址的定向方式更加精准。

图 5-10 广告计划层定向设置

今日头条在移动流量上的定向除省市级外，还可下沉到县级，且可做商圈 LBS（移动位置服务）定向。

2. 人口属性定向

即性别、年龄定向，投放到特定性别及年龄段的人群。

巨量引擎通过用户在今日头条系 APP 上的使用行为及文章阅读记录，利用机器学习来判断用户的性别及年龄。

3. 兴趣分类

定向对某类型内容感兴趣的人群。

巨量引擎的兴趣定向分为两层，如图 5-11 所示。

兴趣分类
兴趣分类：全选、游戏、家装百货、金融理财、教育培训、旅游出行、服饰箱包
金融理财：全选、股票基金、保险、彩票、期货外汇、银行理财、互联网金融
已选 清空全部
金融理财

图 5-11 巨量引擎的兴趣定向

4. 兴趣关键词

在兴趣分类中选择“自定义”，可在兴趣关键词定向中添加关键词或在工具箱中新建关键词包，如图 5-12 所示。

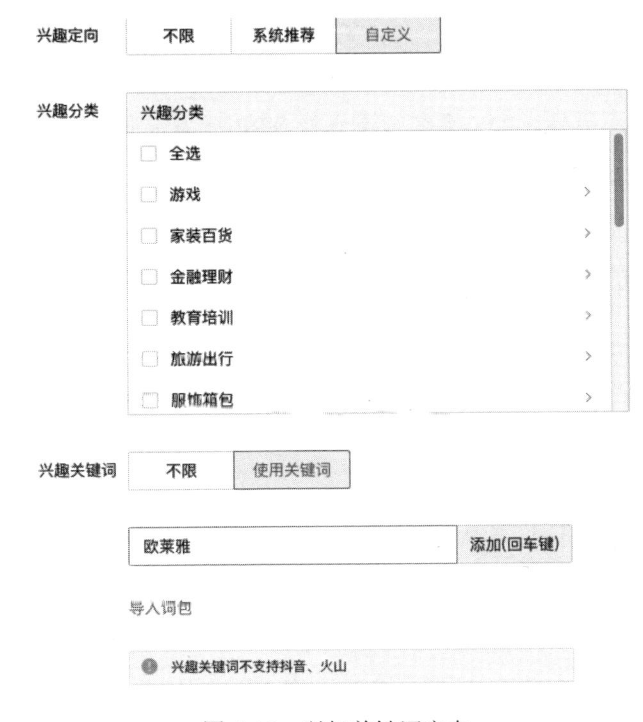

图 5-12 兴趣关键词定向

兴趣关键词是比兴趣分类更精细的定向。关键词是基于用户阅读行为和分词技术，通过机器学习，综合用户阅读频次、实效等因素生成的关键词人群包。

5. 平台

根据用户访问终端的系统平台类型定向，包含 iOS、安卓和 PC。

需要注意的是，PC 流量与其他定向选择是互斥的关系。选择了定向平台是 PC，则其他受众定向设置将不再生效。

6. 网络

根据联网方式进行定向，包含 Wi-Fi、2G、3G、4G。

联网方式对于访问速度和流量成本会产生直接影响，比如应用推广类目标，如果 APP 超过 1G 的情况下则一般首选 Wi-Fi 定向。

7. APP 行为

基于用户使用 APP 的历史数据，定向到对某类 APP 或某个 APP 感兴趣的用户。

在使用“按 APP”定向时，需要注意覆盖用户数的预估，以防用户过少而投不出量。另外，iOS 系统暂不支持 APP 行为定向。

8. 文章分类

按文章的类型进行定向。

需要注意的是，文章分类只针对投放在详情页位置的广告生效，且不支持人群预估。

9. 运营商

根据用户使用的网络运营商进行定向，包括移动、联通、电信。

10. 新用户

定向到使用今日头条 APP 的新用户进行投放，是在今日头条上覆盖新用户流量的手段。

其中“一个月以内”“一个月到三个月”“三个月以上”的时间窗口，指的是新用户安装今日头条 APP 后首次打开应用的时间。

11. 手机品牌

根据用户使用的手机品牌进行定向，如华为、三星、小米。

■ 预估覆盖数

定向选择后，页面右侧会提供各个媒体平台上的受众（TA）预估覆盖数，作为选择此定向后的可竞价流量参考。运营人员可根据预估覆盖数来判断所选定向的量级是否符合预期。

图 5-13 所示为笔者选择“默认”投放范围和“转化量”投放目标后，定向男性 iOS 用户后的预估覆盖人群数据。

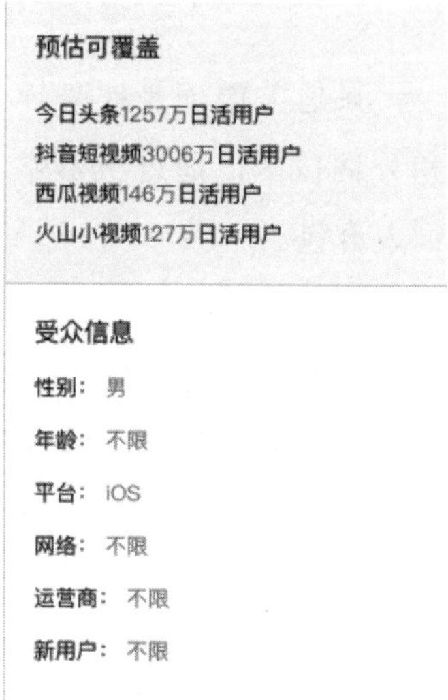

预估可覆盖

今日头条1257万日活用户
抖音短视频3006万日活用户
西瓜视频146万日活用户
火山小视频127万日活用户

受众信息

性别：男
年龄：不限
平台：iOS
网络：不限
运营商：不限
新用户：不限

图 5-13 预估可覆盖人群示例

■ 复制已有定向

除了新建定向外，也可复制已有定向。即将账户内已经存在的受众定向方案复制到新建的广告计划内，是提升操作效率的功能。在实际营销需求中，因为客户的TA定向要求或基于效果的判断，某些人群定向无需变化，可直接复制使用。

■ 人群包定向

除使用标签进行受众定向选择外，巨量引擎也提供了更为定制化的自定义人群包功能。

图5-14所示的是笔者在选定标签定向后，增加了人群包定向后的定向选择及流量预估示例。

图5-14　人群包定向示例

在自定义人群包中选择“定向”，则意味着所选人群包与标签定向用户取的是交集；而若选择“排除”，则意味着在标签定向的人群中排除掉自定义人群包的受众。

自定义人群包为广告运营提供了更为精准的受众定向选择，可根据用户的IDFA、IMEI等PII信息圈定或排除特定用户；人群包使用上还提供了Look-alike能力，用于拓展高潜力人群。

自定义人群包和标签定向人群配合使用，可以对人群创建更为细化的分组。

在图 5-14 所示的人群包下面，选择“管理自定义人群包”会跳转至字节跳动的“云图”DMP 数据管理平台，如图 5-15 所示。云图 DMP 数据管理平台可进行用户词包、人群包等新建、上传、复制等操作。

图 5-15　云图 DMP 数据管理平台

■ 实操建议

在创建广告的定向选择上，有几条建议供参考。

（1）在广告初期，定向不宜过窄，以免因可竞价流量过少导致效果不佳。

（2）一般情况下不建议 DMP 创建的自定义人群包与其他定向条件取交集，以防受众进一步变窄导致投不出量。

（3）如果自定义人群包用于排除投放，则可同时叠加其他基础定向方式，一般不会出现可覆盖用户过少的情况。

5.3.3　预算与出价设置

预算、出价的设置也是不同推广目的在广告计划创建上的必经节点，其整体设置界面如图 5-16 所示。

我们根据图 5-16 来一步步说明。

■ 预算

可设置日预算或总预算。预算方式设定后不可更改，但金额可调整。

设定日预算时巨量引擎有规则限制，一般来说广告计划日预算不能低于

100 元；而 OCPC 计划的日预算则要求更高，OCPC 计划下建站落地页推广的日预算不能低于 300 元，非建站落地页推广日预算不能低于 1000 元。

图 5-16　预算与出价设置界面

■ 投放时间与投放时段

可设置投放日期及一天内的投放时段（Day Parting），如图 5-17 所示。

■ 投放方式

巨量引擎提供了三种投放模式——优先跑量、均衡投放和优先低成本，其适用场景如表 5-2 所示。需要注意的是，实际投放效果除了与选择的投放模式有关外，出价、定向、预算等因素也会影响跑量。因此使用中可参考表格中的设置。

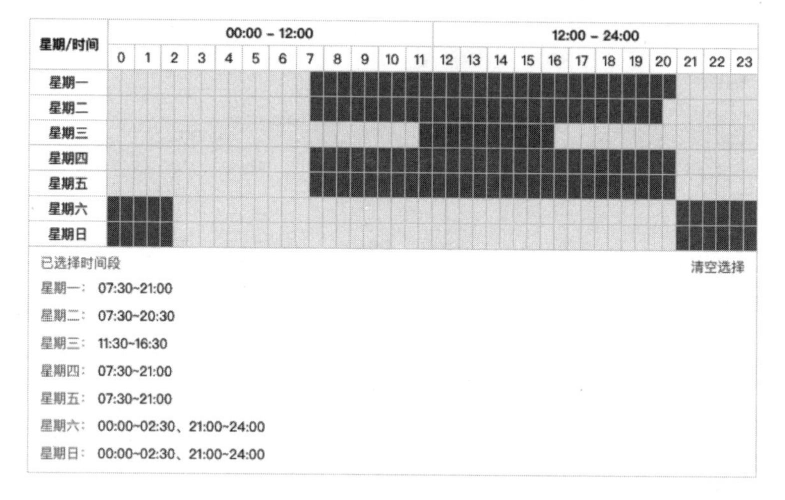

图 5-17　投放日期及一天内时段选择示例

表5-2　三种投放模式的对比说明

	优先跑量	均匀投放	优先低成本
模式特点	跑量快、成本接近出价	跑量均匀、成本接近出价	跑量偏慢、成本低
适用KPI	快速获取更多的转化量，成本可预期	跑量速度均匀，成本可预期	消耗完预算的前提下尽可能优化成本，成本每天有差别
应用场景	预算上限高，为了快速获取效果量可接受成本高于出价	追求跑量均匀，不希望流量突增或突降	预算固定，对跑量速度没有要求，希望成本越低越好
出价设置	出价设置为可接受的成本，不宜过高过低；不建议频繁修改出价，计划投放初期可能有一定的波动性，在积累适当转化数后效果将会逐渐稳定	正常出价即可，不宜过高或过低；不建议频繁修改出价，计划投放初期可能有一定的波动性，在积累适当转化数后效果将会逐渐稳定	出价一次性设置到心理最高成本，无须频繁修改出价
预算设置	预算设置为心理预期的消耗	预算设置不宜过大，以免初期跑量过快	预算设置到心理预期消耗，不宜过高

无论选择哪种投放方式，在广告投放初期都会有一定的波动。投放初期计划仍在探索期，当转化数累计较慢或量级很少的情况下，跑量或控制成本的效果不会很明显，等积累适当的转化量后效果会趋于稳定。

投放方式设置后是可以进行修改的。实际使用中建议在设置前明确目标，一旦设定不宜高频修改，以免影响系统的稳定性和投放效果。

另外，投放模式的选择会影响付费模式。当前巨量引擎仅有OCPC、OCPM和CPA三种付费类型支持这三种投放模式，CPC、CPM和CPV不支持。

■ 付费方式与出价

选择不同的推广目的，出价方式也不同。在推广目的选择为“应用推广”的情况下，表5-3展示了三种推广投放目标对应的付费方式。

表5-3 不同投放目标对应的付费方式

投放目标	付费方式
转化量	按展示付费（OCPM）
点击量	按点击付费（CPC）
展示量	按展示付费（CPM）

在点击量、展示量投放目标下，需要手动输入出价。在输入广告计划页面中除出价外的信息后，系统也会给出建议出价。

出价建议分为投前参考出价和投中建议出价。投前参考出价适用于新计划创建阶段，系统根据账户信息、广告计划设置等因素计算出合理的平均出价，新计划阶段建议高于此价格以尽快获得流量；投中建议出价适用于在投的广告计划，系统会根据流量竞争情况计算出平均出价，建议直接采用此价格以在出价上获得优势。

在投放目标选择为转化量的情况下，付费方式为按展示付费（OCPM），需要输入的出价为“目标转化出价”，如图5-18所示。

目标转化价格是指每个转化的广告成本，价格的高低会影响流量的获取。OCPM付费方式下，目标转化价格仅作为成本参考，实际竞价环境中按照展示成本付费。巨量引擎提供了赔付机制，以保障广告主的投放成本。赔付规则如下：

投放方式 • 优先跑量 均衡投放 优先低成本 点击查看产品介绍

跑量快

系统将会在现有的流量中为您尽快获取转化，以尽可能快的速度消耗预算。

成本接近出价

系统将会以不同的成本为您获取转化，尽可能控制平均成本接近您设置的出价。

付费方式 • 按展示付费(OCPM)

目标转化出价 • 元 建议出价待获取

计划首次投放及其之后三个自然日内将获得超成本赔付保障，您可放心新建

规则

图 5-18 转化量投放目标下的付费方式与出价

（1）赔付的时间范围为，从广告首次投放的那一刻开始，及其之后的三个自然日。

（2）在赔付时间范围内，累计转化数大于等于 6 个，且转化成本超过目标成本的 20% 以上，则进行赔付。

（3）在赔付评估期间，每天修改广告计划出价或定向其中任意一个的次数不能超过 2 次，否则不予赔偿。

赔付金额计算规则：

（1）总预期消耗 =（目标成本 1× 对应转化数）+（目标成本 2× 对应转化数）+…

（2）赔付金额 = 总实际消耗 − 总预期消耗

■ 高级选项

广告计划在预算与出价环节的高级选项是“过滤已转化用户”，用户可以设置在广告计划层、广告组、广告账户和推广 APP 层设置，避免广告再次投放给已经转化过的用户。当然，也可以选择不做已转化用户的过滤，如图 5-19 所示。

过滤已转化用户　广告计划　广告组　广告账户　App　不过滤

隐藏高级选项

计划名称

计划名称 · OCPM_02_15_16:44

图 5-19　过滤已转化用户

依然如图 5-19 所示，全部广告计划设置完成后，最后需要对广告计划进行命名。

5.3.4　广告计划命名

广告计划名称的长度在 1 ～ 100 个字符，中文不超过 50 个字。

在广告计划命名的时候，建议按照定向、素材、时段等测试点通过连接符分割的方式统一格式，便于广告组的统一管理及 A/B 测试。

我们在 5.1 章节探讨了账户搭建的技巧，广告组、广告计划的命名中建议直接标注出账户搭建的思路。

我们依然以 5.1 章节干果生鲜 O2O 类推广为例来说明，按综合地域定向、推广水果品类进行广告组划分，再按照广告创意类型进行广告创意划分的部分账户结构如表 5-4 所示。

表5-4　广告组、广告计划命名示例

广 告 组	广 告 计 划
日常-北京-iOS-水果	北京-香蕉-iOS-女-小图-下午-0225
	北京-香蕉-iOS-女-大图-下午-0225
	北京-香蕉-iOS-女-大图-下午-0225
日常-北京-安卓-水果	安卓-落地页-香蕉-男-小图-全天 -0225
	安卓-落地页-香蕉-男-大图-全天 -0225
	安卓-落地页-香蕉-男-组图-全天 -0225
……	……

5.3.5 广告计划推广管理

已创建的计划，可在广告计划层进行数据查看和快速编辑，如图 5-20 所示。

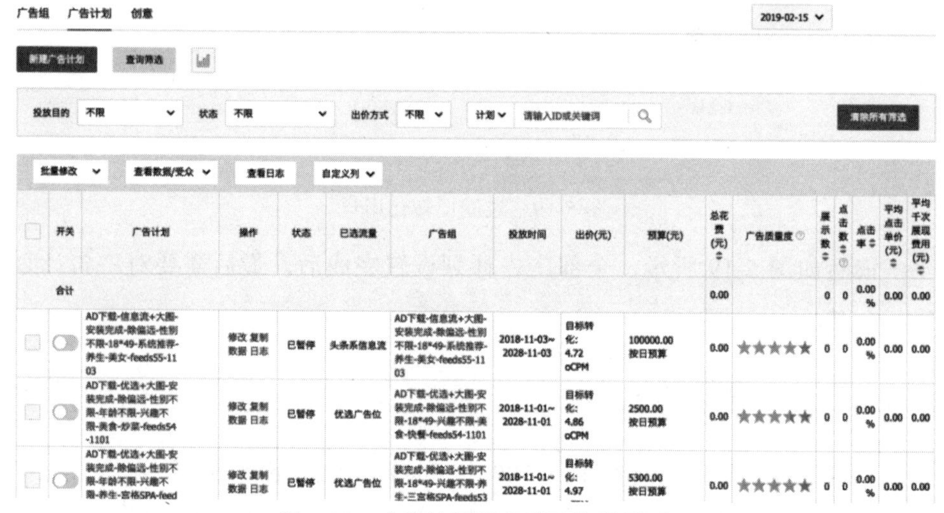

图 5-20　广告计划的查看及编辑界面

在广告计划的推广管理界面，可以进行的相关操作包括：

（1）查看广告计划状态及出价方式；

（2）查看趋势图；

（3）查看广告投放目的；

（4）按广告计划名称、ID 搜索；

（5）批量启用、暂停、删除广告计划；

（6）查看自定义列数据；

（7）查看广告数据和受众分析；

（8）查看操作日志。

广告计划层的推广管理主要用于效果优化，我们在后面会做详细探讨。

5.4　不同推广目的下的计划新建

5.4.1　计划设置的不同点

我们先看最重要的四种推广目的在计划设置流程中的相同部分与不同部分。

先看相同环节——定向、预算和出价及广告计划名称设置。

1. 定向

无论哪种推广目的，支持的定向方式均包括自定义人群包、地域、性别、年龄、兴趣分类、兴趣关键词、APP 行为定向、手机品牌、网络运营商。

2. 预算和出价

无论哪种推广目的，均支持预算方式、金额、投放时间、投放时段和出价的设置。

3. 广告计划名称设置

广告计划名称设置是共同节点，且计划名称的规则一致。

我们再来看一下不同点。在不同的推广目的下，广告计划创建的流程节点和具体的设置上有所不同，如表 5-5 所示。

表5-5　四种推广目的在计划设置流程中的异同点

不同点	应用下载	落地页	文章推广	店铺推广
投放目标	下载链接、应用名称	落地页链接	文章设置	选择门店-落地页链接
用户定向	平台支持安卓、iOS、不限；广告受众另包含“文章分类”	平台除支持安卓、iOS、不限外，还包含“PC定投”；广告受众另包含“文章分类”	平台支持安卓、iOS、不限；广告受众不包含“文章分类”	平台除支持安卓、iOS、不限外，还包括“PC定投”；广告受众另包含“文章分类”
预算出价	出价方式包含CPC、CPM、OCPM	出价方式包含OCPM、CPA、CPC、CPM，即额外增加了CPA定向	出价方式包含CPC、CPM	出价方式包含OCPM、CPA、CPC、CPM，即额外增加了CPA定向

下面来一一探讨各推广目的下的不同点设置。

5.4.2 销售线索收集的不同点

推广目标设置为“销售线索收集”的情况下，在广告计划创建中有三个地方与其他目的设置不同。

■ 投放目标中需要设置“链接地址”

此处的链接地址就是落地页的链接地址，如图 5-21 所示。

图 5-21 落地页链接设置

巨量引擎也提供了快速建站的工具，用户可以使用橙子建站工具进行落地页制作及投放。

■ 用户定向-PC流量

销售线索收集的目标下，可将广告计划定向投放到今日头条的 PC 端（www.toutiao.com），从而使用 PC 端流量。

需要说明的是，PC 定向仅针对 CPM、CPC 两种出价形式。另外，PC 定向与其他定向互斥，选择 PC 定向则不能在同一广告计划下选择移动端流量，且不支持其他定向，受众条件最终将会默认为“不限”。

在 PC 资源上，当前仅支持小图和组图样式。今日头条的 PC 端广告位资源如图 5-22 所示。

图 5-22　巨量引擎的 PC 端组图资源

■ 用户定向-文章分类

销售线索收集支持文章分类定向，广告主有机会将文章内容类型与自己的落地页内容达成一致性，如图 5-23 所示。

文章分类　不限　文章分类

文章分类
全选
娱乐
社会
汽车
国际
历史
体育

图 5-23　文章分类定向

需要注意的是，文章分类定向目前仅针对详情页广告，且暂不支持人群预估。

■ 预算与出价设置

销售线索收集支持按转化付费（CPA），即按照用户在落地页的转化行为计费，如选择表单提交、电话拨打、按钮点击。CPA 计费的优势是无转化的情况下不计费，广告主不会发生费用。

5.4.3 头条文章推广的不同点

头条文章推广的目标是提升今日头条上文章的曝光量和点击量。其广告计划的创建差异点主要是在文章设置上。

■ 投放范围与投放目标

投放范围仅支持“默认”，即不支持穿山甲流量；投放目标不包括转化量，仅有“点击量”和“展示量”，如图 5-24 所示。

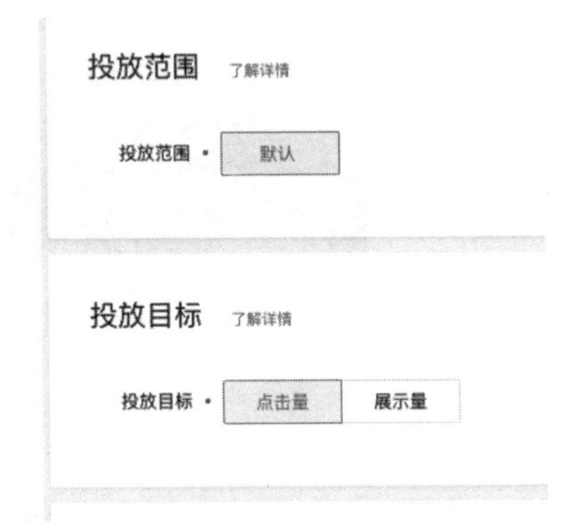

图 5-24 头条文章推广的范围与目标设置

■ 设置文章

设置文章是在今日头条上推广头条文章的独有广告新建环节。

此处推广的文章可以是广告主头条号上的自有文章，也可以是转载其他头条号文章。头条后台支持三种文章设置方式——新建、选择已录入和选择号外，如图 5-25 所示。

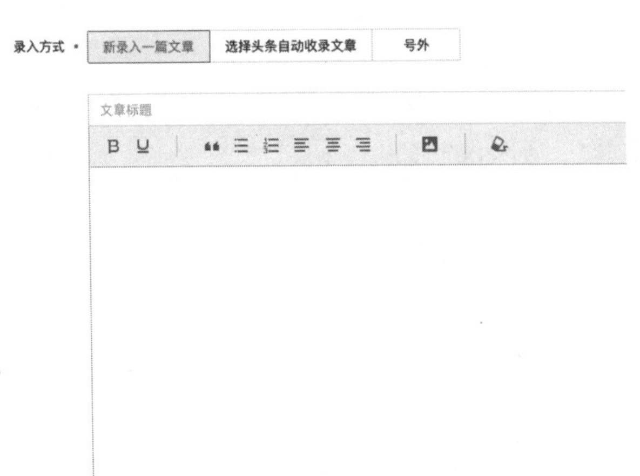

图 5-25 头条文章推广的文章设置

新建是按照此处的模板新建录入文章。

选择头条自动收录的文章，是通过文章 ID 来引用今日头条上的文章。进入头条 PC 端，搜索需投放的文章标题，即可看到投放文章及链接，截取链接中【a+ 数字】部分即是文章 ID。

“号外”是选择被今日头条推荐的文章，通过输入被头条推荐的文章 ID 来引用文章。

■ 付费方式

仅支持 CPC 和 CPM 两种付费方式，对应到投放目标的“点击量”和“展示量”。

5.4.4 门店推广的不同点

门店推广主要针对拥有线下门店的本地广告主（如餐饮、商场、培训机构、健身房），帮助广告主针对特定区域或商圈提升到店率。相对于电商推广，门店推广的区别主要是在线下店铺信息的录入和管理上。

■ 设置门店

门店推广的广告计划设置，在设定投放目标后需要设置门店，如图 5-26 所示。

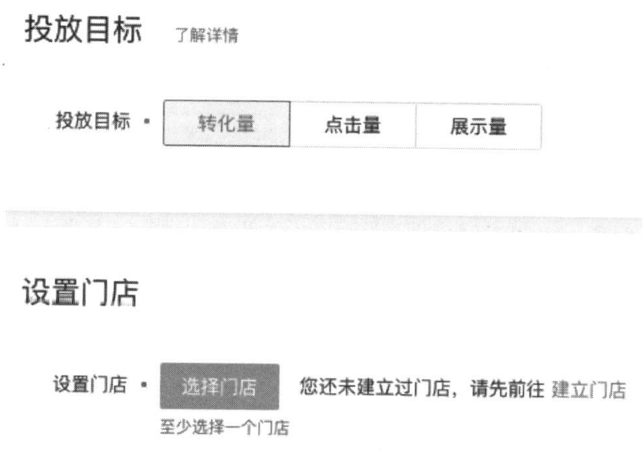

图 5-26 门店推广的设置门店环节

可以使用巨量引擎的“工具—计划辅助—门店管理”工具进行门店的创建，其创建流程如图 5-27 所示。

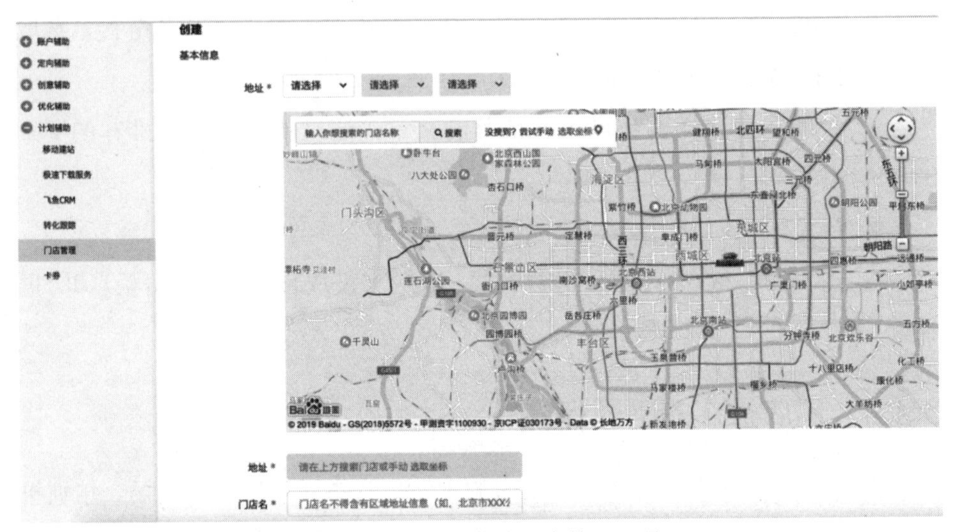

图 5-27　巨量引擎的门店管理工具

选择店铺推广，将会展示门店的地理位置及距离，近距离线下推广有助于广告点击率的提升。

■ 网页链接与用户定向

与落地页推广的设置规则一致。

5.5　创建应用推广类广告创意

广告组、广告计划两层创建完成后，就进入了广告创建的最小单元——广告创意的创建。因推广目的不同，创意新建步骤会有所区别，我们依然以“应用推广”为例，看看创建广告创意的整体步骤。

5.5.1　设置投放位置

巨量引擎新版广告创意新建功能的第一步变成了设置投放位置，且提供了三种选择：优选广告位、按媒体指定位置和按场景指定位置。

■ 优选广告位

意味着巨量引擎是由系统采用智能托管的方式为广告优选展现位置。投放引擎依据用户对广告的历史转化行为及广告位置的效果表现，智能分配预算到不同广告的流量上。

■ 按媒体指定位置

首先选择巨量引擎整合的媒体，广告仅投放在该媒体上，如图5-28所示。

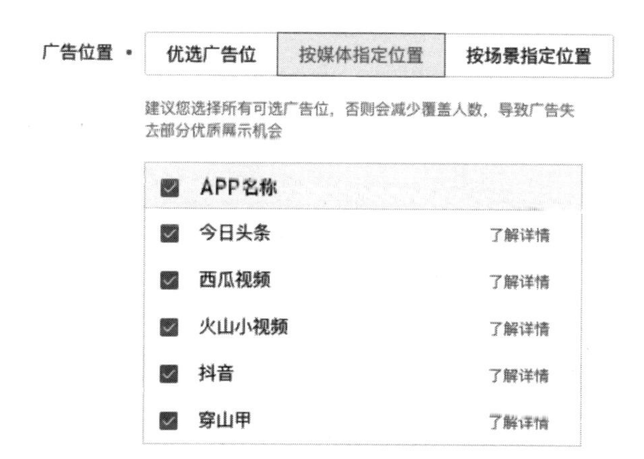

图 5-28　按媒体指定广告位置

■ 按场景指定位置

选定使用场景，则系统将广告创意只投放到该场景的广告位下，使创意与场景匹配，从而提升转化效果。

当前巨量引擎支持的场景有竖版视频、信息流和视频后贴三种，如图 5-29 所示。

（1）沉浸式竖版视频场景是全屏视频广告位，其优点是展示效率高、转化高，适合投放视频类素材，包含的位置在抖音信息流、头条小视频信息流及火山详情页。

（2）信息流位置的优点是流量大、兼容素材样式多，包含的位置有今日头条的信息流及西瓜、火山的信息流。

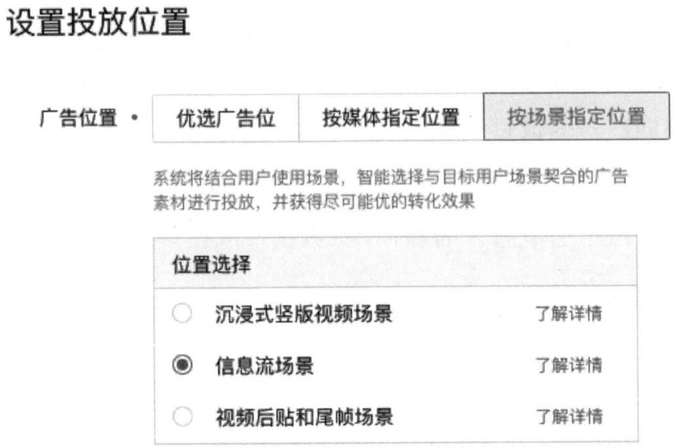

设置投放位置

广告位置 • 优选广告位 按媒体指定位置 按场景指定位置

系统将结合用户使用场景，智能选择与目标用户场景契合的广告素材进行投放，并获得尽可能优的转化效果

位置选择

沉浸式竖版视频场景 了解详情

信息流场景 了解详情

视频后贴和尾帧场景 了解详情

图 5-29　场景广告位示例

（3）视频后贴和尾帧场景与原生内容连接度高，比较适合投放图片类素材。其广告位置包括今日头条视频后贴片、今日头条图集尾帧及西瓜视频后贴。

在广告初期的买量阶段，建议选择所有可选广告位，以免覆盖人数少而导致广告失去优质展示机会。

5.5.2　制作创意

广告创意的制作分为添加素材、创意标题、应用信息等内容。

■ 素材制作

当前巨量引擎在创意的制作上包含“自定义创意”和“程序化创意”两种方式。前者是上传自定义制作的创意，而后者是使用巨量引擎的创意工具进行程序化创意制作；在素材添加的方式上，也支持按自有素材上传的“自定义上传”和使用巨量引擎的“选择程序化创意包”两种方式。

以“程序化创意”和“自定义上传”素材组合的创意制作界面如图 5-30 所示。

创意内容的选择受限于所选的广告位置，在广告位置支持的创意类型下可“添加创意类型”，如图 5-31 所示。

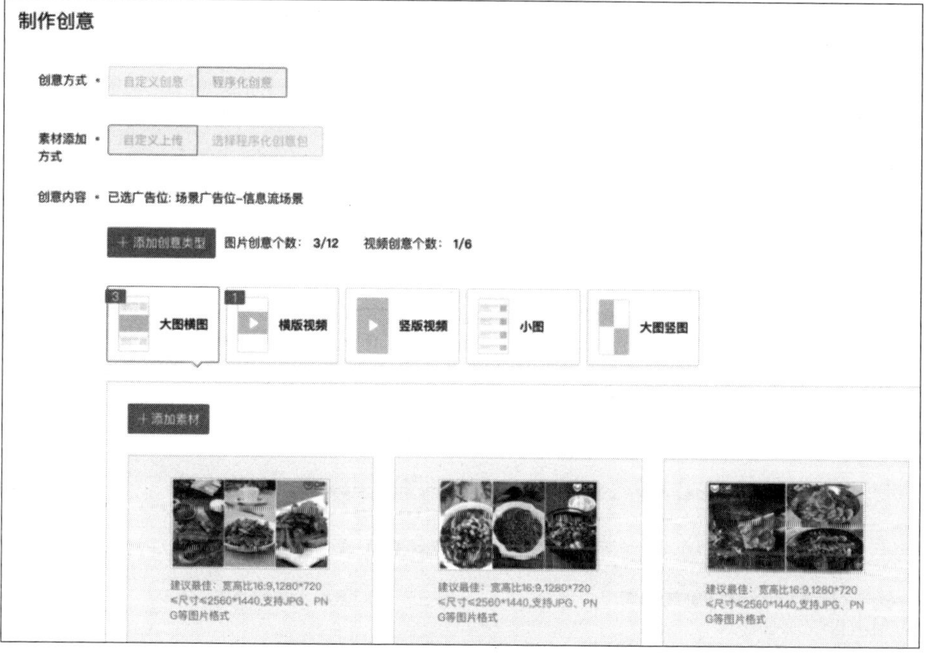

图 5-30　创意制作功能

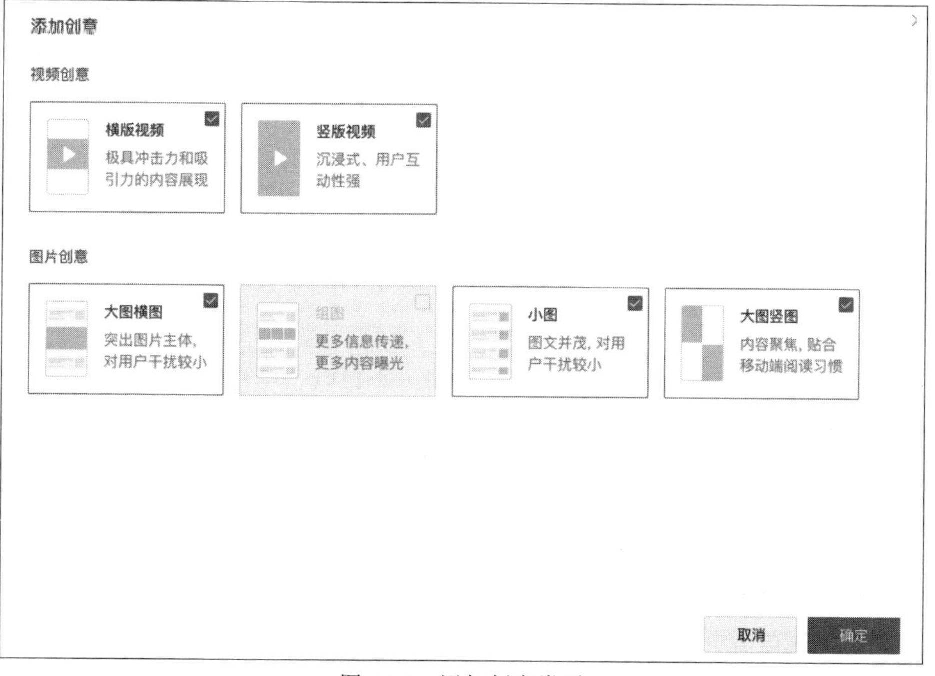

图 5-31　添加创意类型

之后进行广告素材的上传，匹配创意类型，即完成广告素材的制作。

■ 创意标题

可陆续输入多条创意标题，并可应用巨量引擎的“系统推荐标题”功能作为创意标题的参考工具。笔者将关键词设为“春节”，系统推荐的标题如图 5-32 所示。

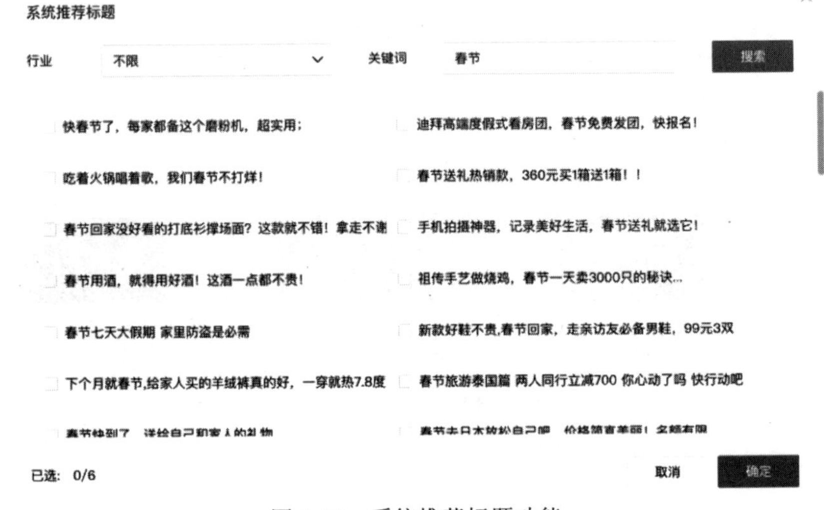

图 5-32　系统推荐标题功能

新版的巨量引擎提供了动态词包能力，可根据用户特点动态地替换创意标题的部分内容，为不同的用户推送更为精准的广告内容。

图 5-33 所示为巨量引擎提供的公共词包，假设我们插入“地点”和“用餐类型”，就可以为某城市的用户表达该城市的名字及该用户的用餐时间，使用户觉得广告内容是为自己定制的。

当兴趣关键词没有覆盖用户的标签时，会以默认关键词的形式展现给用户。一般情况下推荐使用包含标签维度较多的公共词包，比如“地点”词包会从 IP、GPS 等多个维度来判断；系统支持的自定义词包主要是兴趣标签。

■ 其他设置

其他设置较为简单，此处我们合并来讨论。应用推广类的其他设置包含应用下载详情页、副标题、图片生成视频选项等，如图 5-34 所示。其中，创意展现的模式选择是广告创意新建和编辑中的高级选项。

选择动态词包

新建词包请前往　前往词包管理

词包解释：根据用户特点动态替换标题片段，点击了解详情，同时您也可以在数据报表中查看效果数据。

公共词包　我的词包

词包	默认词	替换词	用户覆盖率	状态	操作
地点	本地	北京,天津,石家庄,唐山,秦皇岛,邯郸,邢台... 显示	1	审核通过	插入
日期	今日		1	审核通过	插入
星期	周末	星期一,星期二,星期三,星期四,星期五,星... 显示	1	审核通过	插入
用餐类型	晚餐	早餐,午餐,晚餐,夜宵	1	审核通过	插入
省份	本省	北京,天津,河北,山西,内蒙古,辽宁,吉林,... 显示	1	审核通过	插入

图 5-33　公共动态词包示例

应用下载详情页 · https://ad.toutiao.com/tetris/page/1615935358921　快速创建广告网站

应用名 · 4-20个字符，中文占两个字符

副标题　口碑买单，立享优惠　9/12

图片生成视频 · 不启用　启用

最优创意衍生计划　不启用　启用　最优创意衍生计划介绍

广告评论 · 关闭　启用

创意展现 · 优选模式　轮播模式

选择优选模式，系统会自动对效果好的创意进行展示量倾斜，创意效果越好展示量越高

隐藏高级选项

图 5-34　广告创意的其他设置

（1）应用下载详情页：与广告计划层应用下载链接不同的是，此处的详情页地址指的是用户点击广告中“立即下载”按钮以外的区域时所到达的页面。

（2）应用名：推广 APP 的名称。

（3）副标题：创意文案的副标题。

（4）图片生成视频：选择项。如启用，则过审的大图大于 2 张时，系统会自动将图片生成视频创意。

（5）最优创意衍生计划：选择项。若启用，则广告计划在学习期结束后，自动将系统侦测到的最优创意复制到新的广告计划的自定义创意，用户仅需手动启动即可投放。

（6）广告评论：选择项，可设置是否允许用户评论广告内容。

（7）创意展现：选择创意展现的模式。优选模式下，系统会自动对效果好的创意进行倾斜，创意效果越好展示量越高；轮播模式下，系统将平分各创意展现量，便于广告主比较各创意投放效果。

5.5.3 品牌设置与创意标注

账户品牌的设置包含广告主的账户头像和品牌名称，均用于广告展示；广告创意的分类和标签则方便系统对创意进行识别。我们此处合并探讨，如图 5-35 所示。

图 5-35　广告主的账户品牌设置与创意标注

在账户品牌设置环节，账户的头像一般使用广告主的 LOGO（商标）；品牌名称一般使用品牌名或者简短的 Slogan（宣传标语）。

而设置创意的分类与标签，本质上是广告创意对投放系统的自我介绍，便于投放引擎对创意的点击率进行预估。

创意分类主要用于标注广告所属的行业或创意分类，如上图示例；创意标签则是更细颗粒度的创意标注，主要用于说明广告创意属于该行业或领域下的细分品类或服务。创意标签添加时要用空格隔开，如上图所示，可以添加多个创意标签。

创意分类和创意标签是系统预估广告CTR的重要指标。建议在选择创意分类时选择与推广产品和服务最相关的行业分类；创意标签还是决定广告展示机会的重要因素，因此建议设置的标签不宜过窄，以免可选流量受限。

5.5.4 第三方监测链接

广告主不完全相信媒体后台提供的数据，因此会找第三方监测公司来提供广告投放的验证数据。第三方监测数据都是通过监测链接的方式发送给第三方的，即媒体每产生一次展示、点击，就实时传送给第三方监测公司。

信息流广告市场上一般有两种广告监测方式。

- SDK监测：即在巨量引擎的各APP中嵌入第三方监测公司的SDK（代码插件），监测公司直接通过SDK获取广告投放数据而无须做任何设置。
- API监测：在媒体APP和监测公司之间通过URL构建一个数据通道，每次产生广告曝光、点击等数据都通过URL通道实时将数据发送到监测公司。

因数据安全性问题，头部系的信息流广告平台普遍不支持SDK方式的监测，巨量引擎也不例外。

除常规的展示、点击监测外，巨量引擎还支持视频播放、视频播完和视频有效播放三个视频广告素材类指标的监测，如图5-36所示。

点击监测代码和展示监测代码，需要对号入座以免填错；另外，巨量引擎的监测链接返回数据不能大于10K，因此不建议放置带有跳转的监测链接。

今日头条在监测方式上，又可分为同步监测和异步监测两种，其区别详见表5-6。

第三方监测链接

展示

点击 http://...getThirdAppPopu

视频播放

视频播完

视频有效播放

图 5-36　巨量引擎的第三方监测示例

表5-6　同步监测与异步监测

	同 步 监 测	异 步 监 测
填写位置	落地页链接	第三方点击监测链接
实现方式	广告-监测代码中间页-（自动跳转）客户落地页	点击广告-访问监测公司的空白页（不带跳转）
用户体验	带跳转，用户有感知	不带跳转，用户无感知
传输方式	头条客户端-第三方监测服务器-客户落地页	头条服务器-第三方监测服务器
弱点	容易造成数据丢失	IP基本上来自天津（头条服务器在天津），如果要识别地域信息，可以通过加入_IP_参数解决
链接形式	http://e.cn.miaozhen.com/r/k=2002969&p=6rINb&ro=sm&dx=0&rt=2&ns=_IP_&ni=_IESID_&V=_LOC_&vo=394bb6e55&&vr=2&o=http%3A%2F%2Flo nginescnycard.go.163.com%2F%3Fsource%3Dtoutiao	http://××××.×××.com?adid=ADID&cid=CID&idfa=_IDFA_&mac=_MAC_&os=_OS_×tamp=_TS_
注意事项	能够正常访问和跳转	参数必须全大写，否则会报错；监测链接大小不得超过10KB；监测链接不能是下载链接且链接能正常访问

5.5.5　广告创意推广管理

已创建的广告创意，可在推广管理的创意层进行数据查看和快速编辑，如图 5-37 所示。

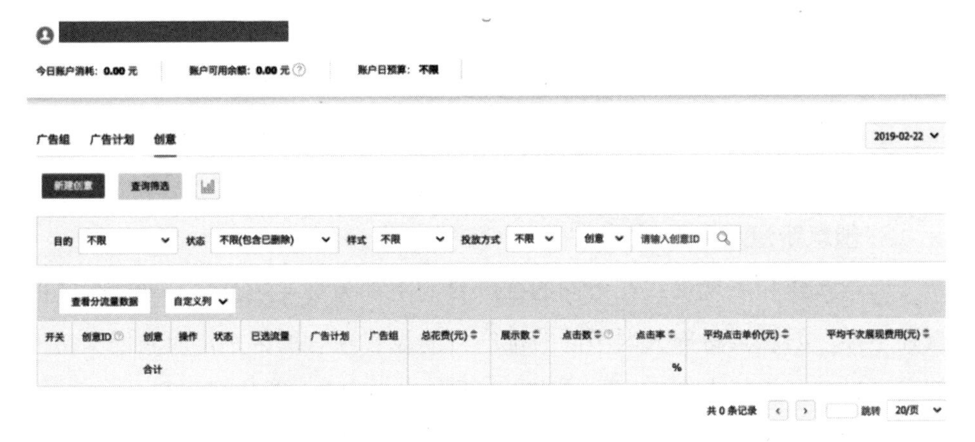

图 5-37　广告创意的查看及编辑界面

在广告创意的推广管理界面可以进行的操作包括：

（1）查看趋势图；

（2）查看广告投放目的；

（3）查看广告创意样式；

（4）查看投放方式；

（5）按名称 /ID 搜索；

（6）查看分流量数据；

（7）查看自定义列数据；

（8）广告预览。

广告创意层的推广管理提供了强大的创意分析能力，包括投放状态、创意表现数据等不同维度，可对创意的生命周期及竞争能力进行多维度分析。我们在本章的后面会做详细探讨。

5.6　不同推广目的下的创意新建

在广告组新建中，选择的推广目的不同，广告创意的设置也有所不同。

我们先看应用推广、销售线索收集、头条文章推广和门店推广四种推广目的下的共同点。

1. 广告监测

不同推广目的下广告监测的设置一样。

2. 创意分类与标签

不同推广目的下广告创意分类与标签设置一样。

3. 创意新建及展现形式

创意新建和展现形式在不同的推广目的下都为必要环节，且展现形式的设置一样。创意素材部分因不同的推广目的设置项有所区别，而共同支持的创意素材部分包括大图、小图、组图、动图、本地上传、图片搜索和动态词包。

我们再来看一下广告创意在新建、编辑上的不同点，详见表 5-7。

表5-7　四种推广目的在计划设置流程中的异同点

不同点	应用下载	销售线索收集	文章推广	店铺推广
创意素材	除大图、小图、组图、动图外，还支持视频形式，且有创意搜索、应用名和副标题设置	除大图、小图、组图、动图外，还支持视频形式，且有创意搜索、附加创意和来源设置	仅支持大图、小图、组图、动图	仅支持大图、小图、组图；额外有来源设置
展现位置	头条信息流、文章详情页	头条信息流、文章详情页	仅有头条信息流	仅有头条信息流
额外环节	设置详情页	无	无	无

总而言之，针对销售线索收集、头条文章推广和门店推广三种推广目的，其创意新建、编辑上的不同点主要有下面几个。

- 销售线索收集：主要区别在于附加创意。附加创意是附加于普通创意中的转化控件，通常设置为广告主的转化目标，如电话号码收集、电话拨打等。附加创意可用于创意层面直接转化，缩短转化流程，提升转化率和ROI。
- 头条文章推广：其主要区别在于创意受限。没有视频，没有创意搜索，且智能投放信息流创意。
- 门店推广：其主要区别在于创意受限。仅支持小图、大图、组图，且仅投放今日头条的信息流图文广告。

今日头条数据分析

信息流广告优化的基本原则是“以数据分析驱动，精细化运营执行”。以数据分析来驱动，就是依照投放数据及报表分析，判断账户各指标维度，从而有针对性地优化广告。

6.1　用户转化路径中的关键指标

我们通常用营销漏斗来理解用户转化路径。营销漏斗可以理解为倒金字塔结构，其层级分为展示、点击、访问、浏览、咨询、成交等，逐级递减。

不同的信息流广告平台围绕着营销漏斗制定了相应的指标体系，用于衡量和分析各漏斗节点的数据。下面我们依然以巨量引擎为例，看看今日头条系上的转化指标。

6.1.1　关键指标的定义

在图 6-1 所示中，我们定义一种最常见的用户转化场景，即一个用户从看到广告，到点击、到站、下载 APP、注册并转化付费的整个流程。

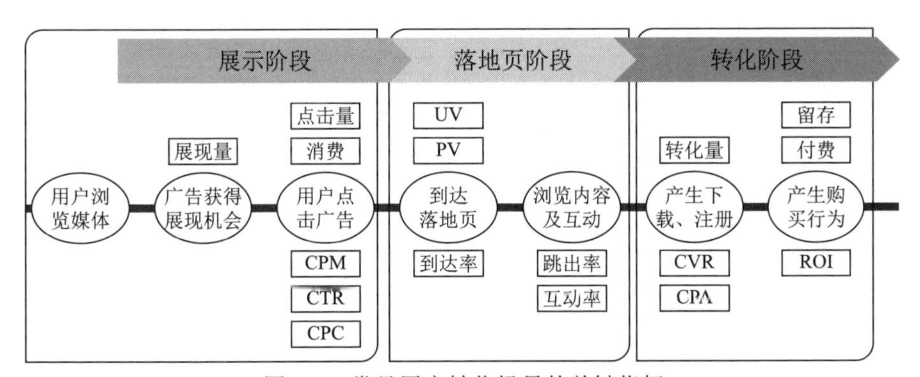

图 6-1　常见用户转化场景的关键指标

我们看在这个过程中分析使用的关键数据指标有哪些。

如果将营销漏斗分为六个大的转化节点，即展示、点击、到站、下载

激活 / 留资、转化，则每个节点指标的定义如下。

1. 展示量

即曝光量，广告曝光展示的次数。我们通常所说的起量，指的就是曝光量。曝光是广告投放的首要任务，因为展现量是广告触达用户的第一个环节。

2. 点击量

目标用户因为兴趣而产生点击行为的次数。

3. 访问量

又叫到站量，指的是用户到达广告主的落地页（landing page）的次数。这里边有两种场景，如果投放目标是广告主的 H5 页面，或用户已下载激活广告主的 APP，则从点击到 H5 页面不需要经过下载激活环节；反之，如果用户是新客，之前未下载广告主 APP，而广告主的落地页为基于 Deeplink 技术的 APP 内页面，则下载激活是统计访问量的必要前置环节。

4. 下载激活量

投放目标是 APP 下载的情况下，用户第一次下载 APP 并激活的次数。

5. 咨询量 / 留资量 / 注册量

访问之后的下一个节点，视具体行业及推广目标的不同，可能是站内咨询、电话咨询、留资联系或用户注册。此环节在用户转化路径中往往对应“考虑”（consider）环节。

6. 成交量

又叫付费量，或叫付费转化量，是指用户最终付费的金额。对应到用户转化路径是“购买”（purchase）环节。

上述概念对于信息流广告普遍适用，只是不同广告平台上命名会有所不同。比如，巨量引擎上定义的“展示量”对应到腾讯社交广告（TSA）的投放平台则命名为“曝光量”。

在信息流广告中，用户转化路径的曝光量是效果转化的必要前提，而中间的点击、到达等往往是优化的过程目标。信息流优化的过程，一般是从营销转化漏斗先将曝光量做起来，通过中间的点击率、到达率、下载激活率等数据实现良性的漏斗机制。这是一个正向推导的过程。

而广告主的KPI在信息流广告中，一般会考核效果转化指标。这就意味着优化师需要从效果KPI来反推转化路径中的各个节点目标。

因此，我们通常将展示类、点击类指标定义为媒体广告平台侧的前端数据，将用户到站、转化等数据定义为后端数据。

6.1.2 前端指标与后端指标

前端指标对应到用户的曝光、点击、互动环节，通常包括展示类指标和社交互动类指标；后端指标对应到转化数据、广告主落地页内互动数据等。

■ 展示指标

展现指标用于度量用户转化路径中的曝光、点击环节的数据。

基础的展现指标在不同的投放平台上是高度一致的，包含曝光量、点击量、点击率、点击均价、千次展现成本、花费等，如表6-1所示。

表6-1　基本展示指标说明

衡量指标	指标名	指标说明
有效曝光数	展示量	广告展现给用户的次数
广告点击数	点击量	经过反作弊后有效的点击次数
CTR	点击率	广告被点击的比率，计算公式：点击量/曝光量×100%
CPC	平均点击价格	广告主为每次点击付出的平均成本，计算公式：花费/点击量
CPM	平均千次展示价格	广告平均每1000次展现所付出的费用，计算公式是：花费/曝光量×1000
Cost	总消耗	广告主的广告投放费用成本

社交互动类型的指标是仅适用于社交、资讯类媒体的前端指标，便于衡量数字营销的多样化诉求。

■ 社交互动指标

通常用于描述广告主粉丝获取、内容触达、社交互动和二次传播的价值。

巨量引擎投放平台的社交互动指标如图6-2所示。

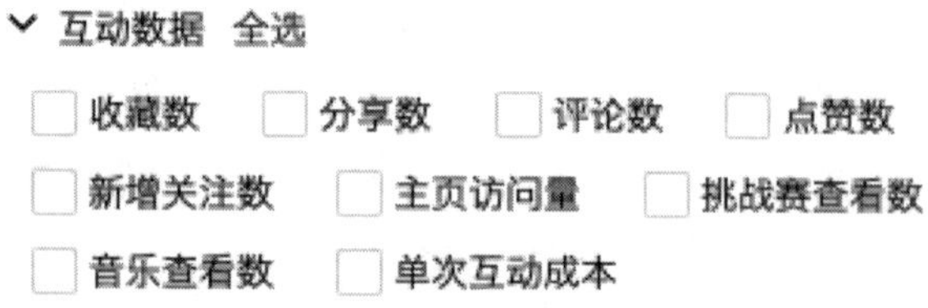

互动数据 全选

收藏数 分享数 评论数 点赞数

新增关注数 主页访问量 挑战赛查看数

音乐查看数 单次互动成本

图 6-2 今日头条上的社交互动类指标

可以看到除了关注、阅读、转发等共性指标外，今日头条基于自己的内容营销方式增加了挑战赛查看数、音乐查看数等指标。

另外，巨量引擎针对短视频营销还引入了视频播放数（VV）和促销、留资类质量指标，如图 6-3 所示。

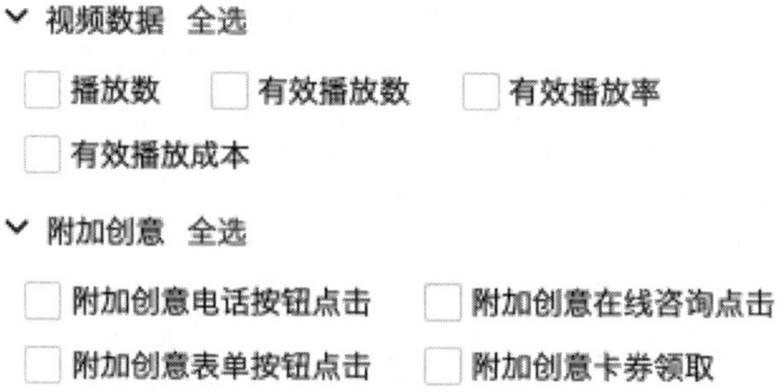

视频数据 全选

播放数 有效播放数 有效播放率

有效播放成本

附加创意 全选

附加创意电话按钮点击 附加创意在线咨询点击

附加创意表单按钮点击 附加创意卡券领取

图 6-3 今日头条上的视频及附加创意类指标

■ 转化指标

用于度量用户从 H5 到站或 APP 下载激活 /APP 打开，到最终付费转化环节的数据。

信息流广告的转化指标，一般分为网页类和 APP 类。网页类常见的投放场景是将用户导流到广告主的 H5 页面，APP 类的常见指标包括老客户的 Deeplink 唤起或新客户的下载激活。

两种指标对应两类用户场景，其指标数据也有区别。

图 6-4 描述了巨量引擎上的 APP 类转化指标，我们可以看到里边有下载、安装、激活到后续注册等转化行为的指标数据。

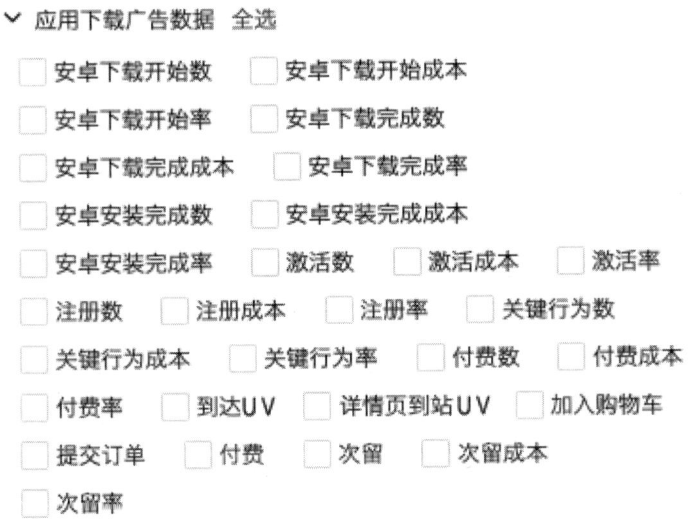

- 应用下载广告数据 全选

☐ 安卓下载开始数 ☐ 安卓下载开始成本
☐ 安卓下载开始率 ☐ 安卓下载完成数
☐ 安卓下载完成成本 ☐ 安卓下载完成率
☐ 安卓安装完成数 ☐ 安卓安装完成成本
☐ 安卓安装完成率 ☐ 激活数 ☐ 激活成本 ☐ 激活率
☐ 注册数 ☐ 注册成本 ☐ 注册率 ☐ 关键行为数
☐ 关键行为成本 ☐ 关键行为率 ☐ 付费数 ☐ 付费成本
☐ 付费率 ☐ 到达UV ☐ 详情页到站UV ☐ 加入购物车
☐ 提交订单 ☐ 付费 ☐ 次留 ☐ 次留成本
☐ 次留率

图 6-4 今日头条投放平台上的 APP 类转化指标

我们再来看一下巨量引擎的网页类转化指标定义，如图 6-5 所示。

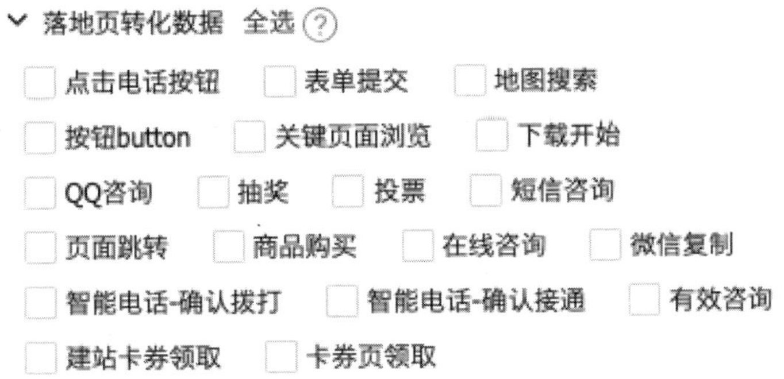

- 落地页转化数据 全选 ?

☐ 点击电话按钮 ☐ 表单提交 ☐ 地图搜索
☐ 按钮button ☐ 关键页面浏览 ☐ 下载开始
☐ QQ咨询 ☐ 抽奖 ☐ 投票 ☐ 短信咨询
☐ 页面跳转 ☐ 商品购买 ☐ 在线咨询 ☐ 微信复制
☐ 智能电话-确认拨打 ☐ 智能电话-确认接通 ☐ 有效咨询
☐ 建站卡券领取 ☐ 卡券页领取

图 6-5 今日头条投放平台上的网页类转化指标

巨量引擎的网页类转化指标主要对应用户转化路径的“留资”环节。另外，巨量引擎使用额外的一组转化指标来度量深度转化数据，可与 APP 类或网页类转化指标配套使用，如图 6-6 所示。

∨ 转化数据 全选

转化跟踪方式 转化目标 转化数 转化成本

转化率 深度转化目标 深度转化次数

深度转化成本 深度转化率

图 6-6 今日头条投放平台上的整合类转化指标

需要注意的是，不同行业的广告主，其转化指标有所不同。依然是以下载激活的业务场景为例，广告主在考核 APP 类转化目标时，其成交前指标是共性的，包括下载量、下载成本、激活量、激活率、激活成本、注册量、注册率、注册成本等。

但成交后的行为指标则因行业而异。我们采用数字营销领域常用的行业划分方法，其深度转化指标如表 6-2 所示。

表6-2 不同行业的转化指标差异说明

游戏	电商	金融理财	旅游	教育	房产	零售
首日付费率	订单数	申请率	新增注册	有效注册	预约量	订单数
首日付费成本	订单成本	申请成本	订单数	有效率	预约成本	订单成本
首日ROI	ROI	授信率	订单成本	预约面试量		
月ROI		授信成本	订单率	预约面试成本		
用户充值金额		签约率		预约率		
充值人数		签约成本		面试完成量		
ARPU		首动成本率		面试完成成本		
				面试完成率		

各信息流投放平台上指标体系的定义，最能体现该平台的营销逻辑和应用场景。在理解了用户转化路径、典型超级平台的分析工具和典型行业的常见考核指标后，我们在后面会深度探讨如何利用不同平台的投放工具来达成 KPI。

6.2 今日头条报表分析

在投放后台的“报表”模块，巨量引擎提供了强大的广告效果分析功能。我们来逐一探讨其效果分析报表的应用。

6.2.1 账户报表

“报表”即旧版的“数据报告”模块。与 TSA 不同的是，巨量引擎的投放平台将分析报表拆分为品牌类和效果类，按不同的指标体系进行分析，如图 6-7 所示。

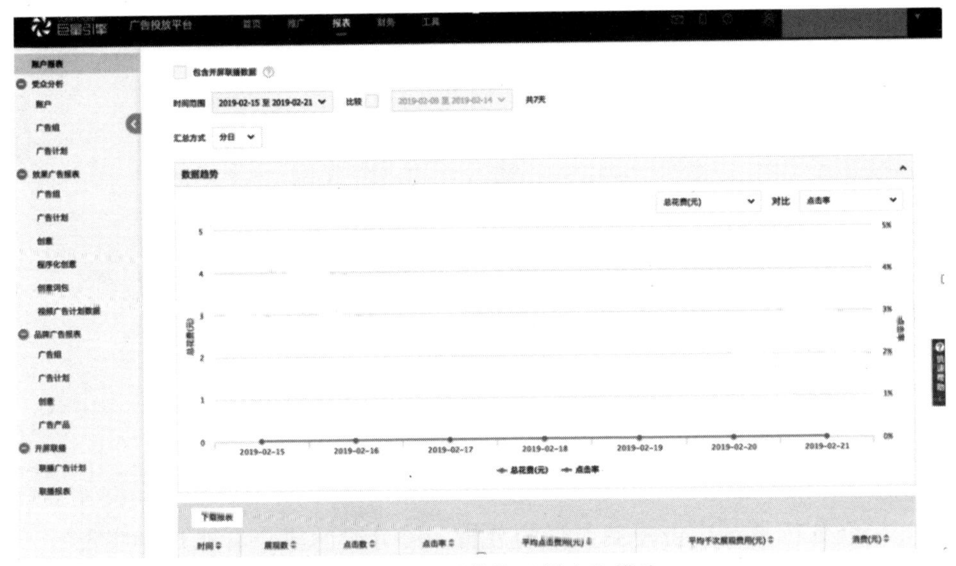

图 6-7 巨量引擎的“报表”模块

巨量引擎的效果分析能力有四个特点。

（1）指标完备：除了常规数据消耗、展示、点击指标外，还包括视频播放指标、转化数据指标等。

（2）四个层级：巨量引擎可从账户、广告组、广告计划和创意四个层级进行效果分析及优化。

（3）个性化指标：巨量引擎提供了视频指标、地域分布、年龄结构、兴趣维度、性别分布、分小时点击分布等个性化分析数据。

（4）双终端监测分析：通过 PC 端后台和下载手机 APP 均可进行广告账户的管理和数据监测。

其中，账户报表用于账户层的数据分析。可筛选时间段查看投放的前端数据及其趋势，包括展现、点击花费等，可分日及日内分时查看，如图 6-8 所示。

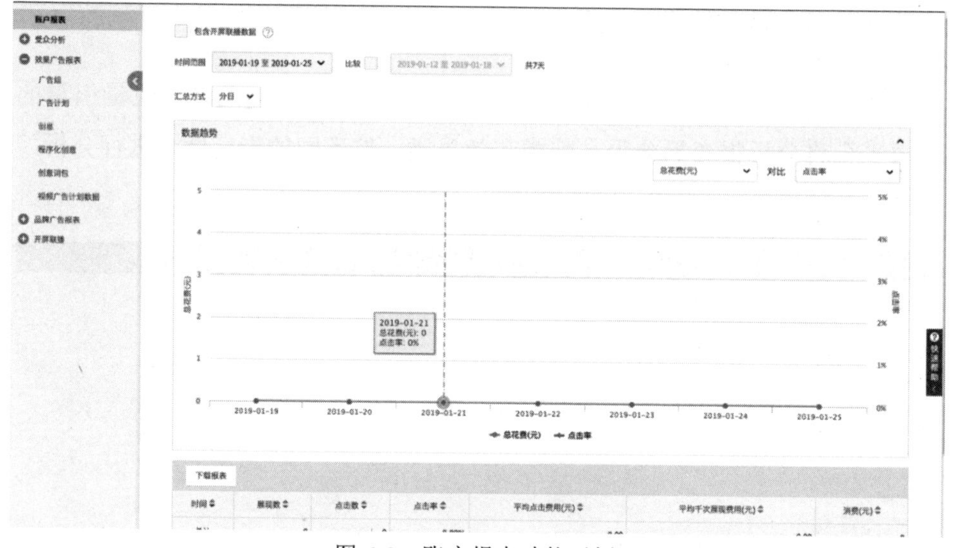

图 6-8　账户报表功能示例

账户报表仅能查看前端数据，不支持转化数据的查看。

6.2.2　受众分析

受众分析是对广告覆盖人群的分析。可分时间段查看账户、广告组、广告计划层级的用户画像，包括性别分布、兴趣分布、年龄分布及地市级的展现、点击等维度数据。

受众分析页面也支持报表下载及自定义列筛选功能，方便对受众的进一步查看，如图 6-9 所示。

除了为广告主提供受众画像、标签占比上的理解外，受众分析还有一种常用的优化场景，即定向调整。

举例说明，假设优化师创建了多组定向上的对比测试，并做了预算分配。若广告投放的结果是点击人群的标签占比与测试时的预算不一致，则优化师可及时调整广告设置。

省级地域　地级市　性别　年龄　设备　兴趣分类　兴趣关键词

自定义列　下载报表

展现数据　全部取消
展示数　点击数　点击率　平均点击单价(元)
平均千次展现费用(元)　总花费(元)
TGI数据　全部取消
展示TGI　点击TGI

				花费(元)	平均点击单价(元)	平均千次展现费用(元)	展现TGI	点击TGI
				18750.86	0.22	11.42		
				15730.72	0.22	10.33		
				14448.03	0.20	11.30		
江苏	1131844	58201	5.14%	14094.91	0.24	12.45		
河北	1029921	56788	5.51%	11347.14	0.20	11.02		
四川	980763	49207	5.02%	12110.86	0.25	12.35		
安徽	763410	43518	5.70%	9063.81	0.21	11.87		
黑龙江	679336	41123	6.05%	7303.92	0.18	10.75		
浙江	749140	40036	5.34%	8991.26	0.22	12.00		
湖南	603710	33015	5.47%	7924.22	0.24	13.13		

共 30 条记录　1　2　3　跳转

图 6-9　报表的受众分析功能

6.2.3　效果广告报表

巨量引擎的信息流广告中，当前效果广告预算占比远大于品牌广告。因此，效果广告报表是巨量引擎效果优化中使用频次最高的报表。

效果广告报表仅可查看效果广告数据，可分时间段、按日或小时查看广告组、计划、创意级别的投放数据及趋势。针对不同的行业和KPI，巨量引擎的投放后台提供了“自定义列”和“下载报表”的功能，这点赋予运营分析很大的自由度，如图 6-10 所示。

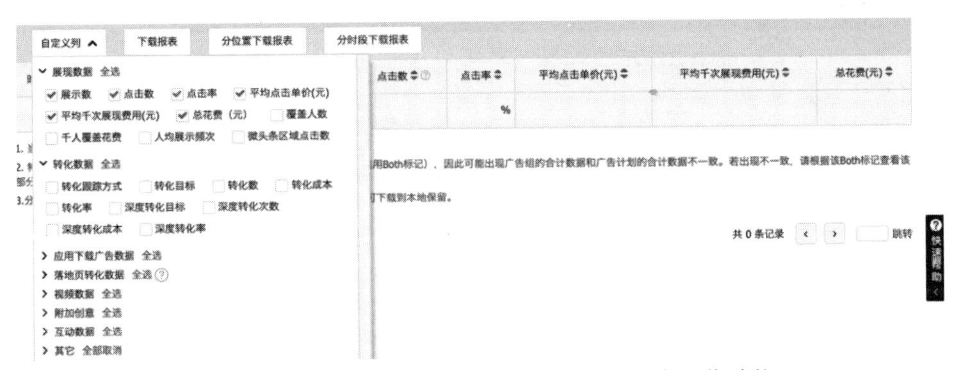

图 6-10　巨量引擎报表模块的更多指标及报表下载功能

除了上述三个维度外，巨量引擎在效果报表中可支持程序化创意维度、创意词包维度的数据查看。图 6-11 展示的是程序化创意维度的分析功能。需要注意的是，巨量引擎投放平台已经整合了今日头条 APP、抖音、西瓜视频、火山小视频及穿山甲不同流量源的广告资源。另外，今日头条对于素材的效果预估提供了“探索状态”指标，对于素材的点击率、转化率以先验的方式提供了预估功能。

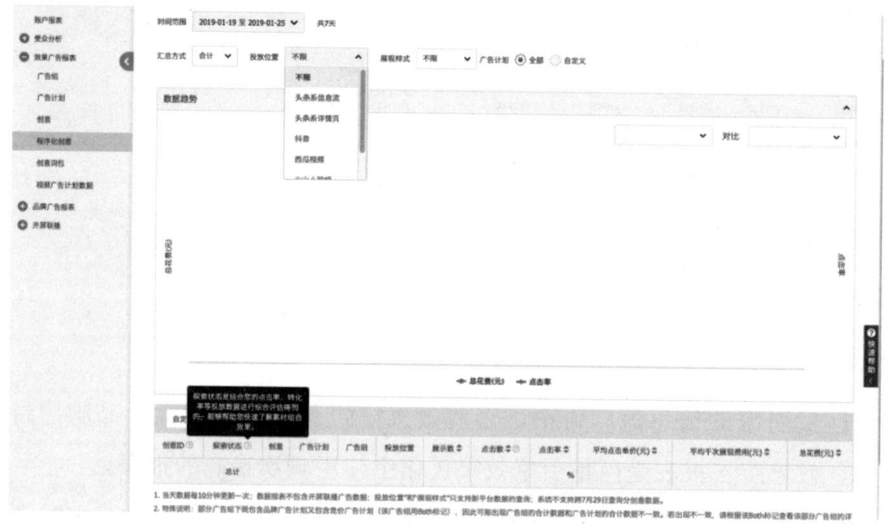

图 6-11　巨量引擎的程序化创意分析能力

创意词包是以词包的维度查看前端展现、点击、消耗类指标，如图 6-12 所示。

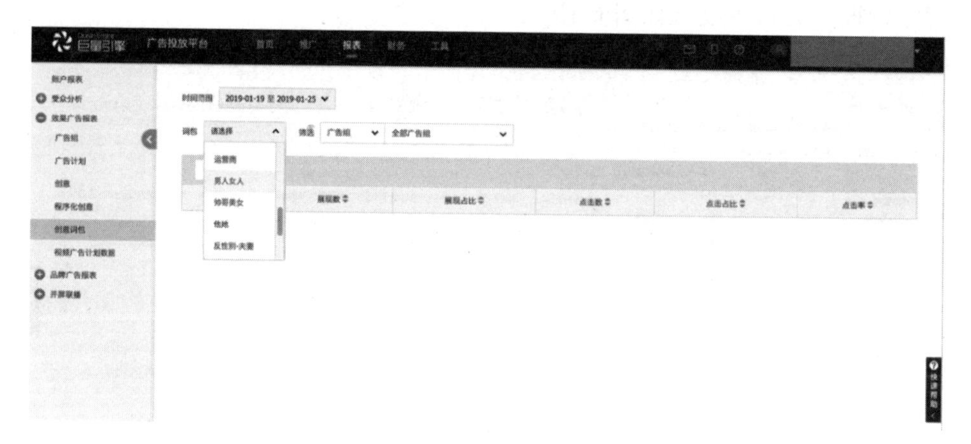

图 6-12　创意词包分析能力

创意词包可以根据动态创意词包的展现及点击数据监测，及时调整广告创意中的动态词。创意词包数据也支持报表下载功能，方便离线分析。

另外，针对视频类广告的效果分析，巨量引擎定义了一套独有的效果衡量体系，包括播放数、有效播放数、各进度播放数等。

而在点击数与播放数据的计算方面，为避免重复计算，“有转化点击数”和“有效播放数” 限定短时间多次点击时只计一次，同时进行播放和点击时只计一次，因此披露的数据可能比真实数据小。

巨量引擎的视频播放衡量指标如图 6-13 所示。

图 6-13　巨量引擎的短视频效果衡量指标体系

巨量引擎针对短视频定义的这套指标体系，借鉴了传统视频广告的 VV 指标，但更重要的是它对视频广告的效果衡量标准提出了 POE 模式的重新定义。

POE 模型是今日头条于 2017 年推出的量化方案，用于衡量短视频广告效果的价值体系。曝光价值 P（Paid Value，已付价值）以视频播放量来衡量常规广告投放价值；关联传播价值 O（Owned Value，拥有价值）以用户点赞等行为来衡量互动价值；而 E（Eard Value，赚取价值）以分享转发等指标来衡量二次传播价值。相对于传统的曝光 - 点击 - 转化用户路径，POE 模型为用户观看短视频并主动发生的行为价值制定了量化指标。

6.2.4 品牌报表与开屏联播

品牌广告报表仅支持品牌广告的数据查询。

与效果广告报表类似的是，品牌广告列表也是从广告组、广告计划、广告创意三个层级进行广告的报表分析，且可支持自定义指标功能。

与效果广告报表不同的是，品牌广告列表将动态创意词包和视频广告整合为一个导航菜单，名为“广告产品”，如图 6-14 所示。

图 6-14 品牌效果报表功能

我们可以简化理解为，品牌广告报表为效果广告报表指标体系的子集。

而开屏联播报表是巨量引擎在新版上新上线的报表，包括联播广告计划和联播报表。开屏联播一般也用于品牌广告的分析。

点击开屏联播下的二级导航后，会进入开屏联播入口，包含巨量引擎联盟开屏资源广告计划及报表功能。

开屏联播资源分为正常售卖、换量、配送、内广和补量等多种方式，如图 6-15 所示。

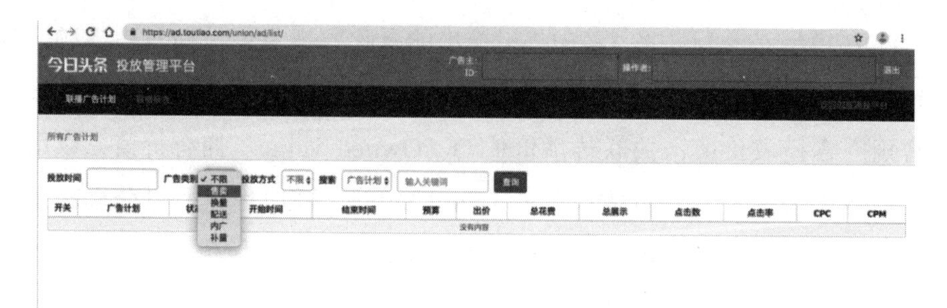

图 6-15 巨量引擎投放平台的开屏联播功能

6.3 常规效果优化流程

是否信息流优化通用的法宝就是“一言不合就调价，调价无效换素材”呢？不是。

优化的基本原则是“以数据分析驱动，精细化运营执行”。信息流广告的优化流程一般分为两大步：定位优化对象，广告调整。

其中，更换创意这种高频操作从属于广告调整的范围。而实际上优化是个闭环，在调整广告后优化师需要再次进行报表分析以定位优化对象，从而进行优化上的迭代。

6.3.1 定位优化对象

以数据分析来驱动，就是依照投放数据及报表分析，判断账户各指标维度并针对好的、差的广告进行优化。

精细化运营执行，可以从“开源”和“节流”两个角度来理解。对于曝光起量快、转化效果好的广告，要扩大曝光量；而对于转化效果不佳的广告，要通过预算、定向等方式降低其广告消耗速度。

因此，通过数据分析快速定位优化对象是效果优化的第一步。

快速定位重点广告优化对象，有两种实用的方法。

■ 消耗降序

通过对广告进行消耗的降序排列，快速找出起量速度最快的广告。

消耗降序的方法也符合“二八原则”，目标是找出消耗占据 80% 的那前 20% 的广告，其层级可以是广告组层或广告—创意级，如图 6-16 所示。

广告计划	CTR	CVR	消费(元)	CPC	CPA
H5-组图-素材1-安卓2-0708	4.26%	3.36%	4,000	0.54	16
H5-组图-素材2-安卓3-0630	3.88%	5.58%	2,300	0.56	10
H5-组图-素材3-安卓5-0718	5.92%	4.17%	1,500	1.04	25
H5-组图-素材4-安卓6-0720	4.42%	3.20%	645	0.35	11
H5-组图-素材5-0707	4.42%	2.04%	367	0.26	13
...	...	...	消费20%	...	...

图 6-16 消耗降序定位表示例

媒体的信息流广告后台一般有类似的工具可以辅助此类决策。以巨量引擎为例，在其投放管理平台的首页上就提供了展示量、点击量、花费（消耗量）的 Top 广告列表，而且其投放后台也提供了各报表字段的排序能力。

如图 6-17 所示，点击“展示数”字段表头的下拉箭头，则可按照展示量进行降序排列。

时间 ⇕	广告组	展示数 ⇕	点击数 ⇕	点击率 ⇕	平均点击单价(元) ⇕	平均千次展现费用(元) ⇕	总花费(元) ⇕
总计		33515614	1387666	4.14%	0.29	11.96	400711.00
2018-11-07	[illegible]	2641170	145957	5.53%	0.22	12.27	32412.97
2018-11-06	[illegible]	2362516	121173	5.13%	0.23	11.88	28071.75
2018-11-13	[illegible]	1992331	107923	5.42%	0.19	10.41	20746.73
2018-11-12	[illegible]	1930398	110938	5.75%	0.20	11.25	21711.84
2018-11-04	[illegible]	1686244	45612	2.70%	0.53	14.38	24240.03
2018-11-08	[illegible]	1622228	90807	5.60%	0.22	12.16	19727.23
2018-11-09	[illegible]	1560591	82493	5.29%	0.22	11.71	18275.85

图 6-17 巨量引擎后台的广告排序功能

■ 效果评估矩阵

效果评估矩阵是组合消耗数据、效果数据，将广告放入不同象限内进行针对性调整的分析方法，如图 6-18 所示。

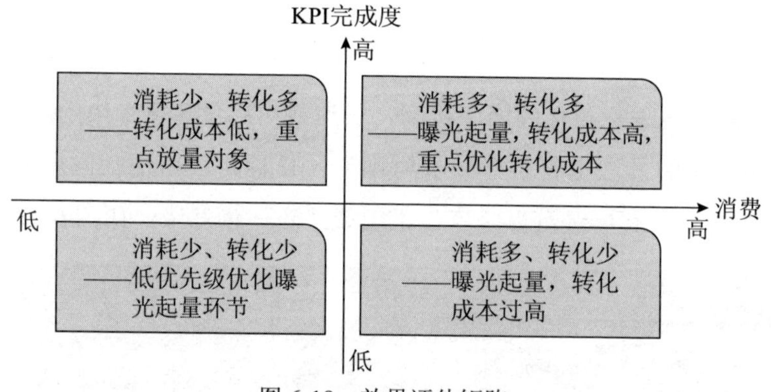

图 6-18 效果评估矩阵

在这四个象限中，左上角象限是重点“开源”的对象，需要提升曝光量；右上角在曝光起量期较为实用，而到了放量期就需要注意控制转化成本，必要的情况下可通过定向、预算、时间段等方式进行“节流”。右下角的广告建议在放量期通过暂停等方式避免不必要的浪费；而左下角的则建议低优先级处理，先优化曝光起量再看成本数据。

消耗降序法比较适用于追求曝光起量的阶段，而效果评估矩阵可以综合考虑起量情况、成本及ROI情况，更适用于起量后追求效果的运营阶段。

在定位了重点优化对象后，就可以进行广告调整了。

6.3.2　广告调整

广告调整需要从广告主行业、媒体属性、考核标准、广告主产品特点等多个维度进行具体分析，不能一概而论。我们此处从实操上探讨常用技巧，包含消耗速度调控的“开源节流”、出价和优化频率三个方面。

■ 消耗速度

消耗速度的调控可在广告组—广告计划—创意这3个不同层级分别实现。

广告组层，消耗速度的调整一般通过预算调高调低、投放时段放开 / 收缩的方式实现。

广告计划层，可以通过出价来实现消耗速度的管控，但从实操上建议出价的调整在广告层级进行，以便掌握更细的颗粒度。

创意层，在保证创意质量的前提下，可以通过创意的数量增加 / 减少来控制消耗速度——创意越多，则RTB环境中的竞价单元（bidder）越多，消耗速度起来的可能性越大。

在广告计划的编辑页面，可以使用更精细化的编辑项进行消耗速度的调控。以图6-19所示的广告为例，我们可以通过放宽定向、在原有定向上提高出价的方式提升消耗速度，反之亦然。对于行业、出价、预算等方式，也可以通过广告编辑来实现。

■ 出价技巧

出价需要从平衡起量速度和广告主效果成本两个因素来考虑，从目标用户的操作系统和资源位上，有两个建议可以参考。

（1）操作系统上，假设其他条件设置一样，则iOS出价 > 安卓出

价 >PC 出价。

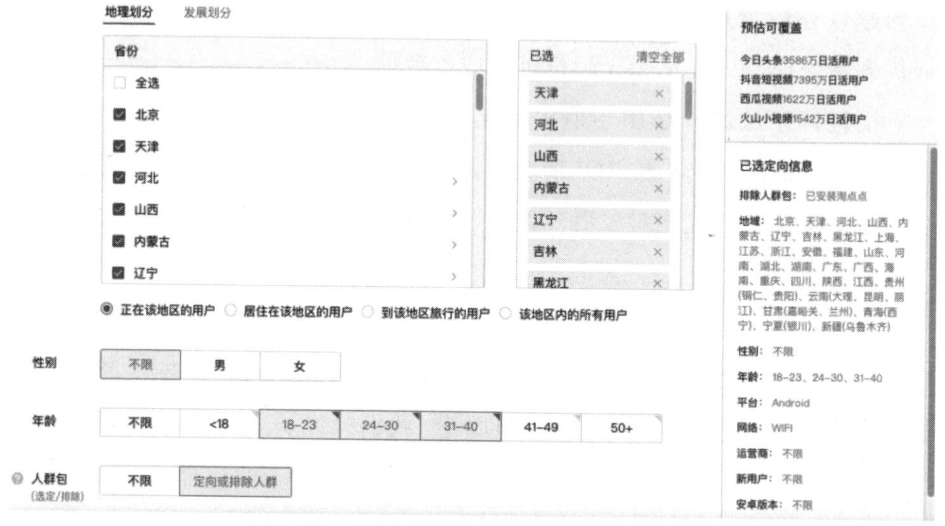

图 6-19　巨量引擎后台的广告详情页示例

（2）广告资源位上，假设其他条件设置一样，则资源位流量越大，出价越高。比如，首页 > 列表页 > 内容页。

在出价调整上，也有四个常用技巧。

（1）新上线的广告单元，建议设置小预算并相应地提高出价，以便尽快获得曝光、点击率及转化率数据。一般来说，曝光量达到 50 个 CPM 以上，CTR 的参考价值才比较大。

（2）每次价格调整的幅度不宜过高或过低，可在 0.1 ～ 0.3 元调整，以防消耗跑超或区别不明显。

（3）定向越精细，则可竞争的流量越少，越要提高出价以胜出。

（4）如某时段或某天流量充足，则可保持价格不变，提升预算，快速获取流量；反之，如流量竞争激烈而买量需求需要保障，则应当适当调高出价。

巨量引擎后台的出价建议，可作为出价参考。

■ 更换创意

一般来说，创意由素材和文案组成。素材包含图文、视频等不同形式，文案根据不同广告资源位的要求，或有或无。

更换创意需要考虑多个因素，包括广告主行业、产品特性、品牌或活动的联动效应，以及不同创意形式的表现等。

创意更换也是信息流广告最重要的优化手段之一。因此，我们先来结合素材和文案看一下常用的几种创意套路。在本书的后面章节，我们会在实践案例中对于创意更换的方法进行具体探讨。

需要说明的是，为规避广告主的敏感数据，下文中广告主信息以“×××”来脱敏处理。

1. 震惊感叹

文案中体现出对于内容的震惊和感叹，引起用户的注意。比如某房屋租赁类APP的文案“×××竟然还有这么便宜的租房，每月能省好几百”，素材如图6-20所示。

图6-20　震惊感叹类创意示例

2. 引导尝试

以利好用户的信息，引导用户进行尝试。比如Wi-Fi手机助手的广告文案“手机连不上Wi-Fi？几个步骤轻松上网”，素材如图6-21所示。

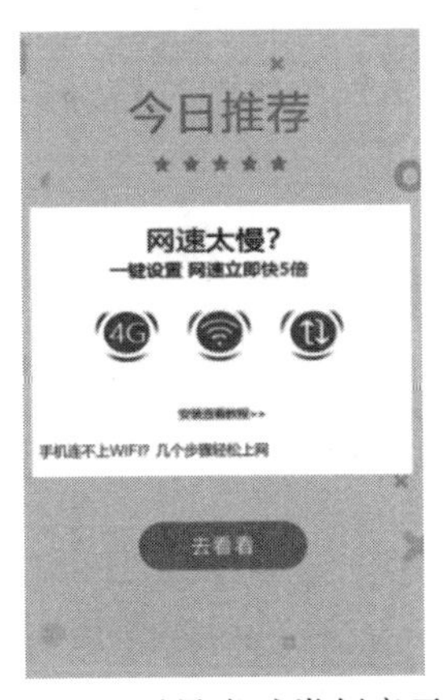

图6-21　引导尝试类创意示例

3. 引起好奇

制造一个悬念，让用户期望得到答案。比如手机清理工具类 APP 制作的文案“知道真相后，我赶紧重新设置了手机”，素材如图 6-22 所示。

图 6-22　激发好奇类创意示例

4. 制造疑问

问一个用户也会感兴趣的问题，让用户同样好奇。比如为某手机管家类 APP 制作的文案“手机内存不足？教你一招，请收下～”，素材如图 6-23 所示。

图 6-23　制造疑问类创意示例

5. 价格优势

优惠、特价、促销等类型的文案，往往效果较好。比如为某电商 APP 制作的文案“×××你别吓我！理肤泉的价格确定没有标错？”素材如图 6-24 所示。

图 6-24　突出价格优势类创意示例

6. 制造紧迫感

通过限量、限时、限定地域等方式制造紧迫感，使用户产生急切获取的意愿。比如某 3C 服务类 APP 的广告文案“iPhone 用户福利来了，原装电池 214 元，仅限上海用户”，素材如图 6-25 所示。

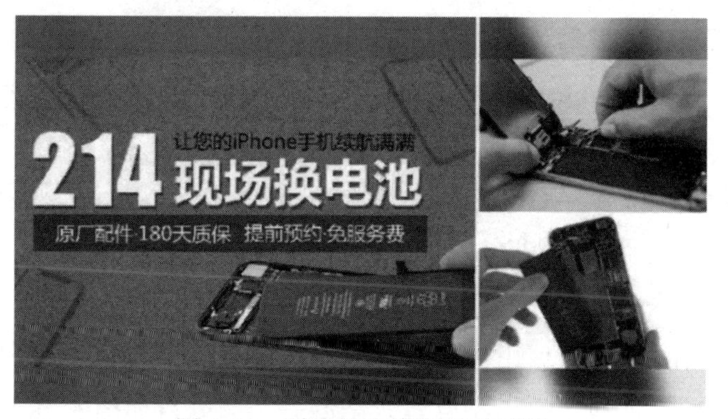

图 6-25　制造紧迫感类创意示例

7. 降低门槛

以低门槛甚至免费体验的方式，引导用户进行尝试。如某餐饮公司的文案“仅 10 元”，甚至“5 元起”。创意如图 6-26 所示。

图 6-26　突出低门槛类创意示例

8. 明确场景

为用户制造一种使用场景，让用户产生共鸣，期望了解更多信息。如某电商 APP 的文案“这个摆在车里好看，寓意也好！”素材如图 6-27 所示。

图 6-27　细分明确场景类创意示例

9. 强调卖点

突出产品的卖点，使用户对产品价值产生认可。如某奢侈品 APP 的文案“等发工资了，我也买这个耳钉，超好看！”素材如图 6-28 所示。

图 6-28　突出卖点类创意示例

10. 传递赚便宜的信息

给用户传递赚便宜的信息，引起用户的欲望。如某手游的文案“买了高配 iPhone 不玩这个游戏真的亏了！”素材如图 6-29 所示。

11. 制造疑问

基于信息流原生的特点，提出疑问，吸引用户注意。如某视频 APP 广告主的文案“和男人有关，速看，以后注意！”素材如图 6-30 所示。

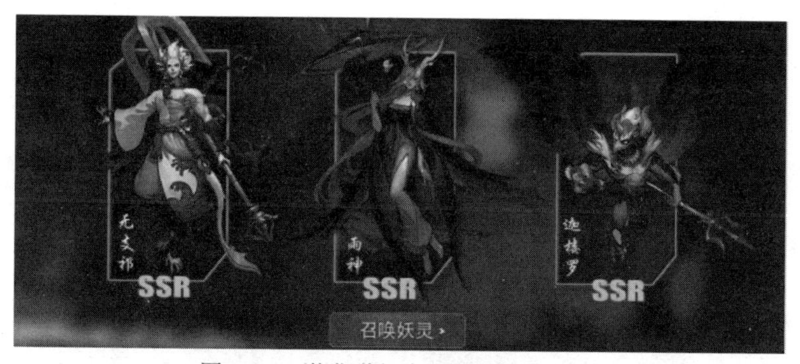

图 6-29 激发赚便宜心理的创意示例

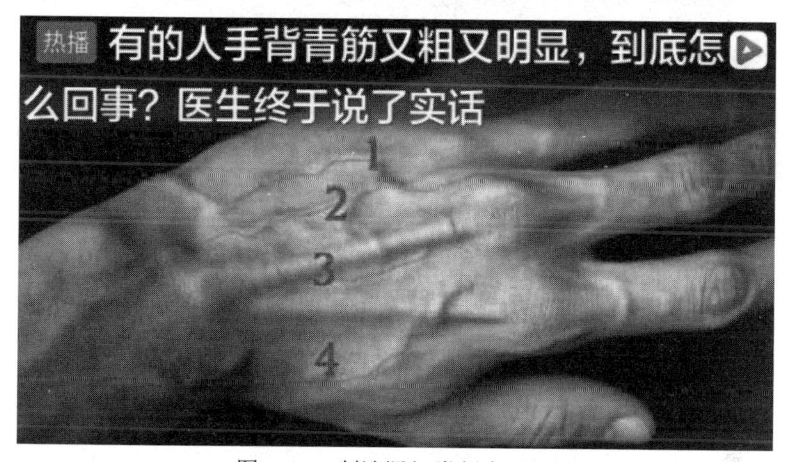

图 6-30 制造疑问类创意示例

12. 制造共同性

利用某些共同性来引起用户共鸣，唤起用户从众心理。比如某旅游广告的文案“嘉兴周边有个粉色滑雪场，周末很多人都过去玩”，素材如图 6-31 所示。

对上述创意进行聚类分析可以看到，好的图文、视频创意及其文案具备以下几个共同点。

（1）文案。依据推广产品的分析，突出品牌背书、核心优势、功能告知；或者从用户的痛点出发，突出核心利益点或制造紧迫感。

（2）图片。较常用的风格有大字报、手机类、表盘类、卡通类、真人类等，要点在于内容简洁的同时关键信息突出。

图 6-31 制造共同性类创意示例

（3）视频。常用的有故事剧情类、单人介绍类、采访类、特效类和实拍类等；故事表达上常用的有手持、幻灯片、核心利益点说明、攀比和悬疑等方式。

短视频创意的内容表达上，又有“黄金 3 秒”和“电梯法则”的说法。黄金 3 秒指的是，使用悬疑、夸张或热点事件借势等方案，将用户注意力在前 3 秒转移到视频里，对于播放完成率往往有奇效。

电梯法则指的是用极具吸引力的方式简明扼要地阐述观点。在广告行业，电梯法则可引申为，好的广告应该在 5 ～ 7 秒内抓住用户眼球，且能吸引用户花上十几秒认真看完。

■ 常规优化频率

账户级的优化周期一般是 5 ～ 7 天，而广告编辑、创意替换的周期完全看数据而定，一般每天都需要操作。这就意味着优化师每天早、中、晚起码要看一次账户，关注曝光量增减、成本是否可控、账户是否出现异常等。

创意更换上，平均每周需要至少更新 2 次素材、文案。广告素材每个广告单元建议准备起码三套素材用于 A/B 测试及创意上的优胜劣汰。

6.4 巨量引擎工具集

从今日头条旧版的“工具箱”功能延展，巨量引擎现已将投放、创意、建站、监测等丰富的实用工具集成在“工具”模块中，如图 6-32 所示。

账户辅助	创意辅助	计划辅助
操作日志	动态创意词包管理	移动建站
评论管理	正版图库	极速下载服务
	素材库 new	飞鱼CRM new
定向辅助	即合平台 new	深度转化sdk
兴趣词定向词包管理	创意中心	转化跟踪
头条DMP	易拍 new	门店管理
DPA自定义人群管理		卡券
DPA动态词包管理	**优化辅助**	
	计划诊断 new	
	页面质量检测	

图 6-32 巨量引擎的“工具”集

6.4.1 账户辅助

新版账户辅助功能去除了旧版的“消息订阅”，当前包含“操作日志”和“评论管理”两个功能。

操作日志主要记录各类人为操作的历史信息，方便进行追溯。可按时间段选择及查看广告组、广告计划、广告库存、优选人群、建站表单以及品牌项目上的操作记录，并且可下载报表进行分析。

“评论管理”是巨量引擎平台在社交传播上新增的功能，其资源已包含今日头条 APP、抖音和火山上的广告位。

当前“评论管理”包含“评论内容管理”和“屏蔽关键词管理”，如图 6-33 所示。

评论内容管理可筛选今日头条 APP、抖音 APP 和西瓜视频 APP 的广告计划进行评论查看，并可批量回复、批量隐藏；而屏蔽关键词管理功能当前仅对抖音的评论有效，对于添加关键词成功后新增的抖音评论生效。

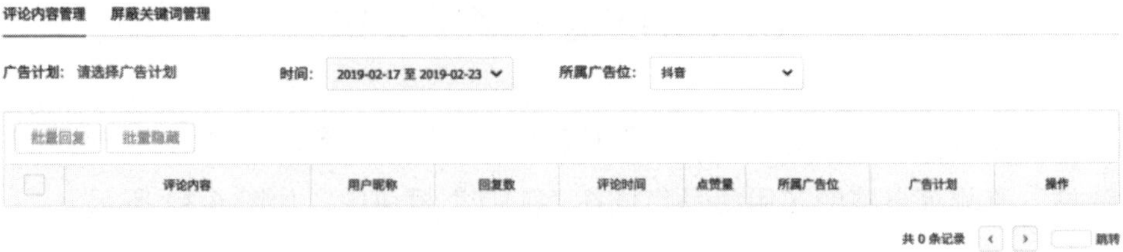

评论内容管理　屏蔽关键词管理

广告计划：请选择广告计划　时间：2019-02-17 至 2019-02-23　所属广告位：抖音

批量回复　批量隐藏

	评论内容	用户昵称	回复数	评论时间	点赞量	所属广告位	广告计划	操作

共 0 条记录　跳转

图 6-33　“评论管理”功能界面

6.4.2　定向辅助

定向辅助包含词包管理、“云图”DMP、DPA 动态词包管理和头条号合作。

■ 兴趣词、定向词的词包管理

此工具包含兴趣词和定向词的词包管理。

巨量引擎平台的词包定向采用关键词标签技术，基于用户在今日头条 APP 上的阅读行为，精准定位目标用户，使广告主基于用户兴趣进行定向投放。相对于用户的标签定向（User Segmentation），兴趣词、关键词的定向颗粒度要更细一些。

另外，今日头条提供了词包可覆盖人数的流量预估能力，如图 6-34 所示。

词包用于广告计划层的设置，工具中提供此类词包的新建、编辑、删除等管理操作。

■ 头条DMP

“云图”是巨量引擎平台为今日头条 DMP 起的传播名，可用于人群包上传、人群挖掘及定向投放等，是连接自有用户数据和广告投放数据的桥梁。

今日头条 DMP 的产品路径与 TSA 类似，在功能足够强大之后，于 2018 年单独孵化为 DMP 产品“云图”。在巨量引擎平台的投放管理平台，点击“头条 DMP”即可跳转至“云图”平台。另外，云图平台也提供了直接的登录入口——https://yuntu.toutiao.com，如图 6-35 所示。

巨量引擎平台的主题人群和人群报表等功能相对于腾讯信息流广告平台的 DMP，更具备时效性和可借势传播的价值。笔者曾于 2018 年年底与腾讯对此有过交流，预计腾讯会在人群包挖掘上披露更为自主的功能。

新建兴趣词包

×

词包名　春节词包测试

兴趣词　注: 兴趣词一行一个,每个词不超过十个汉字

春节
春联
红包
返乡

用户覆盖率2.51%　词数量4

取消　保存

图 6-34　巨量引擎的词包定向功能

图 6-35　巨量引擎的“云图”平台

头条 DMP 的人群包用于广告计划层级的设置，也可对单独的数据管理平台进行操作。

■ DPA动态词包管理

在旧版中分为“DPA 自定义人群管理”和“DPA 动态词包管理”，而在新版中已合并为“DPA 动态词包管理”一个入口。

DPA 词包，即动态创意词包，可基于客户提供的创意模板和候选词包，按用户的浏览场景来动态展现广告创意。DPA 根据用户的历史行为、标签特征，动态生成与之相关的创意，从而达成“千人千面”的效果，提升转化率。

DPA 词包比较适用于电商、手游、汽车等多品类产品的营销，需要与广告主进行商品库和字段上的关联，如图 6-36 所示。

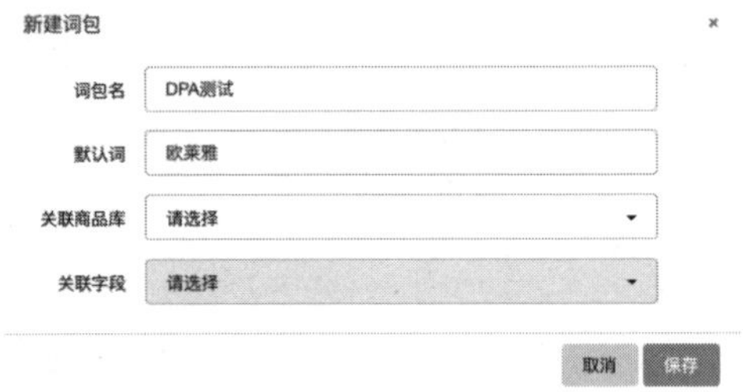

图 6-36　DPA 动态词包关联功能

■ 头条号合作

“头条号合作”是巨量引擎平台在2019年年初刚推出的MCN营销功能。广告主按名称或分类查询头条号 KOL，并可对意向头条号发起合作邀约。

图 6-37 所示为头条号的查询功能，查询时不但可按名称、分类查询，也可按预估播放量及单篇价格进行更为精准的匹配。

图 6-37　头条号合作的查询功能

6.4.3 创意辅助

创意辅助中集成了巨量引擎自研及合作的六个创意工具，包含图库、短视频库及剪辑工具等。

信息流及信息流短视频类型的广告，在效果广告方向上对于创意参考、创意策略、高效制作及剪辑上的要求越来越高。优化师需要快速制作出优秀创意，才能在创意这个最细颗粒度的 bidder（竞价单元）上赢得优势。因此，不仅仅巨量引擎，TSA 等代表性的媒体平台也与创意数据方和制作平台在 2018 年加大了开放合作的力度。

2018 年上半年，今日头条还仅有移动建站等少数的基本能力，到了 2018 年年底，巨量引擎在图文、短视频上的创意辅助能力已快速扩展为六个高阶创意能力，且可用于品牌、效果两种营销方向。

■ 动态创意词包管理

相对于定向辅助中的 DPA 词包管理，此处的动态创意词包管理提供了公共词包，方便用户进行参考、复制和快速替换关键词，可大幅提升优化师的词包创建效率和成功率，如图 6-38 所示。

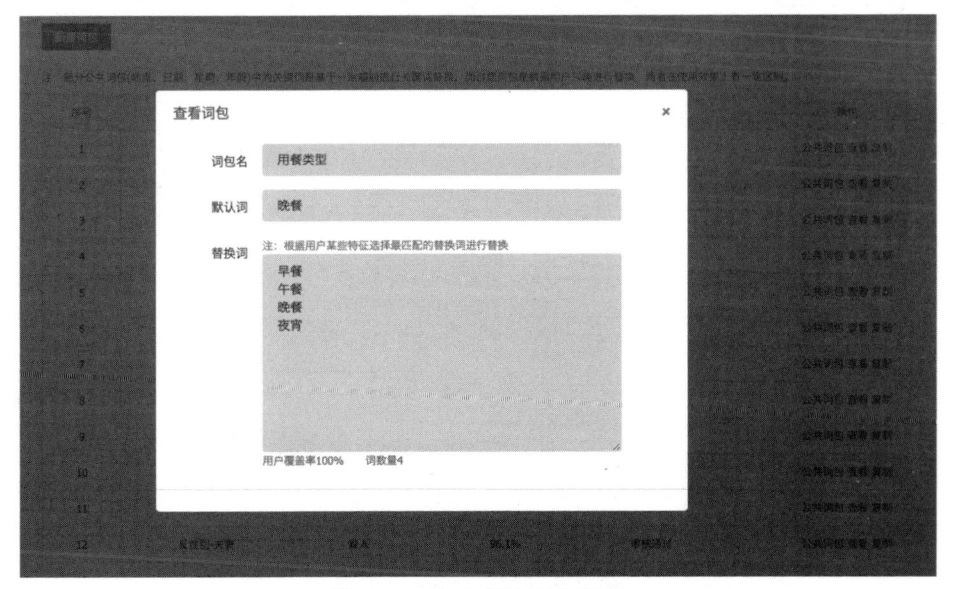

图 6-38 动态创意词包管理

使用 DPA 动态创意词包，标题关键词可根据词包和用户兴趣、地点等特征进行动态替换，实现动态创意表达的效果。

公共词包可进行查看和复制，不可删除；自定义词包可进行新建、编辑及删除。

■ 正版图库

点击“正版图库”会进入巨量引擎合作的素材库供应商“图虫创意”，是巨量引擎商业化合作的产品。

用户也可通过登录入口 http://stock.dfic.cn/?source=ad_tool 直接查看。

图虫创意注册后亦可享受部分免费正版图库，直接输入关键词即可得到相关类型的广告图片。

在广告创意层级，可使用免费图库；若进入图虫创意官网，使用付费产品需单独付费。

■ 素材库

素材库是巨量引擎打造的图片素材库，支持横版大图、小图和开屏图三种规格。用户可以将历史投放过的图片和上传待使用的图片统一管理，提升素材上传效率，如图 6-39 所示。

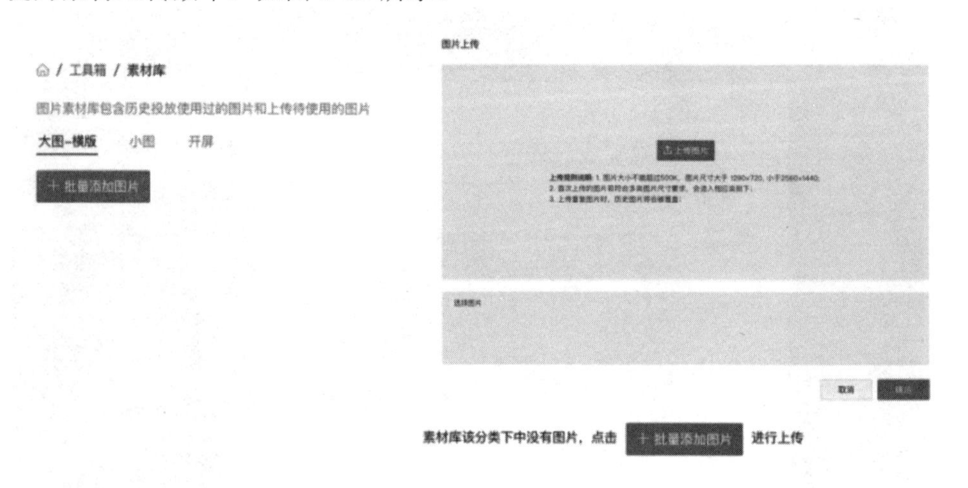

图 6-39　巨量引擎的素材库

■ 即合平台

字节跳动推出的短视频广告撮合平台，是单独商业化的产品。用户也可直接登录，地址为 https://market.toutiao.com/v/home。

■ 创意中心

字节跳动整合推出的创意平台，整合了版权素材市场、创意制作工具及素材案例能力，是单独商业化的产品。用户可直接登录，地址为 https://cc.toutiao.com。

创意制作工具可支持幻灯片制作、模板套用及创意剪辑美化等操作。

■ 易拍

易拍是字节跳动单独推出的 APP 产品，方便用户拍摄视频、剪辑后使用抖音平台进行广告投放获取收益。

6.4.4　优化辅助

优化辅助提供了广告计划在运营优化阶段的实用工具，包括“计划诊断”和“页面质量检测”。

■ 计划诊断

帮助运营优化人员在广告计划层级定位投放问题。用户输入需要系统帮忙诊断的广告计划后，系统会每 2 小时自动更新诊断结果。可定位的问题包括出价竞争力、预算充足度、定向质量度、点击及转化获取能力，如图 6-40 所示。

图 6-40　巨量引擎投放后台的计划诊断能力

建议在跑量困难时使用计划诊断工具来定位广告计划的问题，系统通过综合观测广告计划在整个投放过程中的表现，诊断出对广告计划放量影响最大的一个因素，给出提醒并提供相应的操作建议。

■ 页面质量检测

页面质量检测通常用于检测落地页（landing page）的质量。通过模拟不同的网络环境，可检测页面的可访问性、浏览的流畅度，并给出可访问性计分及改善建议，如图 6-41 所示。

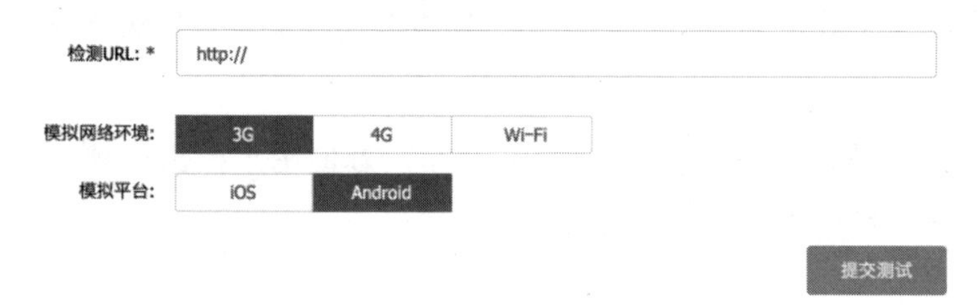

图 6-41 页面质量检测工具

该工具计分采用 10 分制，高分值表示该页面用户访问时流畅度体验更佳，可以带来更高的转化率。分值较低时，可根据页面给出的改善建议优化页面，以便提高可访问率及转化率。

6.4.5 计划辅助

整合了巨量引擎自研及合作的用于广告计划创建阶段的七个工具，包括合作的“移动建站”及新版巨量引擎整合的“飞鱼 CRM”“门店管理”等。

■ 移动建站

整合了“橙子建站”功能，可方便地使用 H5 模板建立移动站点、落地页，如图 6-42 所示。

移动建站是免费的落地页制作工具，可通过模板或简单的拖拽、上传素材制作落地页面。

橙子建站也可直接访问，地址为 https://h5.toutiao.com/marketing/home。

■ 极速下载服务

用于安卓分发渠道包的新建及批量管理，如图 6-43 所示。

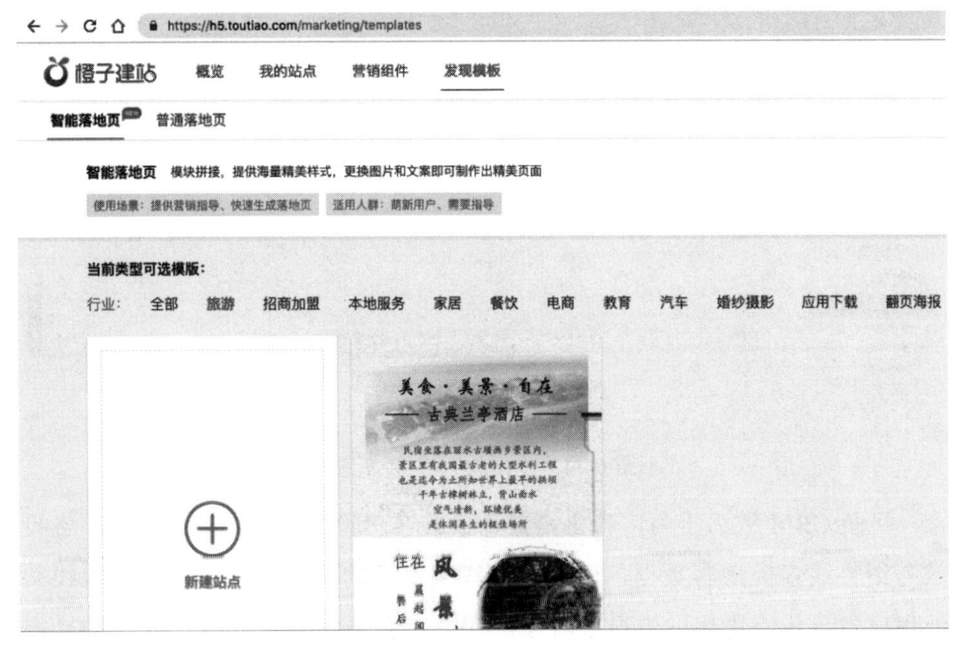

图 6-42　“橙子建站”功能示例

图 6-43　极速下载工具

极速下载服务使用今日头条的服务器来下载 APK 包，主要是为了提升用户的下载速度，从而提升下载、激活转化率。

■ 飞鱼CRM

字节跳动整合的“飞鱼”客户关系管理工具，直接登录地址为 https://crm.bytedance.com/feiyu/sales，如图 6-44 所示。

图 6-44 “飞鱼”CRM 系统

飞鱼 CRM 致力于为广告主搭建高效的客户管理系统，通过连接广告投放与销售线索类潜客数据，深度挖掘线索背后的价值，降低广告主的线索处理成本，从而优化广告投放效果，使得广告主的企业营销效率与 ROI 得以提升。

■ 转化跟踪

旧版的今日头条 Ad 后台提供了三种通用的转化跟踪方案，即落地页布码、应用下载的 API 方案和 SDK 方案，如图 6-45 所示。其中的 SDK 方案与深度转化 SDK 方案类似。

图 6-45 三种转化跟踪方案

巨量引擎提供的 SDK，在广告主嵌入之后可进行深度转化及归因分析，其作用与市场上的第三方监测工具 TalkingData、热云类似。

由于 SDK 方案逐渐不被广告主接受，新版巨量引擎的转化跟踪方案变为以落地页加 JS 代码和应用下载 API 为主。

落地页 JS 代码的部署由落地页制作公司的技术人员在落地页中部署。

应用下载 API 方案一般采用巨量引擎的规范即可，图 6-46 所示为 API 录入后的示例。

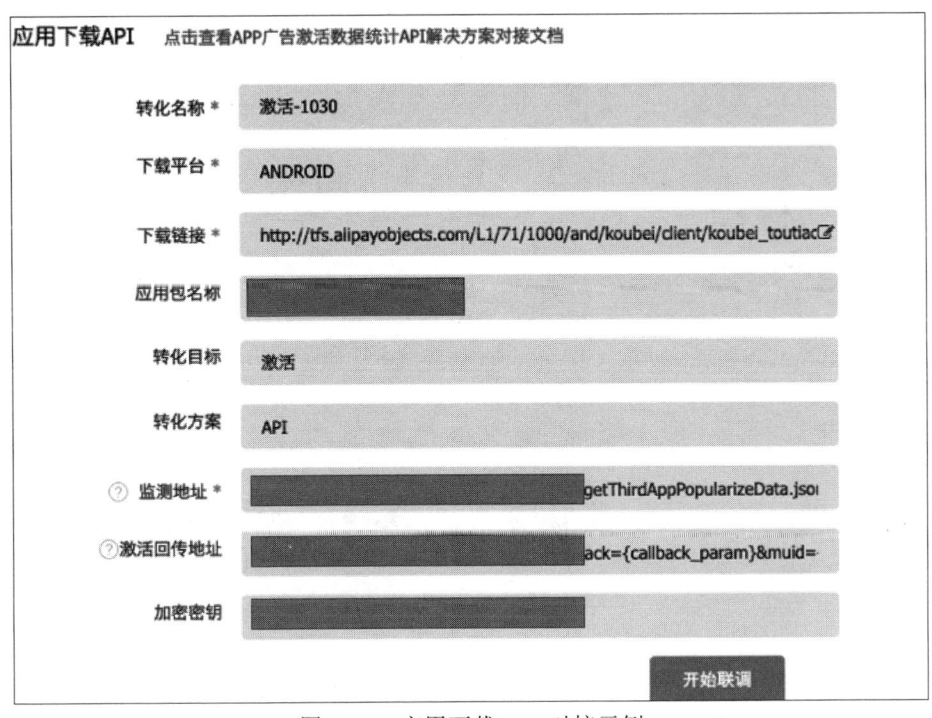

图 6-46 应用下载 API 对接示例

■ 门店管理

门店管理支持广告主录入其线下门店信息，并对门店进行推广。

门店管理使用前需先创建门店，如图 6-47 所示。

门店管理主要针对拥有线下门店的本地广告主，帮助广告主针对特定区域推广自己的门店，提升客户的到店率。

■ 卡券

卡券工具通常与门店管理配合使用，用于线下店铺导购引流或 O2O 场景，如图 6-48 所示。

图 6-47　门店管理工具

图 6-48　巨量引擎的卡券工具

卡券是服务于广告主和其企业头条号的基础营销工具。广告主可免费试用卡券，包括创建、管理、投放、核销卡券，用户领取、存储、使用卡券等。

第 7 章 今日头条优化实战

巨量引擎信息流广告在 RTB 购买机制下，遵循基本的竞价原理。同时，字节跳动为巨量引擎后台通过持续研发的大数据及推荐算法引擎，为广告主的营销提供了更为高效的工具。

本章我们从技术及算法原理的角度，来探讨巨量引擎后台信息流广告优化的进阶实战能力。

7.1 今日头条竞价原理

我们抛开 GD、CPT 购买模式的信息流广告不谈，先来探讨巨量引擎在信息流资源上 RTB 购买模式的基本技术。

巨量引擎作为整合 ADX 和 DSP 两种功能的超级平台，其广告投放场景与 RTB 竞价在流程上是一致的，可分为五个步骤。

（1）用户下拉刷新今日头条 APP 的信息流内容，生成并发起广告请求。

（2）广告仓库定向对广告请求进行匹配筛选。

（3）竞价引擎中，基于投放速度、频次控制等预设条件以及效果预估对流量进行二次筛选。

（4）广告混排并投放。

（5）广告展示完成，按预设的计费方式进行计费。

在这个流程中，我们使用图 7-1 所示的竞价逻辑图来说明在巨量引擎的竞价引擎中，毫秒级别的时间内发生了什么。

从技术上来讲，上图也说明信息流 RTB 竞价广告本身就是一个投放漏斗，我们来看一下在各个环节上的主要影响因素有哪些。

1. 广告请求

广告请求环节的主要影响因素是该时段的活跃用户数。用户量越大，则流量基础越多，可创造的广告库存就会越大。

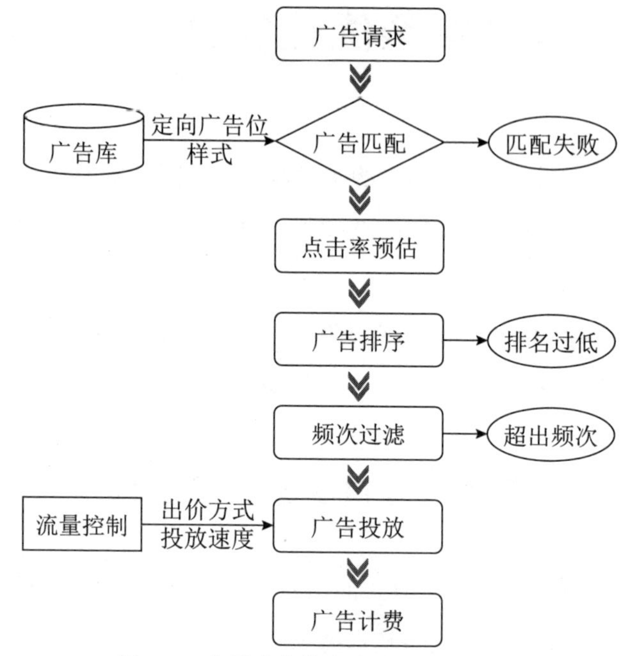

图 7-1　今日头条信息流广告竞价原理

广告库存的多少因广告位所在位置不同而有所不同。

2. 广告匹配

广告匹配的主要依据是广告设置中的定向选择和广告位对于广告样式的要求。唯有符合定向的广告请求才能进入预选池，唯有符合广告位要求的广告创意才会被匹配上。

3. 点击率预估

点击率预估的参考值为历史点击率，历史点击率直接决定预估点击率。

2018 年巨量引擎引入了质量度的算法概念。质量度会综合考虑预估点击率和预估下载完成率。

按影响权重来说，对质量度的影响因素中，广告创意的历史点击率 > 下载完成率 > 创意的相关性、落地页的相关性 > 落地页加载速度、落地页停留时长、账户的历史表现、推广商户的信用等。

4. 广告排序

广告排序，在竞价引擎中使用的是 ECPM（Effective CPM，有效 CPM）

指标，即广告排序实际上是 ECPM 排序。

今日头条的竞价引擎中引入 ECPM 来衡量广告对于平台的价值。头条算法模型的每一个环节，本质上都是按照 ECPM 在不断竞争和优选。因此，ECPM 越高，意味着广告竞争曝光机会的能力越强。

在 CPC 出价模式下，ECPM= 预估点击率 × 出价 ×1000。

在 OCPM 出价模式下，ECPM= 预估点击率 × 预估转化率 × 转化出价 ×1000

从上述公式可以看出，合理提升广告出价及有效优化广告点击率，可以直接提升广告的曝光数量。

5. 频次过滤

今日头条信息流广告在频次过滤上的颗粒度很细，可以在广告组、广告计划、创意不同层级上进行 12 小时级别的设置，也可以针对广告样式进行频次设置。

6. 广告投放

在广告投放前，投放引擎会对广告与信息流内容进行混排。ECPM 胜出的广告得到曝光展现的机会。

7. 广告计费

今日头条系统中的实际扣费，低于系统出价。计费原理可以通过下面的公式进行说明。

实际扣费 = 下一名出价 × 下一名质量度 / 自身质量度 +0.01

表 7-1 说明了付费方式、出价方式与 ECPM 计算公式三者之间的关系。

表7-1　ECPM在不同计费模式下的计算公式

付费方式	出价方式	ECPM计算公式
CPM	按展示	ECPM=出价
CPC	按点击	ECPM=*ECTR*×出价
OCPM	按展示	ECPM=*ECTR*×*ECVR*×出价
OCPC	按点击	ECPM=*ECTR*×*ECVR*×出价
CPA	按转化	ECPM=*ECTR*×*ECVR*×出价

7.2　拆解影响优化效果的因素

在效果广告领域，信息流广告提供的是“买量”服务，即购买用户的转化量。因此，优化师完成KPI的核心，是要看曝光起量数据和效果成本数据。只有买到足够的曝光量，才能保证转化漏斗的基数；只有有效地控制效果转化成本，才能保证“买量”的性价比。

7.2.1　营销漏斗分环节拆解

依然从营销漏斗入手，“曝光起量”和“效果成本”是信息流广告在效果转化需求上最重要的两个指标，对应营销漏斗的头尾两端，而点击、导流是漏斗的中间节点。

因此，我们可以将营销漏斗简化为三个大的环节，即展示、过渡和转化。过渡阶段包含用户的点击、到达、浏览、社交互动等行为，此时用户尚未形成实际的购买转化行为。而转化阶段通常包含了激活或注册、加购、付费等行为，达成实际的购买转化。

不同阶段的关键影响因素有所区别，如图7-2所示。

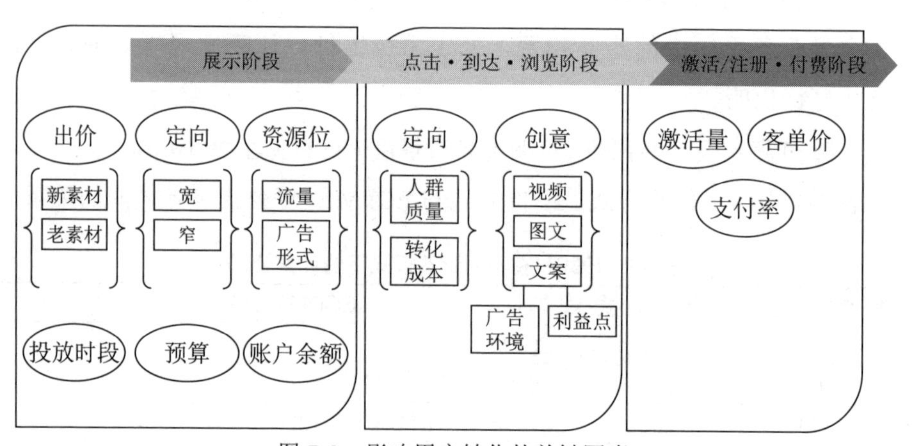

图7-2　影响用户转化的关键因素

■ 展示阶段

影响展示机会最关键的因素是流量池的大小。也就是说，广告计划可匹配的流量范围越大，展示机会越大。

因此，展示起量的关键因素包括出价、定向、预算和账户余额等主动缩放流量池的因素，也包括投放时段、资源位等媒体流量自身的因素。这些因素影响的是展示机会的竞争能力，不直接影响流量池的大小。

■ 过渡阶段

影响过渡阶段的关键因素是广告的精准度，它会直接决定营销漏斗中的腰部通过率。因此，定向的精准度和创意质量是关键影响因素。

■ 转化阶段

最终的转化阶段影响因素较多。外部因素包括广告主的产品吸引力、使用门槛、活动配合度、行业自身的竞争力等，媒体侧和运营侧的影响因素包括创意质量、落地页质量、自然量导流时的精准度等因素。

让我们从问题驱动来探讨营销漏斗的拆解分析方法。

效果广告导向的信息流营销难以为继的原因通常是所谓的“效果差”，而效果差一般可分为三种情况：成本高、ROI 低、起不了量。

我们先进行三种常见问题的影响因素拆分，如图 7-3 所示。

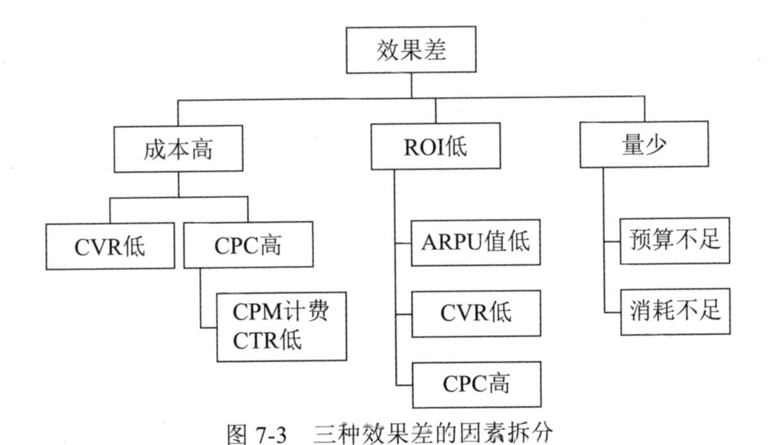

图 7-3　三种效果差的因素拆分

我们可以看出，量少是营销漏斗前端因素，而成本高、ROI 低的分析需要从后往前拆解。

让我们结构化地将问题拆分到展示阶段、过渡阶段和转化阶段来分析，探讨一下影响曝光量、点击量、转化量的关键因素有哪些。

7.2.2 展示阶段影响因素

展示量即腾讯 TSA 平台的曝光量，是曝光覆盖用户的次数。

曝光起量是整个信息流广告的前提。

影响曝光量的因素分为外部因素和内部因素。外部因素主要是竞争环境，当广告主数量增加时，流量竞争就会加剧；另外在 RTB 机制下，RTB 订单排量越大，则竞争越激烈。

而影响曝光量的内部因素，主要是预算设置、账户结构是否带来内部竞争、所属行业流量是否充足和 ECPM 展现排名等。ECPM 越高，则广告的竞争力越强。

ECPM 排名 =CPC 出价 ×CTR 预估

我们拆解为出价、定向、预算、投放时段等不同的维度，来探讨影响曝光量的具体场景。在 RTB 环境下，这几个因素控制的是可竞价流量池的大小，这点与创意不同，创意本身不会影响流量池的大小，它会在选定的流量池中直接影响点击率。

■ 出价

出价如果不合理，容易导致广告竞争力低，从而无法胜出。我们前面探讨过，信息流广告依然采用 RTB 原理。在 RTB 竞价环节，bidder（竞价方）的单位就是单个广告单元。合适的出价是为广告赢得曝光的必要前提。

通常有几种不合理的出价场景。

（1）出价低于广告主同行业平均值，导致竞价成功（win）的机会少，不能获取曝光机会。尤其对于新广告、新创意而言，在竞价引擎中没有其他因素可参考，出价的权重会被相对提升。在这种情况下，出价要略高于行业均值，从而尽快抢占流量。

（2）未根据投放资源位的实际情况调整出价。不同资源位（或叫广告位），其基准价格不同，比如大图价格高于组图，而组图价格又高于小图；在 OS（Operating Sys-tem，操作系统）上，iOS 用户的出价要高于安卓（Android）用户。

（3）特殊节点、特殊时间段未及时调整价格。“618”“双 11”“双 12”等节点上，流量竞争激烈，这种情况下价格要进行上调。

这也是为什么信息流优化师会在晚上 23：00，甚至是凌晨 1：00 调整出价的原因，因为用户睡眠时间流量会降低。

（4）未根据媒体的大盘流量情况调整出价。如在旅游旺季、婚纱摄影旺季，相应行业竞争激烈，为该类广告主投放时需要调高出价。

优化师在调高出价的时候务必要考虑到广告主的成本要求。如多次调价后广告曝光量依然低于正常水平，则可以考虑更换素材类型、创意或新建广告。

■ 定向

在曝光起量阶段，定向原则上宜宽不宜窄。曝光起量阶段，兴趣定向不宜过窄，要避免多重定向——即 AND 关系的多个定向重叠，因为这两个都是进行流量筛选的，会导致可竞价流量降低。另外，曝光起量阶段不建议采用关键词、LBS 定向，因为这样也容易导致定向过窄。

在实际操作上，新账户或新手优化师在寻求曝光量的初期，建议基于 TA 策略先确定一个较粗的人群定向；在实际投放中，根据数据分析工具看用户转化节点的数据，逐步收窄定向范围。到了放量阶段，账户稳定了，再通过建广告等方式开拓其他定向方案。这样一方面可以避免初期定向过多导致内部竞争、预算分散，也利于通过 A/B 测试的方法找到“放量”模型。

■ 预算

信息流广告的曝光起量受广告预算设置的影响很大。媒体内部的流量分配机制会考虑预算数据值而进行流量倾斜，预算过低会导致被分配的流量低，从而造成曝光起量低。

另外，如果建立了多个广告单元，则会出现预算分散的情况，这个也要注意。因此，对于整体预算较小的账户，建议在广告初期获取曝光量的阶段，创建较少的广告单元以避免预算分散。另外，需要根据广告位、大盘和行业的流量情况调整策略，使预算倾斜到重点广告单元上，如更重要的人群定向、可放量的创意或重点时间段。

同时，曝光起量阶段慎用平均投放模式。平均投放模式在不同媒体信息流平台上的命名不同，如TSA命名为“标准投放”，今日头条命名为“均衡投放”，均指根据广告设置让预算在设定的投放期内较为平稳地消耗。平均投放模式会影响预算消耗速度，导致曝光量在整体投放期内都比较低。因此，对于新的广告单元，建议设置较高的预算以保证曝光量级，待消耗起来时再调整预算。

■ 投放时段

曝光展示阶段，需要选择恰当的投放时段来覆盖优质的流量。

时段定向（day parting）上不恰定的设置通常有以下几种情况。

（1）避开了流量的高峰时间段，如上下班高峰期、午休时间段等。

（2）投放时段设置得过短，导致曝光起不了量。

（3）设定了流量高峰期，但出价没有适当调高，导致广告缺乏竞争力。

因此，在广告投入初期，除非广告主有明确要求，不建议进行时段选择，还是先把曝光量积累起来再做收敛；而如果因为预算不足，初期就不得不做时段定向，也建议根据TA在目标媒体渠道上的活跃时间、跟踪到的转化数据等来设置时段定向，直接采用精细化运营的思路来平衡流量与质量。

实际操作中，因为媒体信息流平台的RTB竞价有“预加载”机制，因此流量高峰期的提价要提前开启。比如，早高峰一般为7：00—9：00，可以设置到5：00—6：00开启，以便抢量。

另外，影响流量倾斜的还有账户余额。

■ 账户余额

比较极端的情况是，如果账户余额不足，媒体信息流平台可能会暂停广告投放，从而导致曝光不起量。因此要关注账户余额，及时充值。

在巨量引擎平台上，余额的数量也会影响信息流平台的流量倾斜。因此，在放量阶段，保证广告主充值余额较大，可以为曝光量的获取带来竞争优势。

■ 老计划掉量

在实际账户优化中，除了需要关注新的广告计划起量速度是否符合预期，也要关注老的广告计划是否掉量。

对于老广告计划掉量问题的定位，其分析逻辑及方法与新广告计划的起量分析基本一致。这里针对老计划曝光量降低有几条建议供参考。

（1）误操作的复原：查看操作日志，看修改时间与掉量时间点是否吻合，重新调整为修改前状态。

（2）竞争环境激烈：若同一账户下相似计划均在某个点出现消耗下降，且降幅相近，一般是由于流量环境竞争激烈引起的。这时候可以通过逐步提高出价来提升展示量。

（3）创意竞争力下降：如果素材点击率出现了明显下降，且无回升趋势，则可以观察多个计划素材点击率 / 流量的衰减周期，定期更换素材。

（4）新建广告：如难以定位问题，则可以重新创建计划及创意。

7.2.3 过渡阶段关键因素——创意点击率

过渡阶段最重要的环节是点击量。成本过高、ROI 低往往需要追溯到点击环节来看点击量、点击率是否符合预期。尤其是在展示量充足的情况下，点击率是需要关注的第一个优化节点。

点击率（CTR）= 点击量 / 曝光量

点击率的影响因素主要有三个，即创意、定向、媒体资源。

从单一维度来看，创意质量、定向的精准度、媒体资源位自身的流量质量和广告位大小，都会影响点击率；而在不考虑其他广告竞争流量的情况下，创意内容与定向人群的匹配度、定向人群与媒体资源位上的重叠率、创意内容与媒体资源位上下文背景的匹配度，都会影响广告的点击率表现。这就是为什么行业中会有“千人千面”，乃至媒体、定向、创意“三位一体”匹配的投放策略。我们在第 1 章探讨了创意与定向匹配的案例，该案例在匹配情况下点击率高达 6.53%。

此处我们采用单一维度归因的方式，来探讨影响创意点击率的关键因素。

■ 媒体资源位

媒体资源位上的流量基数和竞争环境是不断变化的。同样是巨量引擎的信息流资源位，在上下班高峰期、凌晨两三点，其用户量不同，则流量基数不同；而同样是这个位置，不同广告主的数量不同，其竞争压力也不同。

因此，我们可以在观察到创意点击率等数据出现波动时，查看分流量的数据情况。

巨量引擎提供了便捷的分流量查看工具。在推广模块的广告创意层级，点击要查看的广告创意后点击“查看分流量”数据即可，如图 7-4 所示。

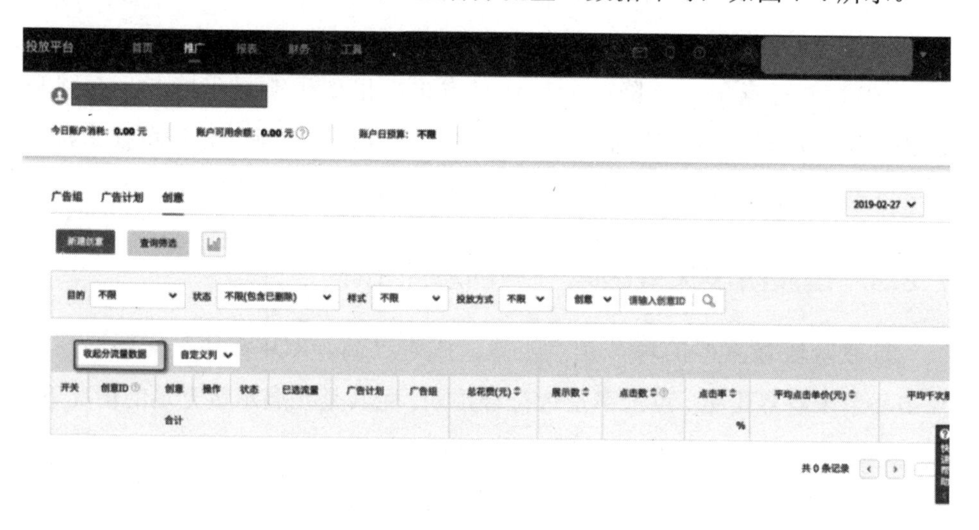

图 7-4 巨量引擎的分流量查看工具

对于广告进行分流量数据分析，从点击数据上看主力跑量的资源是否已经发生变化，从而及时调整资源位上的预算占比等操作。

■ 用户定向

调整定向的颗粒度以及使用不同定向做 A/B 测试是运营优化常用的手段，除非广告主明确要求 TA 定向策略不变。

我们都知道，TA 越精准，转化效果越好。但 TA 的选择不是一成不变的。

可以在观察到效果波动时，通过巨量引擎的“受众分析”工具查看人群分布是否已经发生了变化。

“受众分析”工具的入口在报表模块中。对于效果分析，可以广告组或广告计划层级来分日查看用户的性别、年龄占比、兴趣爱好排名等是否已经发生变化。如果实际投放的覆盖与定向设置时的假设不符，则可以调整定向及预算。

“受众分析”工具也可以直接下载报表进行更详细的比对，以免只是统计画像级的数据，导致定向分析不精准。

■ 广告创意的质量

信息流广告有个“黄金3秒”的原则，这个原则对于图文形式、短视频形式的广告素材都有效。其原因是，用户在信息流媒体上的浏览速度很快，怎么能够在3秒钟之内将信息有效地传达给用户从而使用户感兴趣，成为素材制作的关键。

对于图片素材的质量，有四个基本要求：图片清晰、构图合理、配色简洁、内容原生。

（1）图片清晰是指在广告位的限制下，尽可能做到图片清晰度最高。需要区分大图、组图、小图等资源位调整素材，传递重要信息，突出重点内容。

（2）合理构图，重点表达商品信息、促销信息、可唤起用户共鸣的信息等，避免采用多种色调导致素材内容散乱，让用户无法抓住重点。

（3）配色建议以简洁为原则，不建议使用太强烈的配色引起观者视觉不适，也不建议使用多种配色，如三原色等。在电商类运营中，建议以白色、灰色等柔和的背景色来突出商品优势、促销等信息。

（4）信息流广告是典型的原生广告，在素材制作时要尽可能地弱化广告自身的属性。使用类似于资讯或生活场景的广告素材，是“广告即内容”的素材精髓，对于点击率的提升至关重要。

随着移动运营商的提速降费，短视频类创意在点击率上往往优势比较明显。对于短视频素材来说，视频的长度无论是5秒、15秒、30秒还是几分钟，前3秒的视频内容对于引导用户的点击行为至关重要。因此，除非短视频内容不可修改或短视频的故事线结构明确等特殊情况，运营优化中制作多条短视频，或单条短视频中调整前3秒的内容使之更“吸睛”，是常用的优化措施。

短视频创意中，原生创意的形式便于传播用户感兴趣的信息，往往比品牌类创意的点击率更高。

我们再来看影响点击率的另一个因素——文案。

信息流广告的文案撰写，有三个通用的技巧。

（1）内容上突出产品亮点或给用户的利益点，表达方式上尽可能接地气，引起共鸣，使用具象的语言而不是用户无法一下就看明白的抽象表达。

（2）文案编写要注意与广告环境的一致性，如广告位所在的频道、广告上下文的关键词等，尽可能做到广告文案的原生性。

（3）对定向用户的画像足够了解，针对性地产出文案内容。在对用户认知不太清楚的时候，使用百度指数、知乎等问答平台了解用户常用的问题，是个不错的选择。

7.2.4 转化指标拆解分析

我们通常使用转化量、激活量、ROI 等指标来量化转化效果。

用户转化行为在不同的行业和营销诉求下具备多样性，如电商购买、手游付费、汽车留资等。因此，我们分开探讨这三个指标的拆解分析方法。

■ 转化量

转化量指的是规定时间内产生效果转化的数量。

转化量一个比较宽泛的概念，包含不同的转化行为，有独立访客量、激活量、注册量、订单量、充值量等。

转化量的考核指标有两个，CPA 和 CVR。

CPA（Cost Per Action），即转化成本，指的是单个用户的转化成本。

CPA= 转化量 / 广告成本

CVR（Conversion Rate），即点击转化率，指的是点击用户到转化的比率。

CVR= 激活量 / 点击量 ×100%

在应用分发等领域，除了 CVR 外还有一种常用的衡量指标，即下载激活率。

下载激活率 = 激活量 / 下载量 ×100%

信息流广告中有两种最常见的转化场景，如图 7-5 所示。

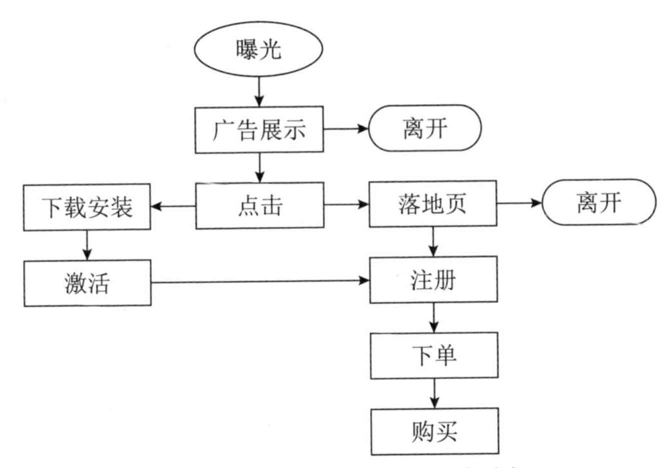

图 7-5 两个转化场景下的用户路径

一种是点击—落地页到达—下载—激活—注册—充值付费场景，典型的是手游 APP、电商 APP 的推广。

而另一种类似于电商移动站点（H5）的推广，用户点击—到达—加购物车—付费转化。

我们先来看第一种场景，即下载激活路径下激活率的拆解分析方法。

■ 激活率

激活率，即用户首次打开 APP 的比率。在 APP 的激活环节，对应到移动站点（又叫 M 站，或叫 H5 落地页）的导流场景是用户注册。

影响激活率 / 注册率的优化因素主要有以下四种。

（1）创意与产品内容的匹配度。常见的错误是投放时为了追求点击率使用了某创意，但用户点击进入后发现创意与产品实际描述不符，用户失望，导致下载激活率 / 注册率低。

（2）创意与投放人群的匹配度。常见的错误是将创意投放给了不感兴趣的人群，则用户的转化效果不会好。

（3）落地页的质量。用户点击到达落地页后，创意对于用户的影响已消失。此时用户接受的信息主要来自落地页，因此落地页的设计和内容对于后续转化（下载激活、注册）影响更大。

落地页制作上，要避免几种常见的错误。一是打开速度慢、页面传递信息不明确，会导致用户失去耐心直接离开。移动端落地页上有个"7秒原则"，指用户从打开落地页到完成内容浏览，需要发生在7秒之内。二是落地页内容与创意不匹配。投放中，需要确保定向、创意与落地页内容的一致性。三是下载按钮交互性差，注册流程有问题，导致转化率降低。四是系统跟踪及数据追溯机制缺失，导致中间环节无法分析和优化。

（4）下载激活场景下，APP的大小也会影响下载激活量。APP的大小需要与网络环境的设置相匹配。常规的做法是1G以上的APP，用户更可能使用Wi-Fi来下载，那投放给3G、4G联网的用户下载激活率可能较低。

另外可能的错误包括运营商选择不正确、iOS/安卓版本设置不准确等。

■ ROI

上图中的第二种转化路径，即不经过APP下载激活而是直接进入落地页进行转化，其对应激活率的关键因素为落地页质量。

落地页质量的影响因素及制作要点在上面已有阐述，此处不再重复。我们现在来看在手游、网络服务、电商等行业中，衡量广告效果的另外一个常用指标——ROI。

ROI，通常理解为投入产出比或投资回报率，在广告行业指的是广告花费与广告收益的比例。

ROI=【（收入－广告成本）/广告花费】×100%

ROI分析中，广告主的广告收入有三个指标——订单量、订单金额和留存量，分别对应的是广告主的订单成交数量、广告主的订单成交金额和产生转化的用户再次打开页面或APP的比率。

因为媒体的广告价格存在折扣或返点，这里边广告成本又会分为折前成本和折后成本。

折前成本＝账面消费/转化量

折后成本＝实际消费/转化量

在电商、手游等行业的信息流广告中，从电信运营商行业引入了另外一个指标用于分析产品的投入产出比——ARPU。

ARPU（每用户平均收入），指的是每个转化用户带来的订单或充值金额。

ARPU= 订单金额 / 付费用户数

从计算公式看，ROI 的关键是收入的提升，即用户付费量的提升。转化付费往往是发生在广告主站内或 APP 内，是用户直接考虑广告主产品的最后一个节点。因此，广告主推广的产品、价格、活动等因素，在此节点影响权重是最大的。信息流导流过程中，需要保证产品的定向人群足够精准，而广告主需要确保产品自身具备优良的商业变现能力和流畅的支付流程。

7.2.5　制表分析技巧

我们前面所述各环节分析指标中，前端的曝光、点击指标在媒体信息流广告后台都可以直接看到。图 7-6 所示为巨量引擎投放平台的指标体系。

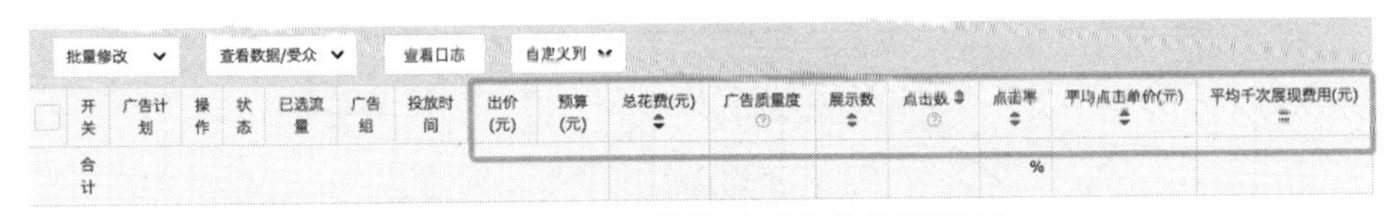

图 7-6　巨量引擎投放后台的前端指标

而用户的到站、激活及后续转化指标，广告主基于自身站内的监测才是最准的。

市场上一般使用两种方式进行前后端数据的打通。一个是在智能出价方式上，广告主通过 API 的方式将转化设备信息回传给媒体；另外一种方式是使用第三方监测。

前者类似于巨量引擎的 OCPM 算法、腾讯社交广告平台 TSA 的 OCPA 算法；后者类似于监测公司热云、腾云天下等在广告主站内部署监测的方式。

这两种方式都存在一些缺陷。

（1）API 方式下，广告主侧的数据有延迟，需要追溯。一个典型的场景是，用户通过信息流的自然导流下载了广告主 APP，但并不立即打开，可能是过几天才会初次打开。则下载激活转化的统计需要从点击时间开始追溯。

（2）第三方监测方式下常见的问题是，广告主不允许第三方监测公司通过 SDK 或站内布码的方式部署代码。

因此，信息流广告的优化师制表分析成为日常工作中不可或缺的一部分内容。

依据广告投放总结分析的时间颗粒度，运营优化需要制作的报表包括日报表、周报表、月报表，季度甚至年度报表以及客户阶段性汇报报表等。

我们此处先看优化师每天上午需要产出的日报表是什么样的。

日报表主要体现两个价值，一个是给广告主提供日投放的汇报；另外一个是在制表过程中打通前后端数据及媒体渠道数据，对投放进行整体“体检”。

我们可以参考图 7-7，理解运营优化在打通前后端数据时的逻辑。

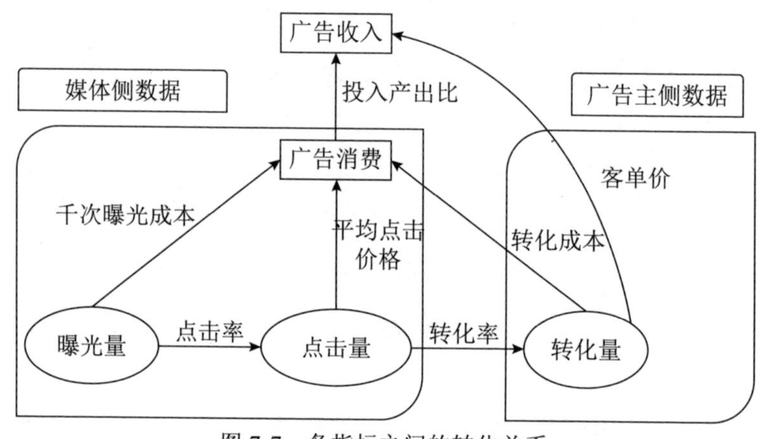

图 7-7　各指标之间的转化关系

（1）曝光量（即展示量）、点击量、CPM、CPC 构成基本的前端数据。经过计算可以得出点击率、广告消费等数据。

如没有引入第三方监测，数据以巨量引擎等媒体后台的为准；如引入了第三方监测公司如 Admaster，则以第三方监测公司的数据为准。

（2）不同深度的转化量构成后端数据。经过计算可以得出转化率、转化成本、客单价等数据。

广告消费数据 / 转化量 = 转化成本

转化量 × 客单价 = 广告收入

广告收入 / 广告消费 =ROI

在使用 OCPA、OCPM 等 API 对接的方案下，转化数据可直接从媒体后台查看。这里边为了公平起见，往往会加第三方转化监测，以监测数据为准。

实际执行中，优化师依然需要人工制表以打通前后端数据进行分析。其原因除了上面所说的追溯期之外，更重要的是由于广告主的KPI具备多样性。因此，人工制表可以自由组合分析维度，提供更好的分析方法，为客户提供个性化服务。

我们来看两个案例。

■ 日内分析

此案例投放渠道为TSA。广告主考核的目标既有表单推广，也有品牌活动传播。投放的广告位为7个。

在这种情况下，从媒体上下载来的前端数据如图7-8所示。

日期	投放计划ID	投放计划名称	推广目标	广告位	购买方式	状态	开始时间	结束时间	预算(元)	花费(元)	曝光次数	点击次数	点击率	点击均价(元)
20190104	111477091	1225iOS春 LXRQ-PP-A	品牌活动推广	底部广告	竞价购买	投放中	2018/12/27	2019/2/28	2000	267.4	36347	251	0.0069	1.07
20190104	111500448	1227酒店相 LXRQ-JD-N	表单推广	文中广告	竞价购买	投放中	2018/12/27	2019/3/27	1000	111.96	24961	127	0.0051	0.88
20190104	111540794	1227出差订 DSRQ-JD-N	品牌活动推广	视频贴片广告	竞价购买	投放中	2018/12/29	2019/11/30	1000	7.94	403	13	0.0323	0.61
20190104	111540860	1227OCPA ETHF-PP-NX	表单推广	小程序广告	竞价购买	投放中	2018/12/27	2019/6/30	10000	94.84	10628	250	0.0235	0.38
20190104	111543635	1227OCPA RKEL-ETHF-	表单推广	小程序广告	竞价购买	投放中	2018/12/27	2019/6/30	10000	110.2	10835	337	0.0311	0.33

图7-8　小时分析的前端数据

而后端数据如表7-2所示。

表7-2　小时分析的后端数据

销售线索量	销售线索量去重	转化指标（次）	转化成本（元）
12	2	2	62.83
15	4	0	—
0	0	0	—
0	0	0	—

续表

销售线索量	销售线索量去重	转化指标（次）	转化成本（元）
3	1	1	94.84
15	5	5	22.04
0	0	0	—
6	2	2	23.34
0	0	0	—
12	4	4	46.95
215	51	51	31.34
6	2	2	18.61
0	0	0	—
105	30	30	31.09
27	6	6	15.52

运营优化将广告主回传的转化数据与前端展示、点击类数据，使用广告计划名称进行渠道匹配，从而将前后端字段合并为一张表进行高效分析。

■ 渠道分析

渠道分析报表用于为广告主提供各个推广渠道的数据整合分析。一般用于周汇报或广告主阶段性汇报。

渠道分析中，首先会有一个渠道成本与效果统计表，如图 7-9 所示。

平台	展现量	下载量	上周消费	本周消费	消费波动	环比	DTR	CPD	激活量	激活成本	激活转化率
今日头条											
微信MP											
UC商店											
汇总											

图 7-9　渠道分析整合表

然后进行各渠道的具体分析，如图 7-10 所示。

今日头条日投放数据概览									
日期	平台	展现量	下载量	消费	DTR	CPD	付费激活量	激活成本	激活转化率
2021/11/7	今日头条								
2021/11/8	今日头条								
2021/11/9	今日头条								
2021/11/10	今日头条								
2021/11/11	今日头条								
2021/11/12	今日头条								
2021/11/13	今日头条								
总计									

图 7-10　单渠道分析

为了分析的可视化，将表格生成图形也是常用的方法。上表中可以组合多个维度进行数据呈现，我们选用广告主最关心的消费指标和激活成本指标进行呈现，如图 7-11 所示。

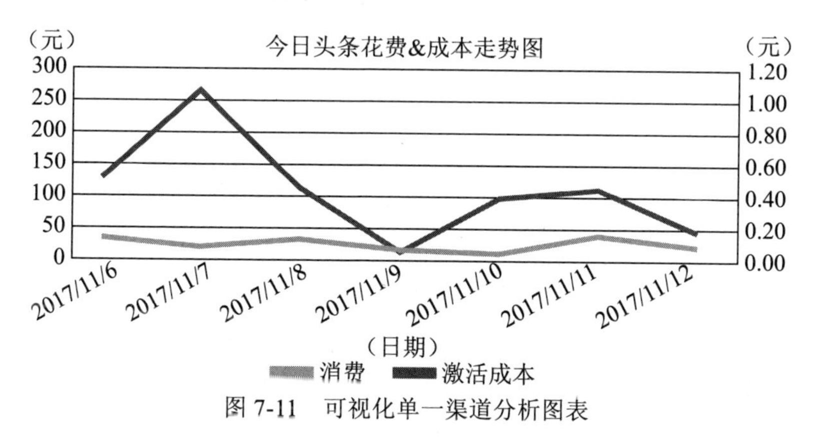

图 7-11 可视化单一渠道分析图表

让我们回归到制表分析的关键环节。在信息流效果投放中，最重要的两个指标就是曝光起量和效果成本。因此，前后端数据打通制表的核心，是为了寻找起量趋势和成本趋势的最优组合，从而有针对性地进行优化。

7.3 巨量引擎进阶能力

掌握了指标拆解、制表分析能力，已经足以解决一般的优化排查问题，满足广告优化的需要。而根据今日头条统计的数据，优化师日常所处理的问题中，30% 以上为起量问题，20% 以上为效果不佳的问题。

我们现在聚焦这两个重点优化问题的分析思路。

首先，量级提升的常见问题有两个，即新计划起量慢和老计划掉量。先来探讨新计划起量慢的问题。

7.3.1 重点优化问题解决方案：新计划起量慢

如上文所说，竞价排序的关键依据是 ECPM，不同出价模式下的 ECPM 计算公式如下。

CPM 出价：ECPM=CPM 出价

CPC 出价：ECPM= 预估点击率 × 点击出价 ×1000

OCPM 出价：ECPM= 预估点击率 × 预估转化率 × 目标转化出价 ×1000

结合上一章讨论过的广告投放流程和本章讨论的营销漏斗，我们可以引入一个广告投放漏斗来说明从广告库存产生到广告展现的流程，如图 7-12 所示。

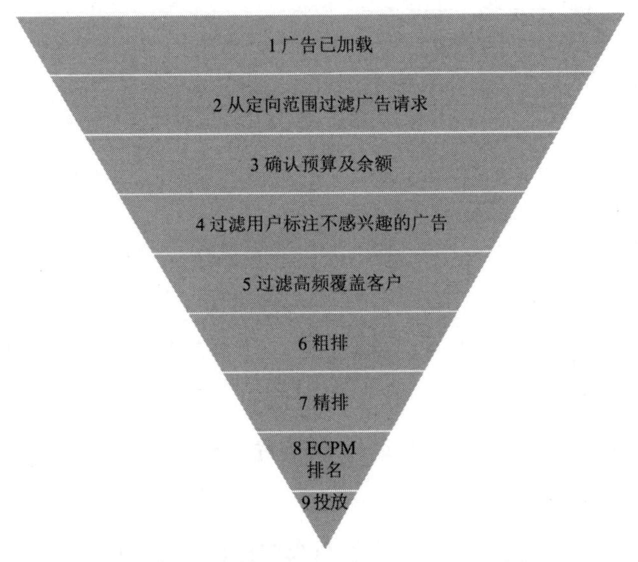

图 7-12　巨量引擎的广告投放漏斗示意图

在这个投放漏斗中，毫秒级别巨量引擎的 RTB 竞价系统上依次发生了九件事情，对应到上图的九个漏斗层。

（1）用户访问巨量引擎的媒体，如今日头条。广告位与用户匹配产生广告库存，系统需要提供广告呈现。

（2）巨量引擎的广告匹配机制进行定向筛选，选择符合定向的人群。

（3）竞价引擎确认广告主投放账户设置的预算足够，且余额充足。

（4）今日头条等 APP 上用户可主动设置不喜欢某类广告，那么巨量引擎会为用户过滤这类广告。

（5）基于频次控制机制，巨量引擎过滤看过同个或同类广告多次的用户。

（6）基于 ECPM 进行初步筛选，目标是快速预估投放广告对巨量引擎带来的收益。

（7）精排 ECPM，目标是精细预估广告投放带来的收益。

（8）基于 ECPM 选择质量度更高的广告待投放。

（9）将广告与文章混排，以资讯分发逻辑选择排名靠前的广告进行投放。注意，在此环节会同时考虑是否有品牌广告在进行竞价，同等条件下品牌广告优先。

基于投放漏斗，我们首先进行基础设置的排查，即从账户的基础设置上进行各维度的逐一排查。

基础设置的排查，主要看广告设置的六个维度：定向、预算、出价、时段、资源位和投放方式。

我们可以参考图 7-13 的鱼骨图来逐项排查各维度的常见问题。

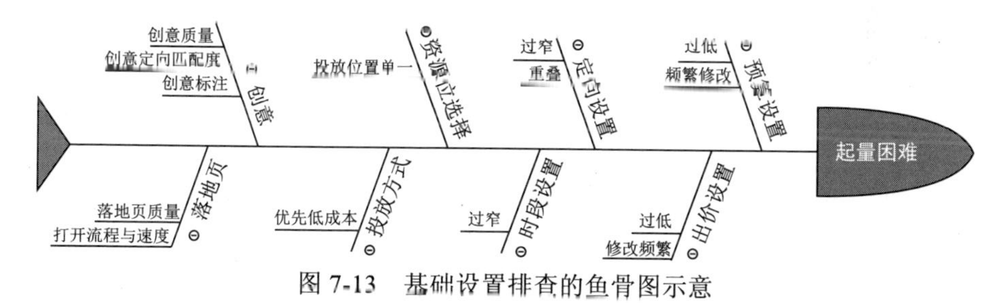

图 7-13　基础设置排查的鱼骨图示意

1. 定向设置

新计划的冷启动阶段是模型搭建关键期，此时找准人群是起量的关键因素。

需要结合广告主产品属性适当选择定向、地域等。在投放初期，定向不宜过窄，待模型稳定后再逐步放开。

定向排查上，建议覆盖人群为千万级以上。

使用云图定向包时，建议定向所属行业的高转化人群，并排除已转化人群；使用系统定向包也是个好的方案，系统会动态调整价值人群。

2. 预算设置

预算过低会触发流量控制，合理的预算建议设置在目标成本的10倍以上。

影响广告计划跑量的金额为账户余额、广告组预算和广告计划预算中的最小值，可理解为 min（余额，组预算，计划预算）。

3. 出价设置

可参考投放账户历史成本或同行业成本数据，前期出价设置尽量高些。

另外，不要频繁修改出价以免模型跑乱，建议广告前期出价修改一天不要超过 2 次。

4. 时段选择

如非广告主特殊需求，建议全天投放。如果只定向早、中、晚流量小高峰，可能会导致展现量不足。

5. 资源位选择

资源位选择单一可能会导致量级过少，因为广告主内部的广告计划自身也在竞争流量，且该广告位上的资源不见得充足。

建议优选多个广告位或全流量位投放，便于系统挖掘优质资源。

6. 投放方式

如果初期选择的是“优先低成本”的投放方式，则系统会以相对较低的成本获取流量，消耗自然会慢。如为了量级提升，建议选择“优先跑量”。

完成基础设置的排查后，我们需要区分新计划、老计划进行具体场景的排查。

7. 创意标签

要合理设置创意标签。建议考虑从文案中提取关键词，或使用与品牌、产品、竞品相关的关键词。

7.3.2 重点优化问题解决方案：老计划掉量

在探讨老计划掉量的原因之前，我们再来强调一点——在巨量引擎平台，系统优化的核心是追求 ECPM 最大化。

因为 ECPM 衡量的是广告对巨量引擎平台的价值。算法模型的每一个步骤，本质上都是按照 ECPM 在不断比拼和排序。

在 OCPM 出价下，我们再次强调下面公式。

ECPM= 目标转化出价 × 预估点击率 × 预估转化率 ×1000

对于老计划掉量或量级再次提升困难的问题分析，预估点击率、预估转化率是系统判断的，优化师实际可排查的维度是目标转化出价、实际点击率、实际转化率。

1. 目标转化出价

建议分三步进行目标转化出价的排查。

第一步，查看近 7 天的广告数据，从中明确展示量异常的时段。

第二步，分时段计算 ECPM。

第三步，查看操作日志，确定消耗异常的时段是否有调整出价。

如有出价调整，则可以考虑调整回原有出价。

如没有出价调整，则可进行 CTR、CVR 相关维度的排查。原因是我们引入了 ECPM 的如下计算公式。

ECPM= 目标成本 ×CTR×CVR×1000

2. CTR 降低

可以在巨量引擎的创意层级报表上按点击率排序，对点击率最低的广告进行分析。

点击率降低，最直接的影响因素就是创意衰减。

在不改变创意的情况下，可以通过提高成本设置的方式直接提升 ECPM；也可以优化创意标签，提升系统预估的准确性，进而提升 ECPM。

当然，还有一种常见的做法，即更换创意。

3. CVR 降低

转化率（CVR）突降的情况下，建议先与广告主或监测公司进行数据比对，看是否有数据回传问题。如数据回传没有问题，则对转化率前面多个广告漏斗环节进行逐层分析。

7.3.3　重点优化问题解决方案：效果提升

巨量引擎的信息流优化中，效果提升上的常见问题有三个：成本高、突然爆量、广告投放的 ROI 低。

场景通常包含鱼骨图 7-14 所示的几种，我们分别来探讨其原因及解决方案。

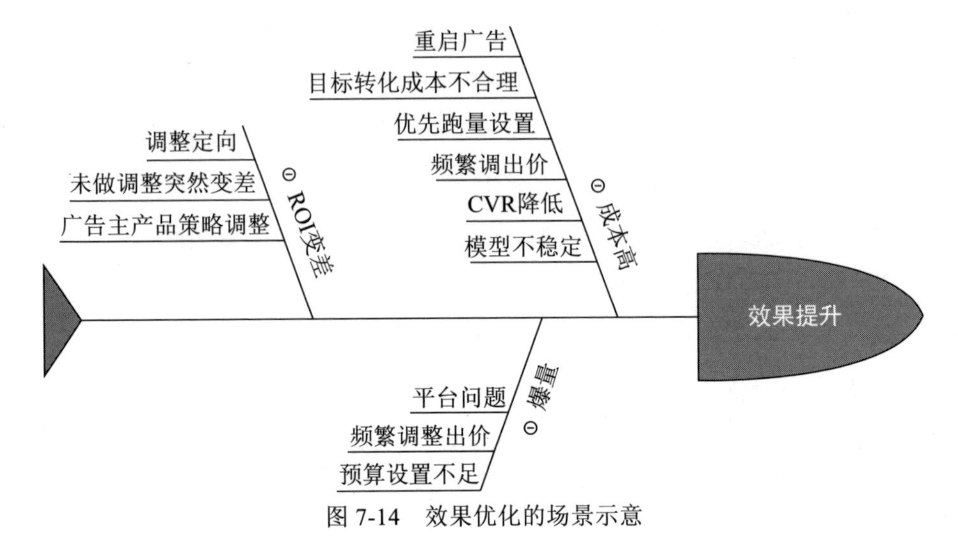

图 7-14　效果优化的场景示意

■ 成本高

成本高又分为新、老广告计划投放超成本两种情况。我们先来看比较棘手的老广告计划成本变高的问题。

建议分五步对老广告计划成本变高进行排查及解决。

1. 检查是否因广告计划暂停之后重启导致超成本

在广告停投期间如产生转化，则系统模型会将停投期间的转化率当作 100% 处理。所以重启后模型的预估会偏高，从而导致超成本。事实上，停投期间转化是很可能的。一种常见的场景是，在应用推广类信息流广告中，用户下载了广告主 APP 但未激活，而恰好在广告停投期间激活，则广告主回传的数据即为广告停投期间的转化数据。

实际操作中，建议不要频繁暂停、开启广告计划。

2. 检查目标转化成本的设置是否合理

可能的错误是成本设置高于广告主预期，急需调整。转化成本限定范围内的成本波动，属于正常情况。

3. 查看投放方式是否选择了“优先跑量”

使用优先跑量的模式，系统为了展示量级的提升，会导致分时段效果成本超出限定值。此时可以变更投放方式。如依然需要使用“优先跑量”模式，则建议拉长到 1 ～ 3 天来看整体效果成本。

4. 查看操作日志，是否近期有频繁调整出价的操作

频繁调整出价会导致系统预估不准，可能出现超成本的情况。建议出价调整一天不要超过 2 次。

5. 确认是否分时段成本过高

分小时数据进行查看，如果是分时段成本升高，则检查转化回调路径是否正常，看看是否某些素材、落地页衰减导致成本增高。

关于新计划成本过高的问题。

新的广告计划在冷启动阶段出现超成本问题是正常的。在冷启动阶段建议继续投放、拉长周期来分析，并且看是否符合系统的赔付规则。如符合赔付规则，则系统会自动进行赔付，无须担心短时间成本过高的问题。

■ 爆量

爆量指的是信息流广告投放中，由于某环节出现问题而导致系统错误地预估了 CVR，从而导致流量异常。

爆量问题通常有两种表现形式。

1. 展现骤增但无转化

场景表现为：在某段时间内点击成本过高，广告计划的 CPM 值同比或小时颗粒度上环比超过 50 倍，但没有转化量。

2. 流量骤增但转化成本高

场景表现为：短时间内流量突然暴增，但同时转化效果差、成本为正常转化成本的数倍。

当发现疑似爆量问题时，建议通过四个步骤进行排查。

第一步，在巨量引擎的报表模块查看当天的分小时数据，定位爆量的时间段。

第二步，针对爆量时间段，查看操作日志在该时间段前后是否有频繁调整出价的操作。频繁调整出价会导致系统预估不准确，从而可能造成量级突增的情况发生。

第三步，采用小时对比分析的方法，查看爆量的时间段或之前是否设置了优先跑量模式。优先跑量模式下会导致分时段的消耗加快。如已不再使用优先跑量模式，则可以拉长广告周期为 3 ～ 7 天来看转化成本是否趋于合理。

第四步，如上述原因都排除，则可在爆量的时间段前后从操作日志上查看是否有放宽定向、提高预算等操作。如有类似的导致量级大幅提升的操作，建议逐步收紧定向、预算。

■ ROI低

后端 ROI 变差，需要从定向、人群受众各维度逐一排查，而且往往需要跟广告主配合排查。

1. 广告主产品策略调整

与广告主确认 ROI 变低前后，广告产品本身是否有运营策略上的调整。

广告主自身进行的策略调整，如激励活动取消、站内转化流程增多，都可能导致 ROI 变差。

2. 广告计划设置上的调整

需要结合历史操作计划，自查是否有广告计划设置上的改变，如定向调整、资源位改变等。

如广告受众发生了变化，即便前面的展示、点击等环节变化不明显，也可能因受众不精准而导致 ROI 降低。

3. 受众定向策略是否合理

可以用巨量引擎报表模块的受众分析工具分析用户画像，看 ROI 变化前后的受众人群是否出现明显变化。如因广告主产品激励、营销活动、传播策略等原因导致受众出现变化，则建议在定向上及时优化并紧密观察调整效果。

我们接下来看一下，快速迭代的巨量引擎都提供了什么样的优化功能。

7.3.4 OCPM 出价应用技巧

OCPM（目标转化出价），是今日头条较新推出的出价方式。

OCPM 并不是巨量引擎独有的出价方式，微信朋友圈广告、Facebook（脸书）等也都有 OCPM 出价方式。

在今日头条的 OCPM 出价下，优化引擎将直接针对转化目标进行优化。相对于 OCPC、CPA 等出价方式，OCPM 带来了五个大的改变。

1. 广告资源位的扩充

除今日头条信息流外，OCPM 还支持抖音 APP、火山 APP 和西瓜视频 APP 等视频资源位。也就是说，OCPM 出价方式下，抖音、火山等短视频资源也可以使用 OCPM 智能出价进行优化。

2. 创意类型上的增加

OCPM 出价支持大图、小图、组图及视频各种创意类型，并且支持互动类型的创意。

3. 转化目标路径设置更短

在转化目标上，OCPM 支持转化目标的组合，且可以直接跳转。除共性的转化目标外，OCPM 也支持社交营销类目标，如关注、分享、点赞等。另外，OCPM 支持视频播放后自动跳转落地页，从而减少用户流失。

4. 算法模型的升级

OCPM 算法采用更为精准的点击率预估与转化率预估机制，在提高转化率的同时可有效控制转化成本。

OCPM 按 APP 拆分模型，针对巨量引擎各 APP 下资源位的特点个性化优化模型以适应其特点，用户在不同场景下的转化可能性大幅提升。

5. 赔付门槛降低

OCPM 的赔付规则中，累计转化数由大于 30 个降低为 10 个。也就是说，在进入智能投放阶段的第一天和后三个自然天，当累积的转化数大于 10 个且转化成本超过目标成本 20% 时，广告主可获得赔付。

事实上，OCPM、OCPC 和 CPA 三种转化出价方式，在广告排序上是完全一致的。除了上面 4 个资源位、创意及目标、算法模型、赔付门槛上的区别外，最大的区别在计费方式上。其中，OCPM 按照展示付费，OCPC 按照点击付费，而 CPA 按照转化付费。

今日头条底层引擎优化，之前分为两个阶段。首先需要按照 CPM 或 CPC 出价并获得 20 个转化之后，才能进入“第二阶段”，也就是行业中常说的“O”阶段。而现在，可以直接设定目标出价。在新的转化出价模式下，出价可以直接进入第二阶段，即转化出价。

在 OCPC 的出价下，我们只能以 CPA 为目标进行自动优化。相对来说，OCPM 出价兼容了转化和点击优化的优势，更利于快速获得流量和第一阶段的转化数据。因此，初期投放时，可以把出价设得稍微高一些，以获得展现机会，提升点击率和转化率的预期值。待转化平稳时，再缓慢调低出价。

另外，为了快速积累转化数据，初期的定向可以放得宽一些，然后逐步收窄，使定向更为精细化。

OCPM 出价在创意和落地页的质量上要求更高，因为它在赢得展现机会的同时缩短了转化路径。创意和落地页上可以根据点击率、转化率的数据跟踪来调优。

建议在使用的时候横向对比 OCPM 与 OCPC 出价作为 A/B 组，查看起量速度及成本控制数据。OCPM 普适于所有行业有效果转化需求的广告主，预算门槛为 300 元。

7.3.5 冷启动处理方案

2018 年年底，今日头条平台的投放方式整合为优先跑量、均衡投放和优先低成本三种。而之前，今日头条平台上出价包括两种方式：智能投放和两阶段投放。

实际上，在底层引擎上，今日头条在现有三个投放方式中依然需要经过类似的“第一个阶段”，这也是为什么今日头条会声明“计划投放初期可能有一定的波动性，在积累适当转化数后效果将会逐渐稳定”。

第一个阶段学习期，沿袭了 CPC 出价的“冷启动”逻辑。对于转化出价（CPA、OCPC、OCPM）来说，冷启动的存在是正常和实际的。新的账户在冷启动阶段需要积累展示、点击、转化用户的基础数据，构造广告计划的模型，并且不断提升点击率、转化率上的预估能力；而对于投放成熟的广告，平台已经可以比较准确地预估点击率、转化率，无需经过冷启动阶段。

冷启动的形成周期一般为 2 ～ 3 天，另外需要累积的转化数量需要达到 20 个以上。之后即可结束冷启动阶段，进入正常跑量的“第二阶段”。

冷启动阶段的核心是提高预估点击率（CTR）和预估转化率（CVR）。按照两个阶段的思路进行冷启动投放测试，需要注意以下几点。

■ 精准定向

按照账户结构，精准定向目标人群，降低探索人群的流量基数，从而提高预估点击率。

也可以使用更为精准的关键词、兴趣词包或系统推荐词包进行定向，以进一步保证投放的人群是目标人群（TA），从而提高预估点击率、转化率，提高冷启动的通过率。

如果是自定义词包定向，在转化数据达到 20 个后需要手动逐步放开定向，从而逐步扩大跑量人群，注意不要一下子放开定向，否则容易导致模型跑乱。而如果使用的是系统推荐定向，则系统推荐定向包会自动逐渐放开。

测试期广告主的预算不要设置过大，以免因流量池过大影响跑量。

■ 善用创意标签和分类

一般来说，创意分类的选择也会影响预估 CTR 的大小，因此必须选择相关性强的创意分类。

另外，建议创意标签使用 2 ～ 4 个词，这对于提高预估点击率比较有效。

■ 创意及落地页质量

素材及文案是冷启动期测试的重点，越好的创意其预估点击率越高。

落地页的质量也会直接影响预估转化率，投放前可以使用“工具”中的落地页检测工具进行检测。另外，橙子建站上的热力图也可用于分析落地页上的点击分布情况，从而针对性地对落地页进行优化。

■ 出价及预算调整

出价及预算的调整会导致系统重新跑模型，因此冷启动期内出价及预算的调整一天不能超过两次。

■ 冷启动的通过率

一般来说，广告计划通过冷启动的比率在 15% ～ 30%。如果一个广告计划连续 3 ～ 5 天还没有转化量，那基本上就是没有通过冷启动期。具体比例可以根据广告账户实际情况来判断。

7.4 今日头条营销能力拓展

2018 年，巨量引擎在整合了字节跳动旗下各媒体资源的同时，其数字营销能力也从平台化上进一步得到整合。

我们来看一下从今日头条上延展出来的几个营销赋能工具。

7.4.1 善用云图 DMP

云图是巨量引擎推出的 DMP 平台，即之前的头条 DMP。

用户可以从巨量引擎后台的工具—定向辅助—头条 DMP 上访问云图；也可以直接通过云图登录入口进行访问（https://yuntu.toutiao.com）。

作为数据管理平台，云图允许广告主、代理商通过平台生成人群包或上传号码包，并可通过云图进行人群分析、Lookalike（拓量）扩展等操作。云图上创建的人群包可同步到巨量引擎投放端，用于广告投放。

云图平台的功能板块包括四部分，即标签市场、人群列表、工具箱和人群报表，如图 7-15 所示。

■ 标签市场

标签市场定义了针对营销节点及主题不断更新的热门主题标签或定制标签体系。

当前标签市场中包含三个二级功能。

标签市场的主体人群包也支持扩展、运算等操作，并可一键推送用于投放。

1. 主题专区

主题专区按营销节点集成了标签人群组合，可直接用于推送到投放端。

图 7-15　云图平台功能列表

图 7-16 所示为 2019 年 1 月的春节主题人群推荐。云图在春节期间推荐的人群组合为年货采购人群及送礼人群，并在送礼人群中区分了性别。

图 7-16　春节送礼人群示例

2. 标签精选

标签精选模块提供了自定义标签选择和系统标签推荐功能。

自定义标签选择包含四个大类，即广告行为、用户属性、用户行为和行业标签，四个大类又分为 16 个二级分类和过百的标签分类。

用户可按类型自定义标签组合，并推送到巨量引擎用于广告投放，如图 7-17 所示。

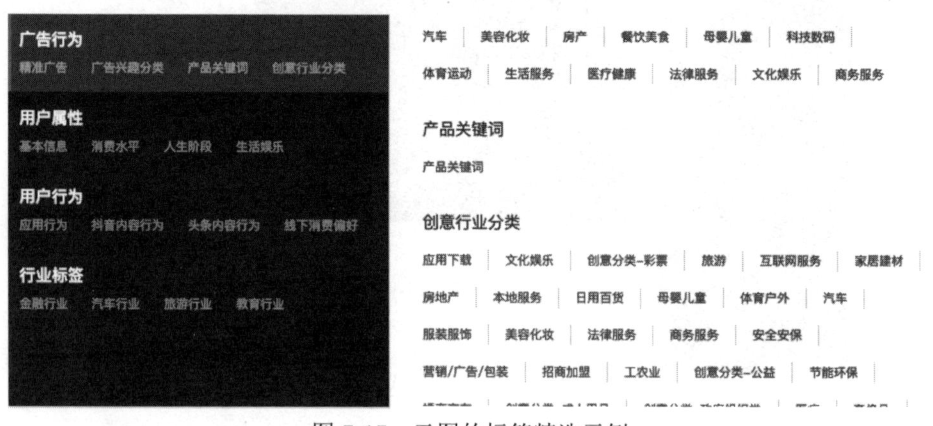

图 7-17　云图的标签精选示例

系统推荐标签包含专题推荐、行业推荐等，用于推荐优质标签组合，可收藏或推送到投放端，如图 7-18 所示。

与巨量引擎投放端定向功能一样，云图标签选择后也可以预估流量覆盖数据。

3. 我的收藏

用于收藏自定义或系统推荐的标签组合。

■ 人群列表

云图的人群列表模块披露了行业领先的 DMP 管理能力，包括人群查询、人群新建、人群上传、自定义预算及拓展能力和推送能力。

我们可以通过图 7-19 先概览一下人群列表的整体功能，然后再逐一进行探讨。

1. 人群查询

可按人群名称 /ID、人群分组、类别、状态、创建时间和覆盖数量筛选查询人群包。

图 7-18　系统推荐标签示例

人群分组包含系统推荐和扩展包两种；类别则是按人群创建的来源来划分，包含上传、扩展（Lookalike）、运算、规则、API、付费和主题人群。

覆盖数量分为三档，10 万～ 100 万、100 万～ 500 万、500 万以上。

2. 新建人群

可按用户数据、用户行为、广告行为数据和行业偏好四个维度进行人群包的新建。这四个维度下又可分为 30 多个二级分类，如图 7-20 所示。

人群ID/名称 输入名称或人群ID　人群分组 不限　类别 不限　查询
状态 不限　创建时间 请选择创建时间　覆盖数量 不限　清空全部
展示更多筛选
+新建人群　上传人群　运算人群　批量操作　自定义列

名称	创建时间	全部覆盖人数	状态	操作
已安装了今日头条	2019-03-13 12:21:38	362,226,150	可用 推送完成	扩展 复制 推送
已安装头条用户-扩展	2019-03-13 12:08:35	54,599,848	可用 已生效	扩展 复制 推送
已安装头条用户	2019-03-13 12:02:33	7,155,850	可用 推送完成	扩展 复制 推送
口碑APP人群包	2019-03-13 11:52:23	626,630,580	可用 推送完成	扩展 复制 推送
已安装海点点	2018-11-01 15:54:34	13,221,457	可用 推送完成	扩展 复制 推送
行业潜力人群包	2018-10-29 12:23:44	27,945,317	可用 推送完成	扩展 复制 推送
行业优质人群包	2018-10-29 12:23:44	27,945,317	可用 推送完成	扩展 复制 推送

意见反馈　帮助文档

图 7-19　人群列表整体功能

选择新建人群类别

用户数据
基础定向　婚姻状态　消费能力　住宅水平　家中宝宝年龄　明星粉丝　职业　平台设备　手机价格

用户行为
头条号行为　抖音活跃用户　抖音粉丝分类　应用行为定向　小说爱好者　抖音挑战赛观看人群　应用渗透率　线下消费偏好　抖音视频兴趣分类　西瓜频道浏览人群

广告行为数据
兴趣分类　创意分类　产品关键词　精准广告

行业偏好
有车人群　教育　差旅　互联网金融　汽车价格偏好　借贷意向　信用等级　二类电商　房地产　投资理财意向

更多标签敬请期待

图 7-20　人群新建的维度示例

这里分享一下 DMP 标签定向包在精准度上的经验数据。目前，云图平台上依据精准度进行排序，四种规则下精准度由高到低为：产品关键词 > 行业分类 > 广告数据 > 阅读关键词。

3. 上传人群

可上传不同类型的设备信息生成人群包。

云图当前支持的设备信息包含 IMEI 原值、IMEI-MD5 加密值、IDFA 原值、IDFA-MD5 加密值、UID 原值、MAC 地址和 SHA256 加密后的手机号码，如图 7-21 所示。

图 7-21 人群上传支持的设备信息类型

其中，UID 原值指的是今日头条用户的 UID，需要找今日头条的运营人员才能查看。

人群包名称、分组可自定义。

4. 运算人群

可将人群包进行逻辑运算后生成新的人群包，运算规则支持合并、交叉。

预算人群包的数据源包含标签方式创建的人群包和广告主账户下的已有人群。

合并后取得的人群包为并集。因交叉方式不同，生成的人群包为交集、排除或被排除人群包。

其运算规则的设置如图 7-22 所示。

图 7-22　人群运算规则设置示例

设定运算规则后，云图可预估运算后在各媒体平台上的覆盖人群，包括今日头条、西瓜视频、火山小视频、抖音短视频和穿山甲。

另外，云图的人数预估是基于 MAU 数据生成的，但覆盖人群并不等同于可用库存量，实际投放中还要看竞价情况。

5. 扩展人群

可从某人群包上进行人群扩量操作（Lookalike），生成新的人群包。

人群扩量应用的典型场景是电商、手游等行业基于转化人群扩量后的拉新投放。

云图披露出来的人群扩展逻辑有两种，一个是常规的基于标签的“相似人群”扩展逻辑，另一个是基于社交、地理位置等数据的“好友人群”扩展逻辑。

相似人群扩展支持分设备 OS 扩展，最多可扩展至 5000 万，建议的扩展倍数为 3 ～ 8 倍。

好友人群基于分享行为进行扩展，并支持分设备扩展。好友人群最多扩展到 16 倍，倍数越大亲密度越低。

扩展人群的整体功能如图 7-23 所示。

图 7-23　人群扩展功能示例

6. 推送人群

推送人群即从云图上将人群推送到巨量引擎平台，用于广告投放。

推送后，该人群包将出现在巨量引擎后台的“自定义人群”定向处，用于定向或排除操作。

需要注意的是，市场上主流的信息流投放平台或 DMP 依然仅支持人群包在本投放账户中使用；而云图平台可将人群包推送至同属一个客户资质的关联账户中，如图 7-24 所示。

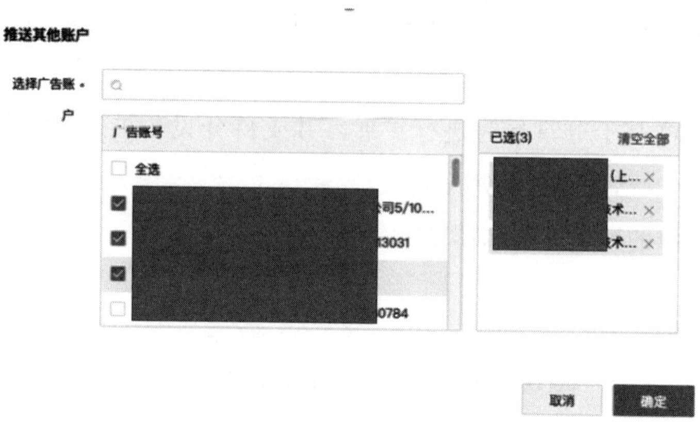

图 7-24　推送人群到其他账户的功能示例

7. 效率工具

人群列表模块整合了一些提升操作效率的工具，包括批量推送、删除人群及人群包复制能力等。

■ 工具箱

云图的工具箱当前整合了词包管理能力和站内信功能。

1. 词包管理

可添加和管理关键词词包，词包列表包含阅读关键词和产品关键词两种，如图 7-25 所示。

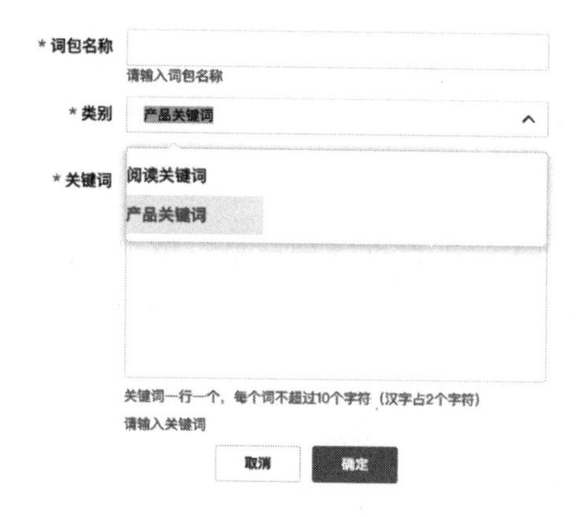

图 7-25　云图词包添加功能说明

2. 站内信

用于发布云图平台的一些站内消息，如功能迭代更新等。

■ 人群报表

区别于巨量引擎后台的效果分析报表，云图的人群报表是以人群包为维度进行效果数据查看及分析的。

我们来看人群报表中基于人群包维度提供了什么样的分析能力。

1. 人群包效果数据

可针对每一个具体的人群包筛选投放时间、投放位置、计费方式和广告计划，查看其效果数据。

人群包维度上的效果数据包含覆盖人数以及营销漏斗从展示到转化的数据。

2. 人群包分投放周期对比数据

可针对同一人群包，筛选投放位置、计费方式和广告计划，对比其在两个投放时间内的数据，如图 7-26 所示。

图 7-26 人群包数据对比功能说明

3. 营销漏斗中的用户覆盖数据

云图以营销漏斗的形式展示了展示—点击—转化阶段的次数，如图 7-27 所示。注意因选择了分时间对比功能，数据为左右两套。

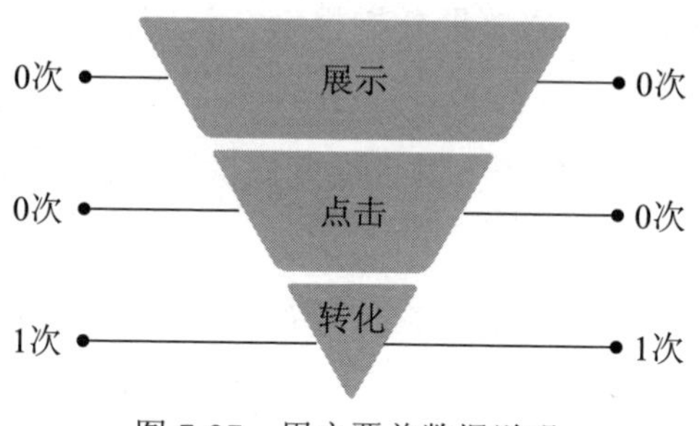

图 7-27　用户覆盖数据说明

这个营销漏斗一方面具象地呈现了漏斗转化率，另外基于今日头条的 MKT API，广告主可将不同阶段的人群生成人群包用于再营销。

MKT API 的相关技术赋能方案，我们放在后面章节专门探讨。

4. 人群包投放进度

可以查看广告计划下该人群包的曝光比例，用于管理人群包量级上的投放预期。

接下来，我们从两种常见的营销诉求出发，来看云图平台如何从数据上解决拉新与促活留存问题。

■ 拉新

拉新人群的创建上，建议考虑四种方法。

（1）将已转化人群当作种子人群进行扩展，获取拉新的核心人群。

（2）从阅读关键词上创建词包人群，创建关联人群。

（3）从行业人群、创意 / 产品关键词人群及点击未转化人群上创建高潜力人群。

（4）生成已转化人群包和无效人群包，并推送至巨量引擎进行排除应用。

我们来看一个奢侈品电商的案例。

该广告主为某奢侈品电商，考核的目标为在稳定成本的基础上提高新增用户量。

因奢侈品用户相对来说为窄众，项目执行中在云图 DMP 采用人群细分的方案，并配合创意细分触达的方式，达到“对不同的人说不同的话”的效果。

通过对产品定位的分析，以如下用户细分及创意沟通策略进行分组定向。

1. 核心用户

即奢侈品主流消费人群，这类用户对品牌的认知度较高。因此，沟通策略以单品款式、优惠活动为主。

2. 潜在用户

针对奢侈品强势增长人群，考虑到其崇尚品牌和名牌，创意方案以时尚街拍短视频为主，突出轻奢风格。

3. 关注用户

将注重时尚搭配的人群定义为可发展的泛奢侈品人群。对这类人群的沟通策略则会强调奢侈品的刚需特性，也可传递低价促销的关键信息（key message）。

在人群的挖掘上，使用了词包、行业定向等组合方案。投放中发现高端行业词、品牌词和服装鞋包词类的词包表现，相对于男性、女性等定向词，CPA 成本低 40% 以上。

而在行业类定向上，使用了旅游出行类、教育培训类和金融类、生活服务类行业词。

我们再来看一个手游推广的案例。

该广告主推广的是某仙侠类 RPG（角色扮演游戏）手游。因游戏上线不久，且 RPG 仙侠类手游竞争激烈，该广告主有快速获取新用户的需求。

案例执行中，采用了多种人群包综合利用的方式，达到叠加放量的效果。

1. 付费用户人群包上传

该案例中，安卓用户上传 IMEI 加密设备号 20 万；iOS 用户上传 IDFA 加密设备号 5 万。

2. 扩量投放人群

基于上传设备号，进行扩量拉新，从 3 倍逐渐放开到 5 倍。与此同时，交叉排除掉已转化人群。

3. 叠加放量人群

因 DMP 人群和扩展人群可持续投放时间短，在拉新过程中不断扩量操作、持续放量直至改为通投方式。

针对三种人群，该案例中采用了组图、小图、大图和短视频四种创意形式。实际测试中，大图和短视频点击率、转化率较好，更多地应用于付费用户和扩量投放用户上；而组图、小图展示起量更快，更多地用于放量补量上。

投放优化上，该案例的落地页采用爆款礼包的方式，通过视觉吸引力提升转化效果。另外，应用下载和落地页计划结合投放，明确传达游戏亮点及礼包信息，提高转化率。

测试结果显示，DMP 付费包、精准词包人群及扩展人群的付费力更强。

■ 留存促活

促活留存上，也有三种方法供参考。

（1）通过应用内消息唤醒的方式，经 Deeplink 唤起已下载不活跃用户，并传递活动促销信息，或针对用户特点进行差异化创意沟通。

（2）通过运算包生成核心用户，高出价获取交叉核心用户。

（3）通过上传包、规则包方式生成新的人群包，通过促销活动或差异化创意投放细分人群的方式刺激用户活跃度。

我们来看一个电商广告主的案例。

该广告主的营销目标为提升平台用户的日活跃度，同时希望低成本进行拉新。

因此，执行策略中将老用户再营销当作主要手段，拉新当作次要手段。人群划分为三组。

1. 核心用户

核心用户定义为有强烈使用需求的用户。人群挖掘上寻找已安装未转化或已安装但活跃度不高的用户群体。

具体地说，对于激活未注册用户、注册未购买转化两类用户，采用 Deeplink 唤醒的方式，促进沉默用户进行转化；而对于有单品浏览行为但未转化的用户，采用 Deeplink 和动态创意方案，降低用户决策时长，提升转化机会。

2. 机会用户

机会用户定义为对广告主行业或产品相关内容感兴趣的用户。人群定向上，一方面通过兴趣定向的方式以行业信息吸引下载需求；另外就是通过种子用户进行扩量。

种子用户的挖掘上，包含转化用户、激活用户和注册用户分别进行扩量生成机会用户群，并排除掉已转化人群。

3. 潜在用户

该电商的产品具备普适性。因此，潜在用户定义为泛需求人群，通过定向筛选和素材传递低价信息来获取此类用户。

潜在用户的获取主要是为了低成本拉新，使用 CPC 和 OCPM 方式进行投放。

人群挖掘上，主要采用 APP 名称定向、标签定向和文章属性定向等方式。

此案例投放的前面两种，ROI 平均值为 0.79；使用上述云图人群包方案后，月 ROI 均值提升到 1.27。

7.4.2 信息流视频营销技巧

随着 4G 提速降费，短视频营销从 2016 年开始兴起。到了 2018 年，短视频类型的广告资源备受关注。其中，在信息流内容中以短视频类型出现的广告，即信息流视频广告。

今日头条平台中的各个媒体渠道均有短视频类型的广告资源，包括抖音、今日头条、火山视频、西瓜视频以及穿山甲联盟。

从营销逻辑来说，信息流视频广告与 OTV 贴片广告是有区别的。我们先来看一下信息流视频广告主要用于解决什么问题，然后再来看一下如何利用它。

■ 信息流视频广告解决了什么问题？

随着移动互联网的发展，视频营销的主流媒介从电视转移到互联网

（OTV），而后到了移动 APP 终端上。

而当前的用户时间分布出现了明显的移动化、碎片化趋向。到了 2018 年，整体视频流量已向移动端明显倾斜，超过 70% 的视频流量来源于移动端。也就是说，移动端成为视频营销的主战场。

在这种情况下，OTV 媒体因其版权内容、用户基数限制，虽仍是品牌营销方向上的主战场，但也面临着以下几个问题。

（1）各 OTV 平台之间版权内容资源类似，用户重合度高。

（2）OTV 平台视频贴片广告以合约广告为主，“以剧找人”的品牌营销策略难以满足精准营销的需求。

（3）CPM 单价高。因媒体的版权费用问题，内容贴片资源越好，则广告越贵。

（4）OTV 平台的广告库存以贴片硬广为主，用户被强制灌输内容，影响用户体验。

在这种情况下，信息流视频广告因其原生特性，成为视频渠道和精准需求上的有力补充。同时，信息流视频广告还有其独特的优势，即互动性和灵活性。

巨量引擎平台的信息流广告，在丰富广告库存和完善精准投放技术之外，引入了完善的评估体系。我们以图 7-28 为示例来理解。

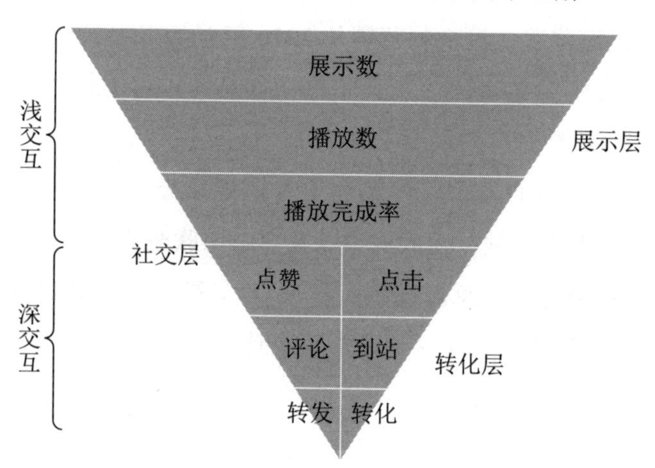

图 7-28　巨量引擎信息流视频效果评估体系

首先，展示层做了细分，在基础的曝光数、有效曝光数等指标之外，引入了视频营销相关的播放指标，可以有效衡量信息触达率，同时也可以反过来指导创意与人群上的优化策略。

广告展示为用户带来了浅层交互，而广告内容的社交互动和用户转化则带来了深层交互。深层交互人群数据的回收，可以在更细颗粒度上分析社交、转化人群，在效果优化的同时，反过来又可指导浅层交互人群矩阵的设定。

巨量引擎信息流视频广告的量化体系，为营销漏斗的拆解分析带来了精细化运营上的便利。

■ 信息流视频广告实践建议

来自 TrustData（国内一家移动互联网大数据监测平台）的数据显示，到 2018 年，国内短视频的 DAU 已经超过了综合视频。驾驭信息流视频广告成为必需的选择。

短视频营销需要关注的是视频内容的生产与消费（分发）两个环节。我们从巨量引擎开始，先来探讨分发环节的广告商业化部分——信息流视频广告。

巨量引擎的信息流视频广告营销方案，整合了今日头条 APP、西瓜视频 APP、抖音 APP 及穿山甲联盟的信息流视频广告资源。相对于传统的视频营销模式，巨量引擎的信息流视频营销方案具备以下特点。

1. 用户覆盖的有效衡量

基于信息流广告程序化购买平台的特点，巨量引擎在信息流视频广告上可实现受众（TA）精准定向、跨位置频控和视频播放的 5s（5 秒）保量价值。

5s 保量是巨量引擎推出的播放保量计费模式。它的特点在于，广告的视频素材露出 50% 时进行自动播放，并且当 5s 的第一帧露出时才开始计费。

2. 信息的有效传达

使用巨量引擎的 LighTVC 方案，可保证广告信息的有效传达。

LighTVC 是巨量引擎推出的 TVC 再创作方案。可将原有的 TVC 快速剪辑为 6 ～ 15 秒的信息流视频广告素材，适配到不同资源位和营销环境中进行投放。

LighTVC 在 Wi-Fi 环境下会自动播放，且支持流内自动循环播放和自动上滑进入落地页两种后续路径。

3. 信息的原生传递

因广告形态天然接近于平台内容，信息流视频广告可实现与用户的情感链接和促进互动，实现信息的原生化传递。

巨量引擎的 NativeV 方案，可用于传递品牌的原生故事。

4. 广告主数据沉淀

从 2017 年开始，广告主对于自己在广告推广环节的用户覆盖价值量化、数据资产沉淀积累以及数据分析上的营销迭代越来越重视。信息流视频基于巨量引擎的数据算法，可实现广告主数据资产的沉淀以及多维度呈现。

2018 年某水制品快消客户案例中，广告主提供的 TVC 原版为 15 秒。在投放了两周后，因竞价环境中创意的衰退，播放率下滑明显。经与广告主沟通，采用 LighTVC 方案，将视频剪辑为 6 秒的版本，且调整了文案和前两秒的内容顺序。再次投放后，播放率从 61% 提升到 64%，且平均点击率高达 7.18%。

需要注意的是，信息流视频广告中点击率的计算公式与图文信息流不同。

信息流视频广告的点击率 = 有效点击数 / 播放量

品牌方向上的信息流视频营销，往往对于创意内容有着更高的质量要求。因此，广告主的品牌创意往往是由 PGC 或创意供应商生产，以 TVC 或创意短视频形态为主。

而效果方向上的精准营销诉求下，对创意的质量和数量均有要求。尤其是在模型训练测试期，往往需要大量创意进行测试。

视频创意的制作成本通常远高于图文创意，仅从生产者来看，就需要编导、拍摄、演员、道具等不同角色，以及脚本、内容、后期等不同交付环节。

巨量引擎的信息流视频广告，适用于场景化营销的需求。在广告创意剪辑或制作时，有三条建议供参考。

1. 视频内容上重点突出

TVC 内容更强调品牌调性和故事性，而信息流视频内容最重要的是短平快地传递关键信息。因此，关键内容信息尽量放在前 3 秒，最好加入大字号的字幕，要有跟随视频的文字说明。如果内容有转场的部分，可考虑使用大字报的方式来承上启下。

2. 文案有创新性

要注重广告标题的优化，最好可引发用户的好奇心。内容描述上，需要唤起用户的共鸣。可使用数字或标点符号来强调重点内容。

3. 画面持续吸睛

可使用演员特写、富有冲击力的画面等方案吸引用户持续观看。品牌或 LOGO 可在首位置帧或全程保持露出。

对于轻量级的运营服务需求或成本承受力较低的服务团队来说，可使用巨量引擎工具箱中的创意制作工具来快速制作创意，也可利用好即合平台进行创意合作。

巨量引擎整合的创意制作工具包括免费的正版图库、图片转视频工具和易拍 APP。而即合平台用于联合内容创作者进行高质量的信息流视频素材制作。

即合平台是巨量引擎推出的视频素材撮合平台，用于帮广告主、代理公司快速对接内容制作方。使用即合平台生产的广告素材，可享受专属审核通道，经脚本、视频二道过审后无须复审。

从 2018 年上半年统计的平均数据来看，即合平台的广告素材在 ARPU 值上是今日头条大盘值的 3 倍。

价格上，即合平台的素材单只价格在 1000 ～ 2500 元，制作周期通常为 3 ～ 5 个工作日。

7.4.3 自动规则应用说明

“自动规则”是一个智能托管工具，目前正在白名单测试中，普通用户无法看到。

“自动规则”简单理解就是一个系统监控和自动调整工具。在进行相关监控条件设置后，系统将学习广告投放的经验数据，托管式地监控广告数据并自动进行调整。其监控范围包括广告计划的消耗、点击数、转化数，而调整的内容包括广告计划的开关和预算，未来还将支持出价的自动调整。

自动规则的入口为工具—优化工具—自动规则。其设置较为简单，仅需选择广告计划、设置满足条件、设置执行操作和设置检查时间四个步骤，如图 7-29 所示。

图 7-29　自动规则的设置

■ 选择广告计划

选择您要监控的广告计划，设置成功后，自动规则将针对此计划进行监控和自动调整。

广告计划支持多选和全选。另外，当前仅支持广告计划层级，后续将支持广告组和广告创意层级。

■ 设置条件

设置监控条件后，自动规则将对此条件进行系统监控；一旦满足条件触发监控，系统将对广告计划进行自动调整。满足条件的设置如图 7-30 所示。

图 7-30　自动规则的满足条件设置

当前自动规则支持同时设置 3 个条件，并且仅支持交集关系。即，当前自动规则仅支持“满足以下所有条件”，AND 关系；后续将支持“满足以下任意条件”，即 OR 关系。

■ 设置动作

当广告计划触发设置的监控条件时，系统会按照设置好的执行操作进行自动调整。

执行动作的设置如图 7-31 所示。

图 7-31　自动规则的执行动作设置

上图中的“频次”是指规定时间内系统可通过自动规则对该广告计划调整的最高次数，如每天只能调整一次。

当前可支持的包括预算和广告计划的启停，后续将支持出价的调整。

■ 设置检查时间

检查时间，即系统对广告计划按照满足条件进行轮询的时间。

当前可以设置的项目包括每天和每小时两个轮询的颗粒度，如图 7-32 所示。

选择“每天”可设置具体的时间点，每天在这个时间点系统会自动进行满足条件的监测，并按动作设置自动调整。

选择“每小时”，则每个小时整点系统自动开始监测广告计划，并按动作设置自动调整。

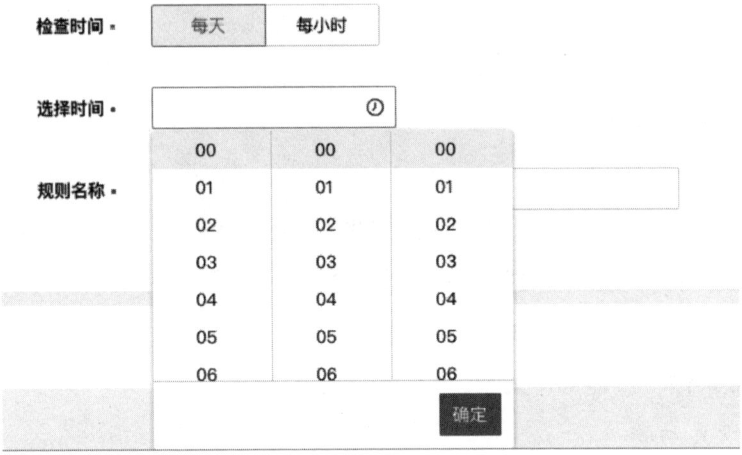

图 7-32　自动规则的轮询间隔设置

一般来说，每次轮询可在两分钟内完成所有设置好的广告计划的监测。

创建好的规则可在自动规则首页列表中查看到信息。

自动规则的推出，满足的是系统主动监控及调整的业务场景。它是运营优化人员盯账户、进行优化操作的一个有力补充。设置了自动规则的广告计划，在节假日、周末等时间，优化师无须时刻担心预算是否撞线、余额是否充足等，而只要被动等待系统告警和自动调整即可。

我们来看一个具体的例子。

某广告主的广告计划当前处于买量测试期，广告主要求的日预算为 5000 元。正常情况下，广告计划设置中的日预算只能是低于 5000 元。为了不影响跑量，优化师可能将广告计划的预算设置为 20000 元。

这就带来了一个痛点。运营优化人员需要时刻紧盯着消耗数据以防止预算跑超。因为超出广告主的日预算要求，可能会涉及赔付。

而此处通过日预算设置和自动规则，可以同时达成买量和日预算要求。

我们依然可以将日预算设置为 20000 元。同时，我们再设置一个自动规则来保障预算不超标。如图 7-33 所示，我们将条件设置为消耗大于 5000，执行操作设置为暂停计划，检查时间设置为每小时监控。

实际上，针对预算的设置可以再严谨一些。因为在竞价环境及数据计算的时延问题下，巨量引擎会有几分钟的惯性跑量。

图 7-33　预算自动规则设置举例

腾讯广告营销平台概述

2018 年 9 月 30 日，腾讯将企业发展事业群（CDG）的社交与效果广告部与网络媒体事业群（OMG）的广告销售线和广告平台产品部整合，在 CDG 下组建了新的腾讯广告事业群。

在推出新品牌的同时，腾讯的广告收入保持着快速增长。根据腾讯 2018 年财报，其 2018 年网络广告收入为 581 亿元，同比增长 44%。

相对于今日头条以资讯分发为核心的营销逻辑，腾讯广告平台的逻辑有所不同。腾讯系流量的整体营销逻辑以品销联动为核心，在生态建设上走的是全链条营销的路径。

营销能力上，腾讯广告可以满足多样化的营销目标，如品牌推广、公众号推广、商品和应用推广等。我们先聚焦到信息流领域来探讨腾讯社交广告平台（TSA）的应用。

8.1 TSA 开户相关流程

拥有合法资质的商户和应用开发者，均可在腾讯社交广告平台上开户并进行广告投放。

8.1.1 开户流程

资质合法的商家或代理公司，可以直接登录腾讯广告营销平台注册为广告主。注册地址为：https://e.qq.com/reg-new。

开户仅需三步，即填写基本信息、关联 QQ 账号、补全资质，如图 8-1 所示。

开户时有两点需要注意。

（1）已经关联的 QQ 账号不可重复关联。

（2）在选择“企业”或是“个人”后，账户属性不可再次修改。

完成基本信息注册后，后续可登录管理中心补全广告主资质审核资料，审核通过即可投放广告。若审核未通过，可重新填写资料再次提交审核。

图 8-1　开户界面

对于应用开发者，还可以通过开放平台账户在广点通投放广告。应用开发者推广自己的应用仅需如下四步；若投放其他应用需要联系运营接口人。

（1）登录开发者平台 open.qq.com 填写资料，注册为开发者。

（2）进入开放平台创建自己的移动应用。

（3）完善自己的账户信息。

（4）进入投放账户进行充值和广告投放。其路径为开放平台首页—管理中心—广告投放。

8.1.2　审核说明

TSA 账户注册后，需要提交广告资质材料，通过审核后才可进行广告投放。

资质材料一般包括广告主的营业执照、营业执照号码、ICP 证、ICP 备案、增值电信业务经营许可证。视频等特殊行业还需要提供网络文化经营许可证、网络视听许可证，教育行业需提供网络视听许可证。

具体要求可查看腾讯官网，当前最新链接为 https://e.qq.com/ads/account。

广告主开户资质审核失败，往往是下面几个原因造成的。

（1）高危行业。

（2）公司名称与营业执照名称不一致。

（3）未提供网站 ICP 备案信息。

（4） ICP 备案的企业名称 (或法人) 与开户企业名称不一致。

（5）互联网经营未提供增值电信业务经营许可证。

（6）推广内容超出企业经营范围。

8.1.3 充值退款

腾讯社交广告账户当前分为三种——现金账户、虚拟账户和信用账户。

现金账户是广告主实际用于充值、投放的账户；信用账户是广点通预授信的账户，需定期结算。

虚拟账户是广点通为鼓励广告主投放的营销激励资金、补充资金等非定期发放的广告费，只可用于广告投放且有效期为一年。

充值方法上，有代理商服务的广告主，可由代理商充值；自主注册的广告主，可使用财付通、微信扫码支付和关注公众号三种方式充值。

在腾讯广告营销平台上，当前代理商级的充值、发票开具均可在财务模块完成，如图 8-2 所示。

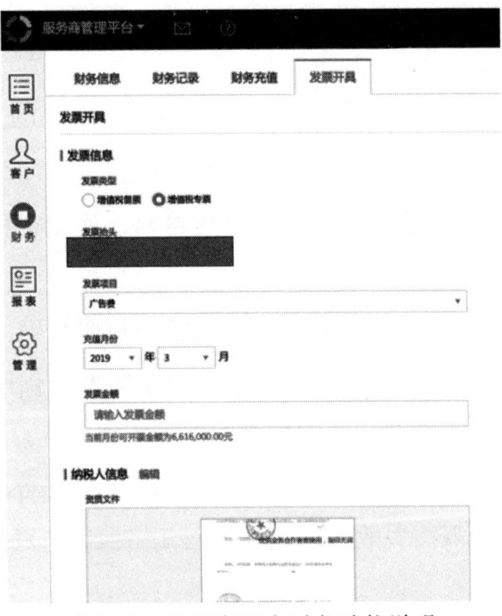

图 8-2 代理商平台财务功能说明

8.2　广告产品介绍

腾讯社交广告覆盖腾讯开放体系超百亿的流量，包括 PC 和移动流量资源。

当前广告主可使用的流量资源包括腾讯系自有资源和联盟广告资源。

（1）腾讯系自有流量包括 QQ 空间、QQ 客户端、手机 QQ 空间、手机 QQ 客户端、微信、QQ 音乐客户端、腾讯新闻客户端等。

（2）腾讯联盟广告资源是腾讯旗下的移动嵌入式广告平台，日均流量已超过 8 亿，并在持续吸纳中。

8.2.1　腾讯广告平台原理

腾讯平台具备强社交属性，腾讯广告平台在投放上以用户精准及社交属性为基础。

腾讯平台的广告逻辑分为七步，如图 8-3 所示。

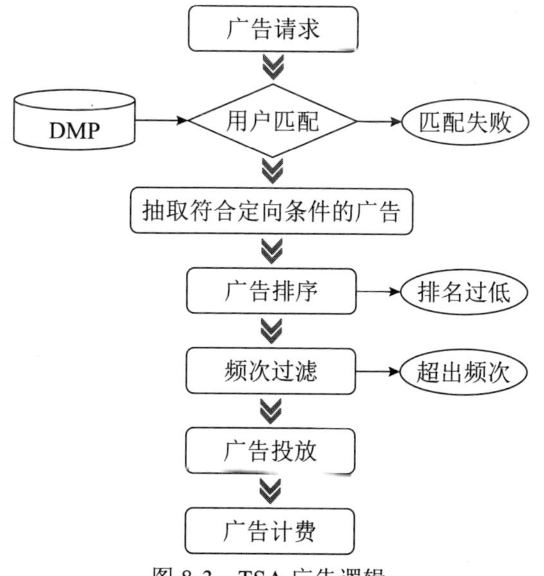

图 8-3　TSA 广告逻辑

我们可以简化为三个环节来理解，即定向匹配、广告排序和过滤、广告展示。

1. 定向匹配

广告请求到达时，TSA 根据 DMP 的用户画像和定向条件进行广告筛选，并抽取符合定向条件的广告。在此过程中，系统会根据广告定向设置尽可能多地召回广告，并确保广告的高质量及广告队列中广告的多样性。

2. 广告排序和过滤

竞价引擎根据广告质量、预估点击率和广告出价等多个因素对抽取到的广告进行排序，并进行频次过滤。

排序越靠前的广告，其展示概率越高，获得的曝光就越多；而广告展示之后的效果数据又会反过来影响之后的广告排序，系统将之纳入模型，经机器学习后不断优化迭代。

3. 广告展示

竞价成功的广告获得展示机会，并按计费规则进行计费。

8.2.2 TSA 广告资源

腾讯广告平台的广告库存资源非常丰富，既有腾讯大社交平台的广告位资源，又有聚合的联盟资源。我们选取代表性的资源来说明。

■ 微信广告资源

与微信朋友圈广告资源不同的是，在腾讯社交广告中的微信广告资源基于微信公众平台，有公众号广告和小程序广告两种。

图 8-4 展示的即为微信图文广告示例。

公众号广告以类似于公众号文章内容的形式，出现在文章底部、文章中部、互选广告和视频贴片等四个资源位。

公众号广告可用于推广品牌活动、商品、应用、公众号、小游戏，也可用于派发优惠

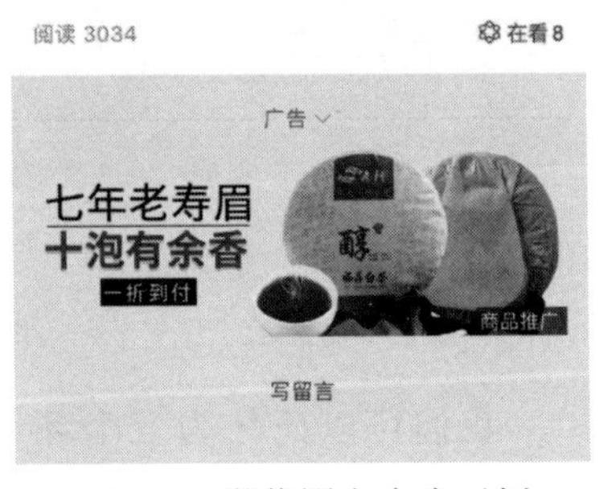

图 8-4　微信图文广告示例

券和收集销售线索。

小程序广告是利用小程序进行精准触达的广告。小程序广告可用于推广品牌活动、商品、应用和公众号。

■ 信息流资源

TSA 的信息流广告形式也是基于大数据精准营销理念设定的，当前的广告资源来自 QQ 空间、手机 QQ 客户端、QQ 浏览器、腾讯新闻和天天快报等位置。

与巨量引擎主打信息流和信息流视频广告形式不同的是，腾讯社交广告中的不同媒体客户端资源位中，广告形式更为丰富。我们分资源位置看一下 TSA 在腾讯体系下的广告资源有哪些。

1. QQ 空间广告

QQ 空间广告以信息流广告为主，出现在用户的好友动态中，是融入 UGC 中的原生社交广告形态。

QQ 空间的广告位包括第三条钻石位、第七条黄金位、沉浸视频流广告位和 PC 桌面端广告。

2. 手机 QQ 客户端广告

位于 QQ 看点信息流、购物号广告、QQ 天气广告、兴趣部落文章页底部的信息流广告，以及“附近的人”广告。

QQ 客户端的广告可以支持人群属性标签、LBS、场景定向等多种精准人群的触达方式。

营销场景上，QQ 客户端广告通常适用于应用推广、电商购特卖、品牌活动等。

3. QQ 浏览器广告

广告资源主要包含在 QQ 浏览器的资讯信息流、内容详情页及本地推广广告中。

其广告位置包括浏览器信息流、文章页底部、浮层视频广告位、搜索直达广告位和视频暂停大图、视频通栏 banner。

4. 腾讯新闻广告

腾讯新闻广告以原生信息流形式出现在资讯信息流中，可用于精准营销。目前支持销售线索收集、应用推广和电商推广等场景。

5. 腾讯视频广告

腾讯视频广告也以原生形式出现在娱乐化流量场景中，可支持用户精准触达。目前支持网页推广、移动应用推广和电商推广。

腾讯视频广告的广告资源可与视频信息流共生，包括通栏小图 / 大图、左图右文广告和通栏视频广告、闪屏广告、焦点图广告多种形式。

6. 天天快报广告

天天快报广告也以原生形式出现在资讯信息流中，其适用场景、广告形式与腾讯新闻信息流广告类似。

■ 应用宝广告

应用宝是腾讯推出的安卓应用商店，目前在国内的用户覆盖率第一。

应用宝广告出现在应用宝首页、各榜单及搜索的热门位置。应用宝广告的特殊之处在于，用户在应用宝下载完成后才会按照 CPA 方式计费。

应用宝广告也具备丰富的广告形态。

1. 应用宝 7.0 视频卡片

用完整的视频内容进行应用体验大曝光，位置包括应用宝首页、游戏首页和软件首页。

2. 应用宝 7.0 卡片

包含左图右文卡片、三图卡片和星标内容三种卡片形式。

左图右文的展示形式，为应用宝首页的应用推荐中的信息流广告形态。

三图卡片是三宫格展示的形态，也出现在应用推荐信息流中。

星标卡片是在左图右文的卡片展示区内定制 2 个“星标”推荐，用于突出应用的亮点价值，也出现在应用推荐信息流中。

3. 应用宝 7.0 LBS 信息卡片

基于 LBS 的精准卡片形式的广告，数据同步时会参考 APP 搜索、应用安装等信息。

LBS 信息卡片比较适合本地属性强的广告主推广场景。

4. 文字链广告

应用宝还推出了文字链类型的广告。与传统文字链广告一样，应用宝的文字链也可以结合背景上下文内容进行展示。

文字链广告比较适合新应用首发做曝光的营销场景。

■ 联盟广告资源

联盟广告是基于 TSA 广告技术和资源，为开发者提供流量变现的移动嵌入式广告平台。

当前 TSA 的联盟广告聚合 10 万个以上 APP，月活跃用户超过 5 亿。

联盟广告的广告形式更具多样性，包括信息流、信息流视频等原生形式，也包括开屏广告、插屏广告等大曝光类型，还包括曝光成本更低的 banner（横幅）广告等类型。

联盟广告与开发者采用分成模式。

在了解了 TSA 的基本逻辑及平台资源后，让我们进入 TSA 平台了解其营销能力。

8.3　服务商管理平台

TSA 有三个平台：商务管家、服务商管理平台和投放管理平台。TSA 的服务商，概念等同于巨量引擎的代理商。商务管家、服务商管理平台适用于广告主委托其代理商进行广告运营的场景。

商务管家用于管理服务商的投放账号、人群和落地页资产、用户账号及给 TSA 发出的请求等，此处不做赘述。

与巨量引擎的代理商管理平台类似，腾讯营销平台的服务商管理平台也为服务商提供广告主账户管理、财务管理及服务商资质等服务。我们看一下其各模块的功能。

■ 首页

首页显示广告服务商的账户余额与广告主列表，并且可从广告主列表中点击“广告投放”后进入投放管理平台。

首页整体功能如图 8-5 所示。

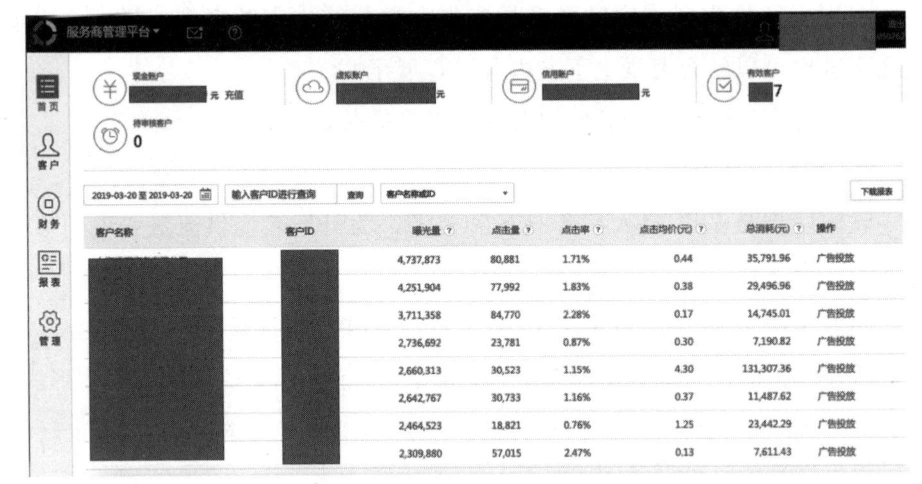

图 8-5　服务商管理平台的首页功能

其中，以下几个信息需要注意。

（1）唯有现金账户才能充值。

（2）唯有有效客户才能点击跳转到投放管理平台。

术语上，TSA 的曝光量概念上等同于巨量引擎的展示量；而 TSA 中“点击量”的定义是“排除了恶意点击后，广告被受众点击的次数”，这个定义与巨量引擎的基本一致。

为便于理解，我们后续在各个平台的介绍上会统一使用腾讯广告平台的定义。不过不用担心，关键指标上的概念及计算方式是一致的。

■ 客户

客户模块用于查看服务商托管的广告主信息，如图 8-6 所示，可从“广告投放”操作上跳转投放管理平台。

其中，审核不通过客户指广告主资质审核失败的客户；而封停客户指停止投放、账户转为封停状态的客户。

操作项中的“广告投放”用于跳转投放管理系统进行投放、分析等操作；而点击“详情”则会进入广告主资质的详情页信息。

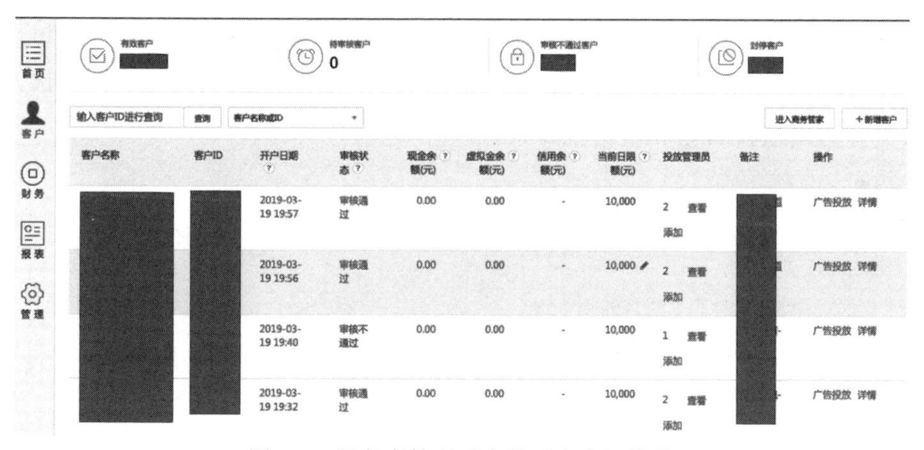

图 8-6　服务商管理平台的“客户”模块

■ 财务

财务模块可用于查看财务信息和财务记录，并可用于财务充值及申请发票开具，如图 8-7 所示。

客户名称	客户ID	审核状态	账户余额(元)	今日花费(元)	当前日限额(元)	操作
		待审核	0.00	0.00	10,000	转出资金
		待审核	0.00	0.00	10,000	转出资金
		待审核	0.00	0.00	10,000	转出资金
		待审核	0.00	0.00	10,000	转出资金
		审核不通过	0.00	0.00	10,000	转出资金
		待审核	0.00	0.00	10,000	转出资金
		审核通过	0.00	0.00	10,000	转入资金 转出资金
		审核不通过	0.00	0.00	10,000	转出资金
		审核通过	0.00	0.00	10,000	转入资金 转出资金

图 8-7　服务商管理平台财务模块功能说明

其中，整体现金、虚拟、信用账户的余额为服务商管理的总余额，即服务商下所有广告主的总余额。

只有审核通过的广告主，服务商才可为其转入资金；审核不通过或审核中的服务商可转出资金。

财务记录用于查看服务商为广告主的充值、划账等记录；财务充值用于查看信用账户信息及为现金账户充值；发票开具用于申请发票，可选发票类型为增值税普票和增值税专票。

■ 报表

报表模块用于查看该服务商整体的消耗及广告数据，如图 8-8 所示。

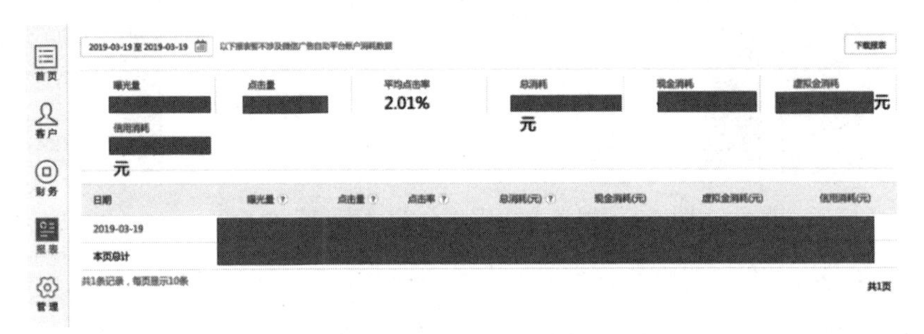

图 8-8　服务商管理平台报表功能说明

可以将服务商管理平台的报表理解为服务商的大盘报表，用于整体消耗及财务信息查看，只是其中暂不包含微信广告自助平台的账户消耗数据。

■ 管理

管理模块用于服务商的账户信息管理、服务商的用户角色管理以及客户拓展查询。

其中客户拓展查询是腾讯营销平台为服务商提供的简化版 CRM 工具，如图 8-9 所示。

图 8-9　服务商管理平台的客户拓展查询功能说明

我们现在任选一个有效的广告主，进入广告组层，即投放管理平台看投放管理平台的功能。

8.4　投放管理平台

投放管理平台包含五个模块，即首页、推广、报表、财务和工具箱。

登录投放管理平台后，会直接进入首页。

8.4.1　首页

首页除了展示该广告主的账户数据、整体投放数据外，还非常实用地呈现出最新广告及Top广告数据，如图8-10所示。

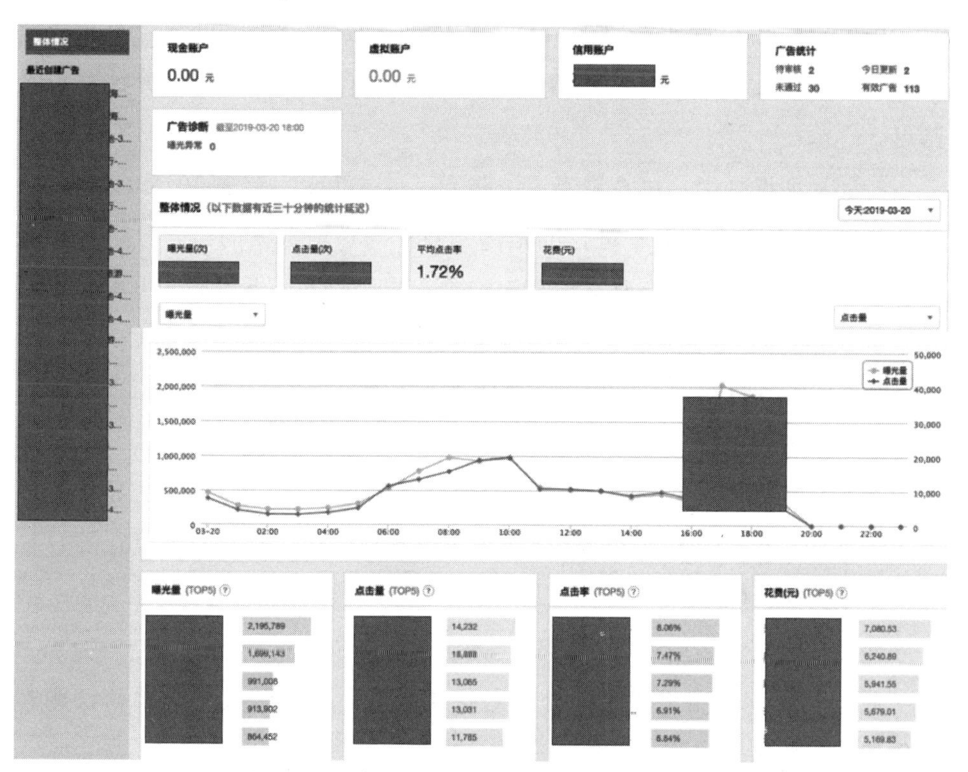

图8-10　腾讯投放管理平台的首页功能说明

整个投放管理平台的“新建广告”快速入口悬浮于所有模块右上角。

我们来看一下首页中为运营优化提供的能力。

■ 数据概览

顶部显示的是该广告主的账户数据、广告统计及广告诊断的概览数据。

需要注意的是，在腾讯营销平台的投放管理平台上，广告主整体数据指的是该广告投放账户下的数据。因为在信息流广告中普遍存在一个广告主开放多个信息流广告投放账户的情况。对于手游行业的广告主，甚至会出现一个广告主在TSA这一个平台上投放数百个账户的情况。原因往往是“养账户”的需求、多品线推广的需求等。

广告诊断是投放管理平台新推出的功能。对于曝光异常的广告可点击进入对应的广告进行分析。

■ 整体情况

用于该广告主投放账户下所有广告的组合维度分析，可组合左右两个下拉列表的维度进行整体广告情况的分析。注意整体数据有30分钟左右的延迟。

时间周期选择上，可查看当天、昨天、过去7天、过去30天的数据。

如图8-10所示，缺省进行的是曝光数据与点击数据的组合分析。可以用于分析的指标维度很丰富，如点击均价、注册成本、下载率、下单率等。

■ Top广告

Top广告分曝光量、点击量、点击率和花费进行排名前五的广告筛选。筛选的时间窗与上面整体情况查看时筛选的时间窗联动。

在巨量引擎部分的内容中，我们探讨过利用Top广告排序法寻找优化对象的方法。Top广告为运营优化提供了快速获取优化对象的手段。

■ 最新创建广告

此处按广告创建时间降序排列，列出来最新创建的广告。

最新创建广告用于满足另外一种优化场景，即运营优化需要密切跟踪新创建广告的效果表现，并优选广告进行调整。

8.4.2　推广

推广模块是运营优化使用频率最高的模块，用于广告的创建、修改、数据分析等操作。

推广模块分为四个二级入口，推广计划、广告、标的物和关键词，如图 8-11 所示。

图 8-11　推广模块功能

■ 推广计划

推广计划页，用于筛选状态筛选和周期筛选范围内的推广计划。与巨量引擎平台不同的是，腾讯广告投放平台的推广计划是一组广告，而广告对应到巨量引擎平台的广告计划层。

可在此页面内对推广计划进行计划名称、计划启停以及日限额的快速修改。

■ 广告

广告页用于查看广告列表及快捷操作。

广告列表页提供了批量或对单个广告的快速编辑功能，如图 8-12 所示。

推广计划　广告　标的物　关键词　　过滤无数据的广告

删除　修改状态　修改日期　修改时间　修改出价　自定义列　下载报表　　所有未删除　2019-02-24 至 2019-02-28　广告　广告名称或ID

广告名称	曝光量	点击量	点击率	点击均价	花费	操作	状态	出价
	-	-	-	-	-	-	审核中	0.23
	-	-	-	-	-	-	审核中	
	-	-	-	-	-		投放中	
	-	-	-	-	-	-	审核不通过	
	-	-	-	-	-		投放中	
	-	-	-	-	-	-	审核不通过	
	-	-	-	-	-		投放中	
	-	-	-	-	-		投放中	
	-	-	-	-	-		投放中	
	-	-	-	-	-		投放中	
	-	-	-	-	-		投放中	
	-	-	-	-	-		投放中	
	-	-	-	-	-		投放中	
	-	-	-	-	-		投放中	85.00

图 8-12　广告管理功能

广告管理中，可以对广告进行批量的删除、状态修改、日期或时间修改和出价修改。

也可在广告列表中点击某条广告，进行创意层级的数据查看及标记，如图 8-13 所示。

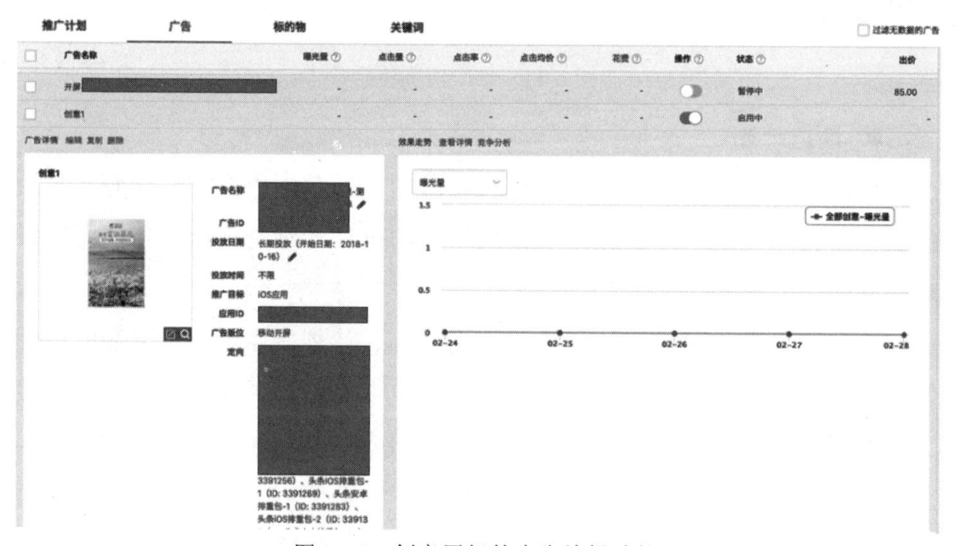

图 8-13　创意层级的广告编辑功能

■ 标的物

用于查看推广标的物维度上的曝光量、点击量、点击率、点击均价及花费数据。

举例说明，某广告主的推广标的物包含 iOS 应用下载和落地页推广，则此处会分为两项分别统计上述指标数据。

■ 关键词

用于呈现关键词维度上的曝光、点击、出价、花费等数据。

在统计关键词维度上的数据时，会说明其所属的广告是哪一条。

8.4.3　报表

与巨量引擎平台不同的是，腾讯营销平台的投放管理系统不区分品牌报表与效果报表。TSA 的报表功能更聚焦，仅包含“效果数据”和“人群分析”。

■ 效果数据

效果数据页面用于分析广告投放的前后端数据，如图 8-14 所示。

在效果数据页面，按照广告规格和投放日期筛选，可用折线图来分析其广告投放数据。同样的，折线图可组合两个维度来查看。

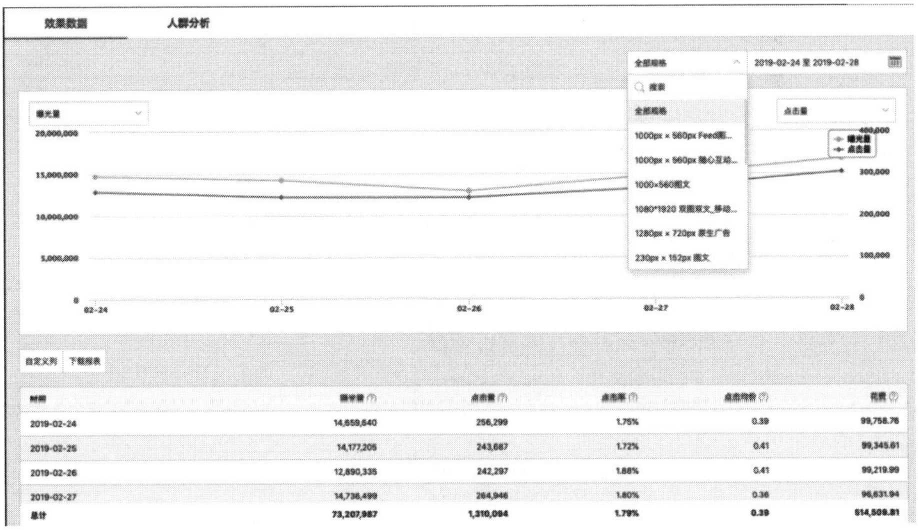

图 8-14　效果数据功能示例

下面的报表数据与筛选项联动，便于进一步分析。在进行报表分析的时候，可自定义列，也可下载报表后自由组合维度进行分析。

腾讯营销平台提供了丰富的指标体系用于优化分析，且可自定义指标体系。从营销场景上，我们可以将其分为三组指标。

1. 曝光后进入落地页后转化

用户转化路径为，广告曝光给用户后，用户点击广告进入网页，并在网页内发生转化。其指标体系如表 8-1 所示。

表8-1　网页转化类指标体系

指标类型	漏斗环节	指标名称
属性指标	NA	时间
展示指标	NA	曝光量
		点击量
		点击率
		点击均价
		千次展现均价
		花费
转化指标：网页类	成交前行为	关键页面浏览总量
		关键页面浏览总量成本
		自有网页关键页面浏览量
		自有网页关键页面浏览成本
		平台产品关键页面浏览量
		平台产品关键页面浏览成本
		商品页浏览量
		商品页浏览率
		商品页浏览成本
		注册量
		注册成本
		网页咨询量
		网页咨询成本
		电话直拨量
		电话直拨成本
		电话回拨量
		电话回拨成本
		自有网页导航量

续表

指标类型	漏斗环节	指标名称
转化指标：网页类	成交前行为	自有网页导航成本
		平台落地页导航量
		平台落地页导航成本
		平台门店页导航量
		平台门店页导航成本
		申请量
		申请成本
		表单预约量
		表单预约率
		表单预约成本
		加入购物车量
		加入购物车成本
		自有网页领取卡券量
		自有网页领取卡券成本
		平台产品领取卡券量
		平台产品领取卡券成本
	成交后行为	下单量
		下单率
		下单成本
		付费金额
		付费行为量
		付费行为成本
		订单金额
		订单单价
		订单ROI
		订单发货量
		订单发货成本
		订单签收量
		订单签收成本

2. APP 下载激活后转化

用户转化路径为，广告曝光给用户后，用户点击广告后下载广告主APP或打开已安装APP，并在APP内发生转化。其指标体系如表8-2所示。

表8-2　网页转化类指标体系

<table>
<tr><th>指标类型</th><th>漏斗环节</th><th>指标名称</th></tr>
<tr><td>属性指标</td><td>NA</td><td>时间</td></tr>
<tr><td rowspan="6">展示指标</td><td rowspan="6">NA</td><td>曝光量</td></tr>
<tr><td>点击量</td></tr>
<tr><td>点击率</td></tr>
<tr><td>点击均价</td></tr>
<tr><td>千次展现均价</td></tr>
<tr><td>花费</td></tr>
<tr><td rowspan="28">转化指标：APP类</td><td rowspan="23">成交前行为</td><td>下载量</td></tr>
<tr><td>下载率</td></tr>
<tr><td>下载成本</td></tr>
<tr><td>安装量</td></tr>
<tr><td>安装成本</td></tr>
<tr><td>激活总量</td></tr>
<tr><td>下载激活率</td></tr>
<tr><td>点击激活率</td></tr>
<tr><td>激活成本</td></tr>
<tr><td>次日留存量</td></tr>
<tr><td>次日留存率</td></tr>
<tr><td>次日留存成本</td></tr>
<tr><td>关键页面浏览量</td></tr>
<tr><td>商品页浏览量</td></tr>
<tr><td>商品页浏览率</td></tr>
<tr><td>商品页浏览成本</td></tr>
<tr><td>注册量</td></tr>
<tr><td>注册成本</td></tr>
<tr><td>申请量</td></tr>
<tr><td>申请成本</td></tr>
<tr><td>加入购物车量</td></tr>
<tr><td>加入购物车金额</td></tr>
<tr><td>加入购物车成本</td></tr>
<tr><td rowspan="5">成交后行为</td><td>下单量</td></tr>
<tr><td>下单成本</td></tr>
<tr><td>付费行为量</td></tr>
<tr><td>付费金额</td></tr>
<tr><td>付费行为成本</td></tr>
</table>

3. 社交传播类指标

社交传播类指标发生在曝光中或曝光后环节，可以是网页类、APP 类转化指标的过渡环节。指标体系如表 8-3 所示。

表8-3　转化类指标体系说明

指 标 类 型	指 标 名 称
属性指标	时间
展示指标	曝光量
	点击量
	点击率
	点击均价
	千次展现均价
	花费
社交互动指标	关注量
	关注成本
	转发量
	转发成本
	阅读量
	阅读成本
	点赞量
	点赞成本
	评论量
	评论成本

账户运营优化中，依据广告主的行业类型、考核 KPI 等进行“自定义列”的筛选，并下载报表进行营销漏斗分析是常用的手段。

对于品销联动的营销策略，从效果指标上进行数据分析，实际意味着数据闭环的需要。展示、点击、互动类前端数据存在于媒体侧，而转化数据存在于广告主侧。这就意味着需要打通前后端数据，形成数据闭环。

随着 2019 年快速爆发的 CDP（客户数据平台）需求，数据打通从广告主的营销侧会逐渐成为趋势，因为广告主营销的需求总是为行销服务的。

CDP 需求的爆发，也意味着营销理念从精准买量向用户增长及用户运营演化。CDP 需要满足的其中一个需求，就是对于用户的全链路洞察。

媒体平台的人群分析，是基于媒体的标签体系及媒体流量内行为对于人群的画像分析。我们看看腾讯营销平台上的“人群分析”模块提供了什么样的能力。

■ 人群分析

人群分析用于查看广告受众的画像及标签分布。

从筛选项、推广计划及日期选择上，可以看到某一段时间内某些推广计划曝光人群、点击人群、点击率人群及转化人群的画像。其中，选择点击率时标签显示的为高点击人群的柱状图。

画像数据上，当前披露的包含地域分布、性别及年龄分布。地域分布可以到省级和市级。

人群分布的数据统计上，有两点信息值得注意。

（1）数据更新时间为当天早上 9：00 查看前一天的数据。

（2）人群分析报表与所选择的定向不一定一致。原因可能是使用了自动扩量；也有可能是地域定向时设定为常住、旅行到、去过的地域，而实际人群报表显示的是“近期所在地”。

8.4.4 财务

托管给服务商的广告主投放账户，在投放管理平台的财务模块中仅可查看财务信息及财务记录。

■ 财务信息

可修改日限额，也可查看现金账户、虚拟账户和信用账户的余额及花费情况。

腾讯营销平台花费的定义类似巨量引擎平台的消耗。

■ 财务记录

可筛选现金账户、虚拟账户、信用账户，并查看其对应账户下的财务记录，如制作费、广告扣费、充值等。

8.4.5 工具箱

腾讯投放管理平台提供了丰富的工具，一部分是腾讯自建的工具，也有腾讯营销赋能生态中整合的第三方 ISV 工具。

从工具类型来看，营销工具分为四类，即账户辅助类、投放辅助类、转化辅助类和创意辅助类。

■ 账户辅助类

账户辅助类工具中包含了与广告账户相关的五个辅助工具。

1. 账户设置

包含两个设置项。一个是“修改落地页，广告不下线”，即使用该功能期间，可在广告创意有效投放时修改落地页，且广告创意可继续投放，并在落地页审核成功后自动切换。

另外一个设置项就是激活合约预授权，用于投放合约广告。

2. 账户中心

查看和维护账户信息的工具，主要是主体信息和行业资质。

3. 广告资质

用于管理广告相关资质，如附属行业、授权 / 合同等。

4. 推广链接管理

用于管理广告主推广账户的推广链接和 ICP 备案。

5. 操作日志

用于查看、搜索操作记录。

在运营优化的时候，操作记录是个常用的工具。典型的场景如分析是否有定向、出价上的修改，并从修改时间点前后通过报表查看指标上的变化。

■ 投放辅助类

当前包含 10 个自建或对接的投放辅助工具。我们先概要说明一下，在后续章节中再基于优化实践对重要工具进行深入探讨。

1. 定向包管理

用于创建、编辑和删除定向包，并可复用定向包以提升应用效率。

定向包的创建、编辑操作会进入广告编辑的定向设置页面，操作体验一致。需要注意两点：一个是定向包编辑修改后，会自动同步到此定向包所关联的所有广告中；另外，删除定向包会自动解除与相应广告的关联关系，但广告状态及定向包约束的定向条件不变。

2. 应用宝落地页

用于使用模板制作应用宝 APP 的落地页，如图 8-15 所示。

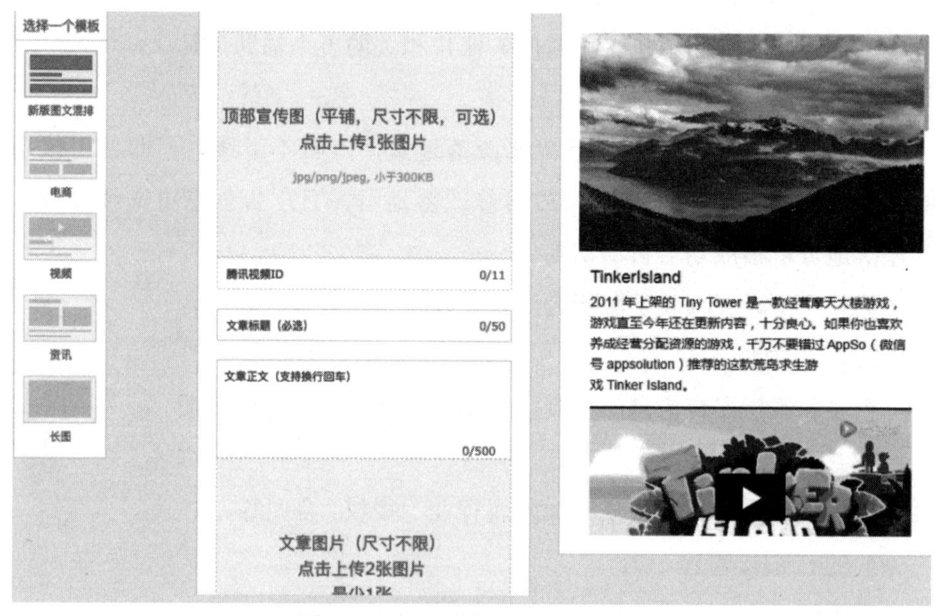

图 8-15 应用宝落地页创建功能

3. 本地门店管理

用于新增、管理本地门店，通常适用于 O2O 类或线下门店的广告主。

4. 联盟流量筛选

用于生成、定向或者屏蔽联盟流量包。

联盟流量包筛选的整体功能如图 8-16 所示。使用时需要注意其屏蔽流量包和定向流量包的应用要求。

上传流量包使用 txt 文件格式，其模板如下所示。

1810437

1813991

1719355

1894933

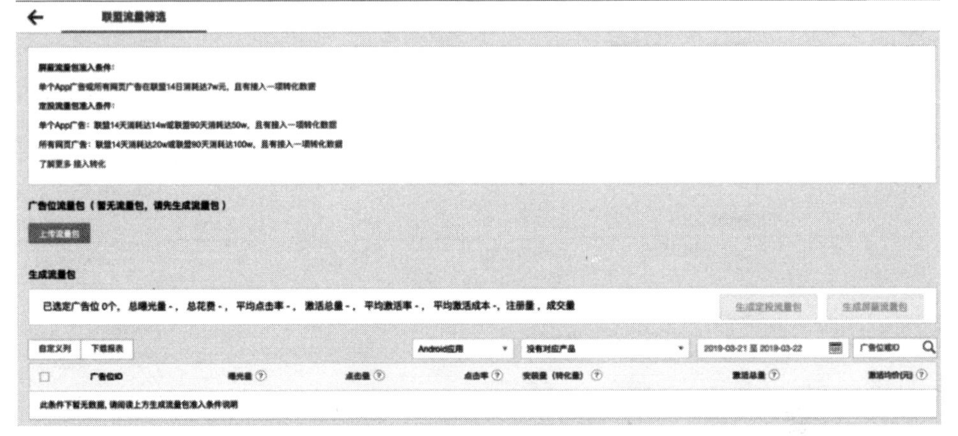

图 8-16　联盟流量包筛选功能说明

5. 商品管理平台

商品管理平台用于创建和管理商品数据，主要服务于电商等行业客户的动态创意投放需求。

点击商品管理平台后会进入商品目录平台。也可从如下链接直接登录商品目录平台：http://tools.e.qq.com/product-catalogs。

6. 拆分对比实验

拆分对比实验构造了公平的实验环境，用于投放策略验证阶段的 A/B test（A/B 测试）。

当前拆分对比实验仅支持单变量测试，可选择对比的变量有出价方式、定向和创意。

图 8-17 所示案例中，我们选取“出价方式”进行拆分对比实验，并且设置实验广告个数为 4 个。则在广告形式、广告版位等分别选择后，可以设置四种不同的出价方式进行实验。

实验的结果可以从报表中对比查看，分析出价方式的影响，并将优选的投放策略应用到后续的广告投放优化中。

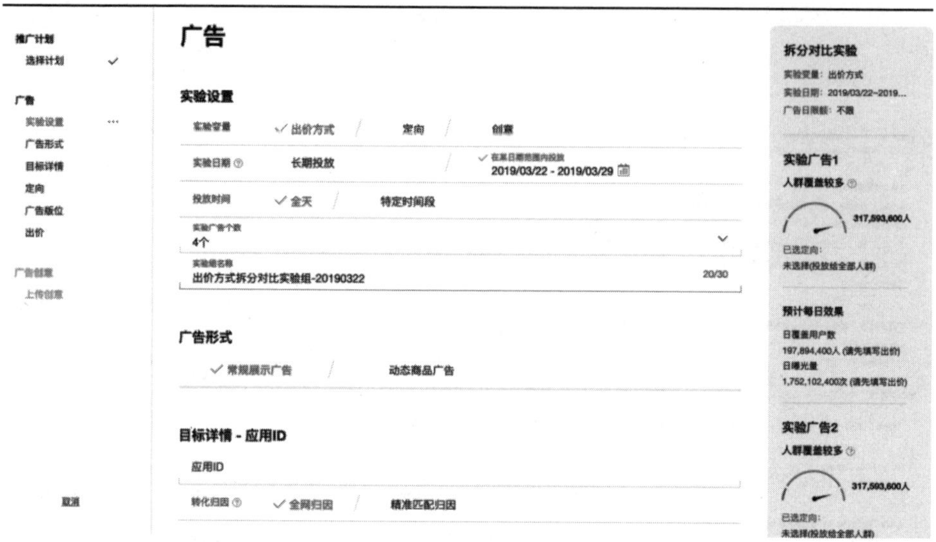

图 8-17 选取“出价方式”进行拆分对比实验说明

7. 商务管家

商务管家是投放账户管理工具，可用来为广告主、代理商等关联腾讯社交广告账户，拥有者即可登录商务管家进行相关广告账户的管理和查看。

广告账户的创建不在商务管家中，在服务商管理平台上。

8. 有赞落地页

有赞是腾讯营销平台的赋能合作平台。点击“有赞落地页”后会进入有赞平台。在有赞平台上可使用有赞微商城、微信支付和新零售相关的商家功能。

9. 一叶智能

一叶智能是腾讯合作的ISV。一叶智能免费套餐可用于基础落地页制作、管理及数据监测。

10. 微盟微商城

微盟也是腾讯营销平台合作的ISV，可提供开店、运营及推广相关服务。

■ 转化辅助类

腾讯提供了四种转化辅助类工具，服务于偏效果营销上的数据跟踪及资产管理等营销诉求。

1. 转化跟踪

转化跟踪用于跟踪、分析转化数据，包含移动应用下载类转化跟踪和网页类转化跟踪。

移动应用类场景下，可使用转化跟踪工具获取点击数据，并可在上报转化数据后查看转化指标进行归因分析。其中，上报转化数据支持 SDK 和 API 两种方案。这一点与巨量引擎平台略有不同，我们前面探讨过，巨量引擎平台在 2019 年已不再支持 SDK 方案。

网页转化营销场景下，有四种方式获取转化数据，即枫叶落地页、使用腾讯营销平台的自定义落地页工具、使用 Marketing API（营销 API）和 JS 布码的方式。

2. 线索管理平台

线索管理平台是腾讯营销平台打造的销售线索管理平台，也可通过链接 https://leads.qq.com 直接登录。

使用线索管理平台可打通投放数据与线索数据，以数据闭环的方案进行营销效率的提升。

3. 数据源

用于上传数据源、关联到广告上并应用于广告投放。

数据源支持移动应用数据源和网页类数据源两种。

4. 自定义转化配置

广告主可基于自身业务规则自定义转化指标，并进行转化配置，从而服务于定制化营销需求的营销漏斗分析。

使用自定义转化时，需要在工具箱“数据源”中设置数据源，然后在“自定义转化配置”中设置转化规则及类型。之后，在推广或报表的“自定义列”中找到并选择“自定义转化指标”即可使用。

■ 创意辅助类

腾讯营销平台整合了四个创意类工具，方便广告主进行高效的创意制作及质量检测。

1. 视频制作工具

可套用模板，快速生成幻灯片类型的视频创意。

也可直接登录“小视界”视频工具网址进行创意制作，链接为 https://tools.e.qq.com/videomaker。

2. 创意模板制作工具

通常适用于动态商品广告或动态创意广告，可基于创意模板快速制作商品创意。

3. 落地页制作工具

腾讯营销平台整合的“蹊径”落地页制作工具，可用于快速使用模板，制作 iOS 落地页、安卓落地页和网页落地页。

4. 素材自助检测工具

也叫“广告素材预审工具”，用于检测图文创意、文案的合规性，并可提供素材的修改建议。

腾讯广告营销平台投放实战

在整合 CDG 与 OMG 的广告资源后，腾讯广告营销平台整体流量资源超过百亿。从 CDG 重组后的 2018 年第四季度数据来看，网络广告收入增长了 38%，达到 170.33 亿元。而其中，社交广告依然为主力。

当前微信月活跃账户为 10.98 亿，QQ 月活跃用户 8.07 亿，其中 70% 用户为“95 后”及“00 后”。庞大的用户基数，为腾讯广告平台带来充沛的广告库存和买量空间。

我们来探讨一下整合后的腾讯广告营销平台实战方法。

9.1 账户操作入门

腾讯广告营销平台的账户分为三层，即账户、计划和广告，其中广告与创意是多对多的关系。这一点与巨量引擎有所区别，巨量引擎的账户分为四层，为账户、广告组、广告计划和创意。

在腾讯营销平台上，广告是基础单元。广告计划是广告的上级，用于分类管理广告。计划的上一层就是投放账户。每个账户最多可以创建 2000 个推广计划。另外，每个账户最多可以创建 20000 个广告。

我们先看广告如何创建。

9.1.1 账户搭建

不同信息流媒体平台上，运营优化的基本逻辑是一样的。账户结构需要清晰、便于区分和管理，并且要利于投放后的统计和分析。

在腾讯营销平台上进行账户搭建的逻辑与巨量引擎类似，我们此处补充一下从推广计划命令、广告命名上进行账户结构管理的方法。

■ 推广计划命名

总体原则是根据营销规划的拆分设定不同的推广计划，命名上以表达清晰、逻辑性强为准则。

推广计划命名建议以短线隔开营销中的关键词，如产品分类、推广地域、促销活动、广告资源位等。我们可以为每个产品或每个品线建立一个推广计划；也可以按地域定向设置为华北、华南推广计划等。

假设我们现在为某视频 APP 做推广，投放的是新闻视频、沉浸式视频资源等资源位，而创意规格和创意内容有所不同。我们加上推广计划建立的时间，可按如下方式进行计划命名。

贴片视频 -922z-V 包装 -0302

沉浸式视频 -276-V 包装 -0302_2

信息流 -276d- 广场舞 -0301

插屏 640-064x- 赚钱 -0227

■ 广告命名

广告命名时建议对比分析的清晰度更高一些。可以使用广告平台、资源位尺寸、创意核心内容、核心定向、出价方式、上线日期等 2 ～ 6 个元素进行组合命名。

依然是采用上面的案例，对应到上面第一个推广计划“贴片视频 -922z-V 包装 -0302”，则计划下面多条广告的命名可参考如下。

贴片视频 -922z-V 包装 _ 赚钱 - 中年男 - 通投 -OCPM-0302_1

贴片视频 -922z-V 包装 _ 赚钱 - 中年男 - 通投 -OCPM-0302_2

贴片视频 -922z-V 实拍 - 男女 - 通投 -OCPM-0303_1

贴片视频 -922z-V 实拍 - 一线城市 - 通投 -OCPM-0303_1

9.1.2 广告创建

腾讯投放平台上新建广告的入口在各个功能模块的右上角，“新建广告”入口。全新创建一条广告仅需四个步骤。

1. 设置推广计划

创建或选择推广计划，确认推广目标、日限额与投放模式。

2. 设置广告

填写推广目标详情（落地页、应用 ID、QQ 号等）、广告定向、广告版位、排期与出价。

3. 设置广告创意

上传广告创意，撰写广告文案。

4. 确认提交

点击管理平台界面右上角的“新建广告”按钮，进入广告投放页面。

腾讯投放平台的广告创建导航机制可以使得广告创建很流畅，其整体功能如图 9-1 所示。

图 9-1　广告新建整体功能说明

我们以创建一个安卓应用推广目标的广告为例，走一下广告新建的流程。

■ 新建推广计划

新建广告的第一步是建立其所属的推广计划，推广计划中可以设置的有如下四个因素。

1. 推广目标

用于设置广告的营销目的。腾讯营销平台支持 10 种推广目标，如图 9-2

所示。

推广目标

网页	推广网页，增加网页的访问量
网页（微信推广）	在微信平台，推广品牌活动，增加知名度
电商网页	推广电商页面，增加商品购买量
Android应用	推广Android应用，增加应用的下载
iOS应用	推广iOS应用，增加应用的下载
Android应用（应用宝推广）	在应用宝平台，推广Android应用，增加应用的下载
认证空间	推广认证空间页，增加访问量
本地广告	推广本地门店或活动，吸引本地用户到店或参加活动
腾讯课堂	推广腾讯课堂课程，增加课程报名数
QQ消息	推广QQ公众号消息，提升公众号内转化

图 9-2　腾讯广告平台支持的推广目标说明

从推广目标设置可以看到，腾讯投放平台也包含微信网页推广和应用宝推广资源。

我们设置为安卓应用推广，继续广告新建流程。

2. 日限额

日限额为此广告计划下所有广告的每日最高花费限额。

日限额不能为空，可设置范围为 5 万～ 40 万元。

3. 投放模式

投放模式支持两种，即“标准投放”和“加速投放”。标准投放类似于巨量引擎的均匀投放，使预算在广告投放时间内平稳消耗；而加速投放以快速获得曝光为目标，可能会较快地消耗掉预算。

4. 推广计划名称

推广计划名称长度限制为 40 字以内，此名称不会对外显示。可按我们在账户搭建部分探讨的方案进行名称设置，便于广告管理。

推广计划新建后，可设置日限额、投放模式、广告计划名称，也可删除推广计划。

注意推广计划删除后无法恢复，删除前要谨慎确认。

■ 创建广告

广告新建中有五个设置环节，分别为目标详情设置、定向设置、广告版位选择、排期与出价设置，以及广告名称设置。

1. 目标详情设置

用于设置推广目标的详情信息。本流程中使用的是安卓应用推广，则需要输入应用 ID 及渠道包，如图 9-3 所示。

目标详情 - 应用ID
应用ID
追书神器免费版
渠道包
主线包
搜索
107
106
105
104
103
102
101

图 9-3　安卓应用推广的目标详情设置示例

而若推广的是落地页，则需要填写落地页链接地址。

2. 定向设置

腾讯广告平台提供了丰富的定向选择。用户可以在广告新建时选择已有定向包或新建定向。

图 9-4 所示为选择“新建定向”时的页面，从中可以看到腾讯广告平台支持的定向类型，包括地理位置、性别、行为兴趣等八个常用维度。

图 9-4　腾讯广告平台定向维度

定向运算规则上，在同一广告下，一级定向之间取交集，二级定向取并集。

举例来说，定向设置中同时设置了年龄为 25 ～ 30 岁、性别为女这两个一级定向，则广告定向的要求取交集为 25 ～ 30 岁的女性。再比如在兴趣定向中，选择了多个兴趣点，则用户满足其中一个即可。

本案例中，我们设置的推广目标是安卓应用，因此广告只会在 Android 操作系统上展现，无须进行操作系统的定向设置。

在下一章节，我们会专题探讨腾讯广告平台上的定向能力及其技术逻辑。现在，我们先按照图 9-5 内容所示，看一下定向部分其他四个实用功能。

（1）保存为定向包：勾选后，可将所选取的定向设置为定向包，便于后续广告新建使用。

（2）自动扩量：勾选后，系统将对定向人群进行自动扩展，便于曝光覆盖给更多的用户。

定向
新建定向　下拉选择已有定向包
地理位置
年龄
性别
行为兴趣
APP 安装
联网方式
自定义人群
财产状态 NEW
全部定向
推广Android应用，广告只会在Android操作系统上展现
保存为定向包，下次创建广告直接使用
自动扩量
人群覆盖较多
358,912,000人
已选定向：
未选择(投放给全部人群)
自动扩量：未开启，（不可突破定向）无
已选版位：
QQ空间、QQ、浏览器
预计每日效果
日覆盖用户数
-人 (请先填写出价)
（最大值140,518,400）
日曝光量
-次 (请先填写出价)
（最大值144,864,320）
预估数据不准确?

图 9-5　定向部分的其他功能

（3）流量预估：从定向开始，页面右侧会有人群覆盖及效果预估数据，且预估数据随着定向、版位和出价的变化而即时更新。

（4）全部定向：如果常用定向无法满足精准营销的需求，则选择全部定向，出现图 9-6 所示窗口。

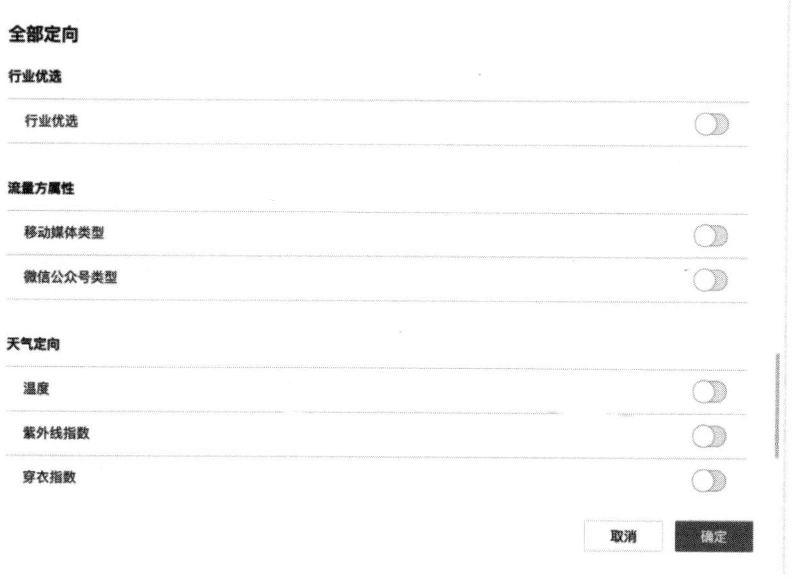

全部定向
行业优选
行业优选
流量方属性
移动媒体类型
微信公众号类型
天气定向
温度
紫外线指数
穿衣指数
取消　确定

图 9-6　全部定向功能示例

全部定向中增加了更多的定向选择，如穿衣指数、移动媒体类型、居住社区价格等。

精准定向是效果达成的重要因素，对于转化率有直接的影响。另外，与巨量引擎平台一样，在广告曝光起量阶段，不建议将定向设置过窄，以防曝光量级不足。

3. 广告版位设置

腾讯广告平台广告版位分为移动平台和 PC 平台。广告版位对应到广告出现的位置和呈现形式。

PC 平台上的广告版位较为简单，主要包括 QQ 空间图文和 QQ 客户端图文等；而移动平台上的广告版位则非常丰富。

广告版位上包括创意形式和曝光量数据。在选择广告版位后，会有示意图动态显示广告示例，如图 9-7 所示。

广告版位

移动平台　PC平台

广告版位	创意形式	描述	曝光量
移动原生	1280×720多图(文)	原生广告位	14亿
✓ QQ空间、QQ...	1000×560单图(文)	QQ空间、看点、动漫及浏览...	5亿
腾讯视频	960×540单图(文)	首页专栏、热点视频流、焦...	4亿
微信	960x334单图(文)	小程序	2亿
腾讯新闻	640×360单图(文)	新闻信息流	2亿
移动开屏	640×960单图(文)	开屏广告位	2亿
QQ空间及QQ	1280x720视频	QQ空间、看点及浏览器沉浸...	2亿
浏览器、手腾...	640×288单图(文)	资讯信息流、资讯文章页等	1亿
微信	960x334单图(文)	公众号文章底部广告	1亿
腾讯新闻	960×274单图(文)	腾讯新闻插件通栏小图	1亿

首页专栏、热点视频流、焦点图、移动暂停贴片

QQ浏览器文底图文广告

(广告可能出现在以上位置)

创意尺寸：1000×560

图 9-7　移动平台上的广告版位示例

随着广告版位选择的不同，右侧的覆盖人群预估与每日效果数据预估

也会发生变化。

细节上需要注意一点，微信上公众号、小程序资源已集成到腾讯广告平台上，但微信朋友圈广告还没有。

4. 排期与出价设置

用于设置广告投放的日期范围、日内时段、出价方式以及出价，如图 9-8 所示。

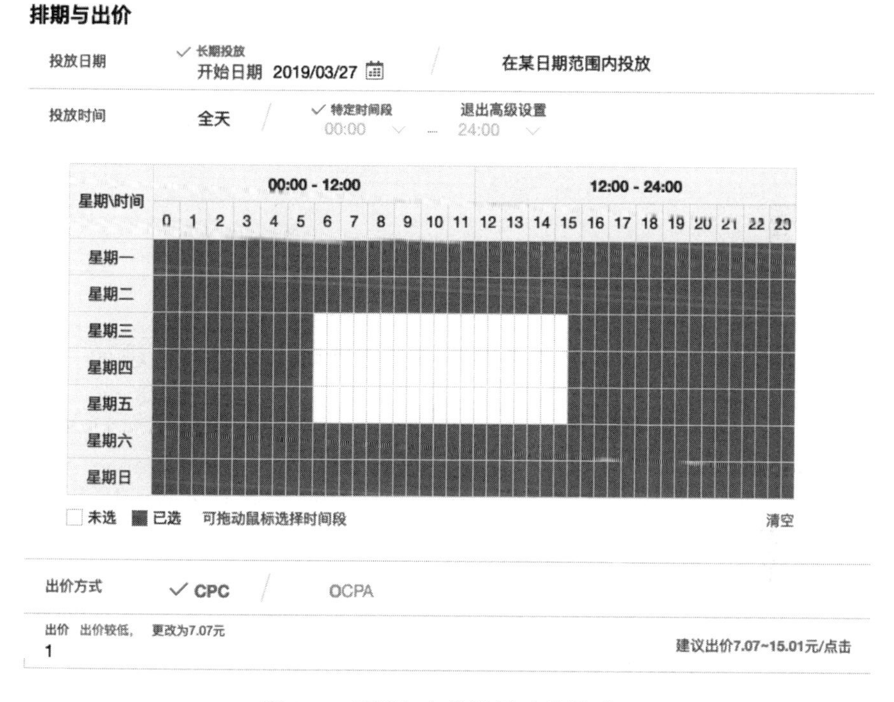

图 9-8　日期与出价设置功能说明

设定投放日期及日内时段后，广告仅在设定时间范围内才会投放。当然也可以设置为长期投放。

腾讯广告平台的投放时间段可细化到半小时，比如每日仅在上午 8：00—8：30 投放。

出价方式受推广目标设定及广告版位选择影响。在移动应用推广的目标选择下，常用出价方式有以下三种。

（1）CPM：按千次曝光收费。

（2）CPC：按每次点击计费。

（3）OCPA：按点击或展示扣费，但可以选择优化目标，且此处设置的是平均转化成本。系统会根据上报的转化数据，经过转化价值预估而自动出价。

选择出价方式后，系统会根据广告版位与定向设置提供一个建议出价。出价会影响广告曝光率。也就是说，用户可以设置较低的出价而无视建议出价，其结果是曝光数据较少，但广告依然可以成功创建。

5. 广告名称设置

根据广告版位的选择与广告新建日期，系统会生成一个建议的广告名称。本案例中，我们选择浏览器及手腾网广告版位，则系统建议生成的广告名称为：

浏览器及手腾网 -640×330 单图 (文)-20190327

广告名称仅用于广告管理，不会呈现在广告中。

实际设置时，建议按照本章第 1 节探讨的账户搭建方案进行广告名称的设置，便于后续的数据分析及账户优化。

广告名称设置后，即可进入广告创意设置环节。

■ 设置广告创意

广告创意的形式受限于所选的广告版位。

广告创意是用户实际看到的广告内容，本案例中，我们设置的是安卓应用的推广，且中间有落地页，则需要设置的内容如图 9-9 所示。

对于图片创意，腾讯投放平台可对尺寸过大的图片进行自动剪裁及压缩。另外，腾讯广告平台也提供了快速制图及落地页制作工具。

（1）快速制图：可使用“视觉中国”及“站酷海洛”的素材库快速制图。

（2）落地页工具：可使用工具箱中的落地页工具进行落地页制作，如“有赞落地页”。

创意制作后可进行创意预览，以确保最终投放出去的广告符合预期。

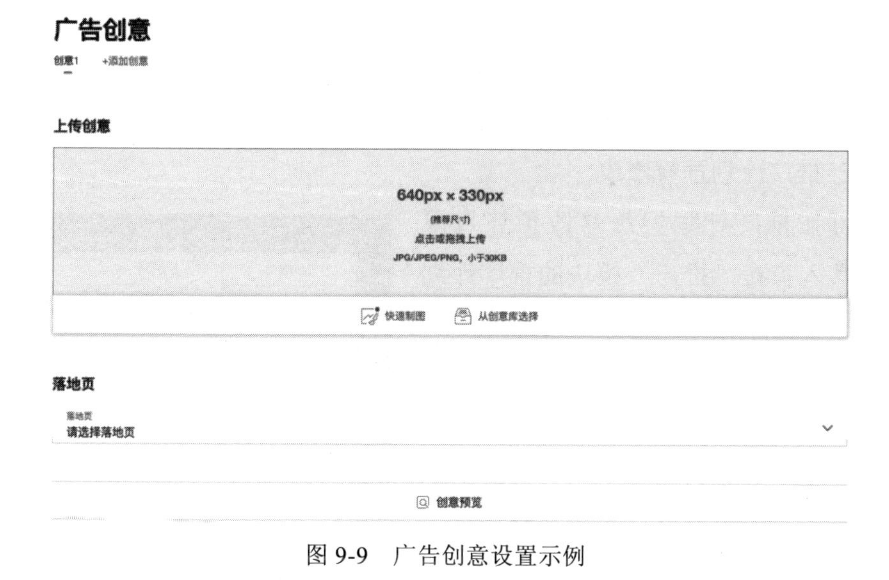

图 9-9　广告创意设置示例

■ 确认提交

完成推广计划、广告和广告创意的设置后，点击“提交”会呈现设置信息，确认无误后可提交广告，完成广告的创建流程。

广告提交成功后，进入审核阶段。一般来说，广告的审核周期为一个工作日，通过审核后广告即可上线。

从审核角度看，广告有三种状态，即未审核、有效、审核不通过。唯有通过审核的广告才能投放。审核通过的广告，又会分为四种状态，即暂停中、待投放、投放中和投放结束。

广告的实际投放状态，受账户余额、账户限额、推广计划限额等因素影响。如余额不足或到达限额时，即便状态为开启，实际上广告也不会投放。

9.1.3　广告修改

广告投放后，可按投放情况随时进行预算修改及推广计划、广告层的设置调整。

■ 修改预算

可修改账户级预算及推广计划层预算。预算修改后即时生效。

1. 账户预算修改

可调整整个账户的预算日限额。账户日限额的修改入口在“财务”模块，直接点击铅笔图标即可修改，如图 9-10 所示。

2. 推广计划预算修改

可在推广计划层级修改预算日限额，其入口在“推广”模块的推广计划层级。

推广计划层级的日限额会影响下层的所有广告，即广告总日限额为推广计划日限额。

我们看一下除了预算修改外，推广计划层还可以进行哪些广告调整。

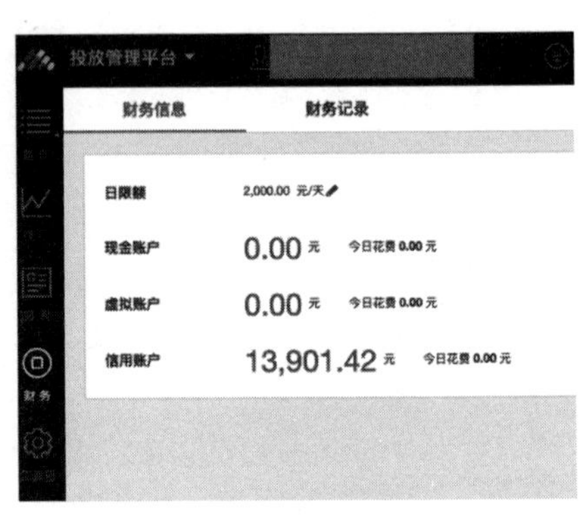

图 9-10　账户级预算调整功能说明

■ 推广计划层设置调整

除了修改日限额外，推广计划层还可以修改计划名称和投放状态，也可删除推广计划。推广计划层的可编辑项如图 9-11 所示。

推广计划　广告　标的物　关键词　过滤无数据的广告

自定义列　下载报表　所有未删除　2019-02-24 至 2019-02-28　推广计划或ID

计划名称	曝光量	点击量	点击率	点击均价	花费	操作	状态	日限额
OCPA	-	-	-	-	-		暂停中	200
移动原生-驾照升级创意-人群包曾经境外游人群-男	-	-	-	-	-		暂停中	200
1	-	-	-	-	-		暂停中	500
浏览器大图-人群包曾去境外游人群	-	-	-	-	-		暂停中	400
浏览器大图-人群包曾经境外游人群-20190108	-	-	-	-	-		暂停中	400
浏览器大图-境外游人群包-旅游驾照	-	-	-	-	-		暂停中	150
浏览器大图-高消人群包-1218	-	-	-	-	-		暂停中	150
浏览器大图-境外旅游人群包-1218	-	-	-	-	-		暂停中	200
浏览器大图-一线城市-人群包	-	-	-	-	-		启用中	200
腾讯新闻-1212	-	-	-	-	-		暂停中	100
浏览器大图一线城市-兴趣定向旅游汽车-20-60	-	-	-	-	-		暂停中	300
浏览器大图1207人群包	-	-	-	-	-		暂停中	300
本页总计	390	-	-	-	-	-	-	-

图 9-11　推广计划层的可修改项示例

1. 修改计划名称

直接点击铅笔图标即可显示推广计划名称，修改后即时生效。推广计划名称的修改不会触发重新审核，且当前投放状态也不会发生变化。

2. 修改投放状态

可启动、停止推广计划。

3. 删除推广计划

删除推广计划需要点击某一推广计划后才能看到“删除”功能。

处于“投放中”状态的推广计划无法直接删除，需要先调整为暂停状态。

一旦删除推广计划，则该推广计划下的所有广告都会被删除，且不可撤回。

■ 广告层设置调整

在“推广”模块中点击某一推广计划会进入广告层级。广告层级除了在广告列表上直接修改启停状态和出价外，还可点击某一广告进行广告设置上的精细化修改。

由于广告计划层可修改项较多，我们对触发审核项、无须重审项进行说明。可以通过图 9-12 对于广告层级的修改项进行整体了解。

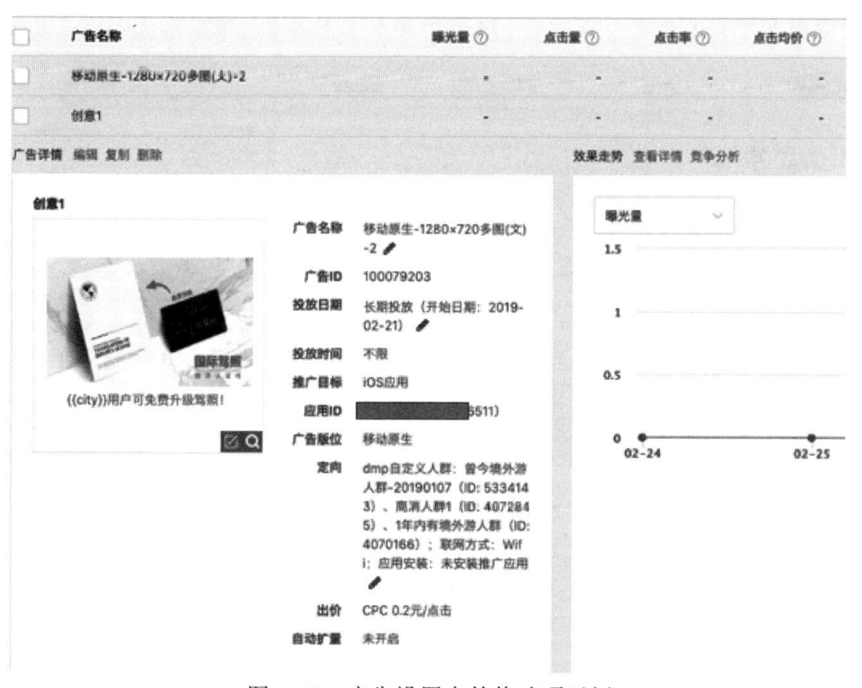

图 9-12 广告设置上的修改项示例

1. 无须重审项

修改广告名称、投放日期和时间、定向、出价，即时生效且无须重新审核。

2. 触发审核项

修改广告内容，包括标题、图片或视频素材、文案、推广链接等，需要重新审核通过后才能上线。

腾讯投放平台中推广计划缺省按创建时间降序排列，修改广告不影响排序。

■ *广告层设置参考*

腾讯投放平台除了修改项操作外，还提供了广告数据分析能力用于指标分析及调整的参考。

“效果走势”用于分析广告数据，“查看详情”用于直接页内导航到报表页，而“竞争分析”可基于竞争数据的分析找到优化调整的方向。

在竞争分析中，可以对比同行业或媒体大盘数据、曝光量级或点击价格类似数据，以及同定向的竞品数据进行分析。而筛选了竞品数据维度后，分析的维度又包括点击率、曝光量、点击价格和转化率四个维度，如图 9-13 所示。

数据指标	当前广告竞争排名	当前广告	胜出者平均值	整体平均值
创意点击率	前 0% - 0%	--	--	--
曝光量（次）	前 0% - 0%	--	--	--
点击价格（元）	前 0% - 0%	--	--	--
转化率	前 0% - 0%	--	--	--

图 9-13　竞争分析功能示例

善用竞争分析能力，有助于对于广告设置及创意表现从竞争环境的对比分析中找到营销漏斗的问题节点，从而进行广告优化。

除了外部竞争能力分析外，广告自身的效果评估是信息流广告运营优化更重要的手段。我们来看在腾讯投放平台上提供了什么样的效果分析工具及方法。

9.1.4　效果评估

腾讯投放平台的整体逻辑也是基于营销漏斗。它将营销漏斗简化为曝光、点击、转化三个部分，我们先看看腾讯投放平台上的常用指标。

■ 关键数据指标

腾讯广告平台的指标除属性指标（时间）外，分为展示指标、转化指标和社交互动指标三大类，前面已有探讨。我们现在看看最常用的营销漏斗指标有哪些。

（1）曝光阶段：曝光量、千次展示均价。

（2）点击阶段：点击量、点击率、点击均价、花费等。

（3）转化阶段：转化量、转化率、转化均价等。

命名上，曝光与巨量引擎的展示对应，花费与巨量引擎的消耗对应；指标的计算公式与巨量引擎一致，此处不再赘述。

在数据统计上，需要注意转化数据的统计窗口问题。由于效果数据是由广告主回传的，涉及追溯问题，因此 2018 年 8 月后腾讯广告平台的转化数据统计周期延长为 30 天。

■ 数据查询方法

腾讯提供了分层级的数据分析方法，可以从账户到推广计划再到广告进行分级数据查看。当然，也可以通过操作记录来分析数据变化的原因。

1. 账户层数据

首页中可以看到账户的整体数据。

另外，首页中集成了 Top 广告数据及新建广告数据用于快速定位及分析。

2. 推广计划层数据

在推广模块的推广计划层级，可以查看各推广计划的曝光、点击及花费相关数据。

3. 广告层数据

在推广模块的广告层级，可以查看效果数据、人群分析、竞争分析。

效果数据包括曝光量、点击量、花费、关注量、APP下载量等；人群分析包括地域分布、性别分布、年龄分布等。

效果分析、人群分析及竞争分析有助于了解广告投放效果，从而进行预算分配上的调整及广告设置上的优化。

4. 操作记录分析

操作记录有两个入口，一个是在推广—广告层级—效果分析中，另外一个是在工具箱的操作日志中。

复盘操作日志，有助于分析哪些操作导致了效果上的变化，从而进行回溯或优化。

腾讯广告平台可查看40天之内的历史操作日志。

报表相关功能在前面平台功能介绍中已有说明。数据分析的逻辑在巨量引擎中也已探讨过，逻辑上可以复用。指标分析的目标，无非是找到薄弱的点和优势的广告，从而在精准度上不断迭代优化。

接下来，我们看看在强社交属性下，如何从实战上驾驭腾讯广告平台的运营优化。

9.2 账户优化技巧

广告优化，简单理解就是不断调整推广中的关键因素来提升投放效果的过程。这些关键因素可以对应到上一节内容中我们探讨的可编辑项，如预算、时间、素材、出价等。

我们再度将营销漏斗简化为曝光、点击、转化三个环节，看在账户新建和优化中的常用操作技巧。

9.2.1 账户运营优化策略

腾讯广告平台上，广告账户的运营流程可以分为准备期、建模期、测试起量期和稳定放量期。

在不考虑行业差异及营销目标差异的情况下，我们看一个推广账户的生命周期该如何运营。

■ 第一阶段：准备期

准备期一般需要5天，即启动账户投放前的第1～5天。

在这5天中需要完成投放策略制定、产品及行业调研，对于移动应用推广或网页推广的效果营销目标，还需要进行数据对接。

具体拆解下来，准备期需要完成如下六件事情。

1. 优选资源位

根据推广目标的产品特点、目标受众，基于历史投放数据优选资源位，目标是初期尽快提升转化量。

2. 确认定向策略

依据推广产品的受众画像，制定定向组合策略。定向策略包括地域、性别、年龄、兴趣、行为、关键词等定向方案；也可以从DMP中挖掘行业人群、竞品人群等；对于已有投放过的推广产品，则可以考虑挖掘历史人群进行排除或拓量操作。

3. 制定创意策略

制定创意策略需要参考产品在行业竞品中的优势、卖点或差异化的点，同时也要考虑定向策略中的不同人群。

从产品及人群的匹配上制定不同场景下的创意策略，并依据投放类型产出图文或视频素材。

4. 明确投放标的

明确不同形式的转化目标，如H5引流转化、APP下载转化、公众号文章关注后转化等。

基于不同的转化路径，分别对其后端转化给出转化提升建议以及A/B

测试方案（A/BTest）。

5. 执行竞品分析

了解竞品友商的产品特点、投放形式、在各渠道上的投放量级及效果，从而作为重要的参考来修订投放策略。

另外，可以借鉴友商在推广策略上的经验或教训，从而降维进行同质化竞争或差异化营销借力。

6. 数据对接

通过 API 对接的方式完成投放前端数据和广告主侧后端转化数据的打通，为后续启用智能优化功能打好基础。

■ 第二阶段：智能优化建模期

此阶段为智能优化积累数据模型，一般需要 2 周左右的时间，即账户开启投放的前两周。

在此期间，运营优化需要紧盯账户投放情况，并保障及时进行如下工作。

1. 合理调配预算

根据广告表现以及跑模型所需的费用，及时调整日限额。

日限额调整的时候，需要考虑开通智能优化模型所需要的门槛、CPC 或 CPM 方式的基础出价，同时要基于预估初始 CPA 成本。

2. 精准定向优化

在智能优化开通阶段，需要保证人群定向的精准度从而获取优质用户，积累更高质量的数据模型。

在使用号码包上传时，可使用腾讯广告平台的 DMP 功能，对号码包进行画像分析，从而作为素材制作和优化策略的支撑。

3. 保证素材更新量

在跑模型阶段，保证素材的新鲜度非常重要。一般来说建议每日更新 3～5 版素材进行测试，并且尝试不同的主题和风格。

广告计划搭建时，可以将素材分为不同的对比组持续进行 A/B Test，以找到优质转化素材的规律。

4. 及时处理异常问题

需要在账户运营团队内、广告主服务团队和媒体运营支撑团队间构建起异常问题处理机制。

通常预料外的异常可能是因媒体流量异常或数据对接问题导致。如是媒体流量问题，如媒体资源被大客户包断等原因，则可以跟媒体询问解决；如是后端数据问题，则可以通过技术联调来解决。

异常问题严重时，建议暂停投放，待问题排查解决后再重启投放。

■ 第三阶段：测试起量期

测试起量期一般需要10天左右，即账户开始投放后的第三周到第四周。

在此期间，因为前面效果数据上已有分析判断，且智能优化模型已有积累，运营优化团队需要保证完成下面四个任务。

1. 出价方式调整

渐次将现有在投的广告和新增广告的出价方式改为智能优化出价模式。对于部分出价低、转化成本也低的广告，可以继续保留投放，用于降低整体成本。

2. 逐步放开定向

在此阶段，量级的提升是主要目标。因此，在广告主限制的定向范围内，可将原有的精准定向准备放宽，目标是在控制成本的同时获取最大的量级。

3. 增加资源位

可在原有资源位的基础上增加新的资源位，从而提升人群覆盖范围，获得更大的量级。

4. 进一步加大素材量

起量阶段，素材新鲜度尤为重要。此时可将素材更新频率提升到5～10版一天。

同时，要关注素材的生命周期，对于已经衰退的素材要及时淘汰。

注意，在此阶段不要频繁修改出价，以免模型跑乱。

■ 第四阶段：稳定放量期

广告和素材成功胜出后进入稳定放量期，则运营优化进入较为稳定可靠的阶段。此时需要保证下面四个关键任务的执行。

1. 常规优化

每日跟踪投放效果数据，根据转化情况对广告预算进行最优分配。

预备好5套以上的素材，用于衰退素材的替换。

每日观察资源位效果数据，对于流量大、效果好的位置和广告形式可从预算分配上加大投放量；对于效果不好的资源位和投放形式可暂时放弃。

2. 数据监测

每10分钟左右刷新1次广告数据，看流量、指标是否正常；也可以通过分时数据的环比看是否在单位时间内出现异常。

另外一个比较好的方案是技术上定制爆量、急掉量的预警提醒，便于及时发现问题并立刻调整。

3. 新跑量广告的尝试

可以每周进行新的投放策略尝试，以保证有新的广告可以跑量。

尝试方案上，可以从表现不佳的广告上，每周分配10%～20%的预算到新的资源位、素材、定向或活动上。

4. 异常问题诊断及处理

稳定跑量期的异常问题及处理方案通常有如下四种。

（1）资源位流量变少。在不变更资源位的情况下，可以增加日限额和素材量，从而提升ECPM上的竞争力；也可以通过更新高质量素材提升CTR上的竞争力；最后就是提高出价，提升出价上的竞争力。

（2）流量波动大。原因可能是预算、时段、设置修改频次高或幅度大导致账户出现较大的变化，此时可从操作日志中查找问题，并进行恢复或优化设置。

（3）效果波动大。稳定跑量期转化数据急剧变少且成本增高，可能是由于账户设置中的调整幅度大或素材衰退导致。此时可先审查操作日志，进行恢复操作；如因素材自然衰退，则需及时更新素材以保证素材新鲜度。

（4）转化量为0。如持续一段时间（几个小时），转化增量为0，则需要排查监测工具、数据回传API接口等关键转化流程是否有问题。此时建议暂停投放，待排查解决完问题后再重启投放。

并不是每个账户都要经历这四个周期。运营优化中根据推广的产品、目标等，可搭建多个投放账户。以某些多产品线的手游广告主为例，在大的信息流广告代理公司的腾讯系媒体上，其账户数量可能多达数十甚至数百个。

9.2.2　广告优化策略

广告运营的完整流程，除第一阶段策略制定外，对应到广告的整个生命周期。

从广告生命周期的视角，我们可以将广告账户分为三个阶段，即试水期、提升期和稳定期。三个时期分别对应到上面三个阶段的运营策略。

广告账户三个阶段的理想模型如图 9-14 所示，我们再来聚焦一下每个阶段我们的操作策略。

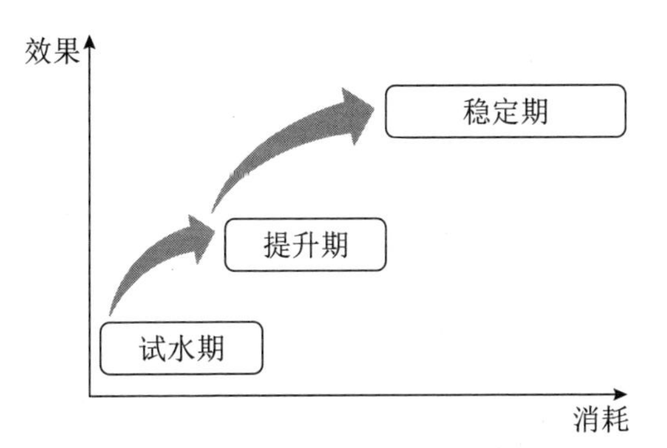

图 9-14　账户三阶段的养成模型

■ 试水期（测试期）

周期时间：5 天。

预算分配：8%。

关键任务：

（1）搭建账户。

（2）素材 A/B 测试。

（3）定向效果分析。

（4）产出后续优化方向，包括但不限于资源位、广告形式、素材等。

■ 提升期（建模期）

周期时间：5 天。

预算分配：14%。

关键任务：

（1）根据点击、转化人群数据确定有效的用户画像；再根据用户画像调整定向策略。

（2）根据转化人群进行拓量。

（3）根据资源位、广告形式上的表现，调整预算分配以及创意应用上的比例。

■ 稳定期（+放量期）

周期时间：28 天以上。

预算分配：78%。

关键任务：

（1）使用智能出价维持模型跑量，同时按需调整出价以降低成本。

（2）效果数据稳定在 KPI 之内。

（3）表现稳定的素材，可提升日限额以放量提升转化效果。

提升日限额、持续放量有时候会被单独定义为“放量期”，即常规的替换素材持续放量。

需要注意的是，上面的操作策略是最常用的手段，实际优化中还需要具体问题具体分析。

我们来看一个策略制定的案例。

■ 互金策略案例

在本案例中，广告主希望推广互联网金融理财产品；考核目标为 H5 入口和 APP 入口的用户注册量。

因广告主的产品入口有 H5 和 APP 两个入口，在策略拟定和测试阶段的测试对象不仅包括定向组合、素材模型，还要对两个入口的转化效果给出测试结论。

本案例中，因广告主给出的执行周期整体较短，而测试期任务又重，因此测试期使用离线效果数据汇报的机制来寻找优化规律。

为节省整体时间，转化数据对接及测试合并到了提升期。因此提升期既要在运营优化上确认优化模型，又要完成前后端数据的闭环，以便后续使用 OCPA 投放，导致提升期的周期整体被拉长到了 15 天。

整体执行策略可参考表 9-1 所示。

表9-1 某互联网金融产品推广执行策略

阶段	测试期	提升期	稳定放量期
周期	7天	15天	30天
日预算	3万元	5万元	20万元
执行关键点	测试不同资源位效果以进行预算调整	确认定向组合	使用OCPX投放，扩大买量空间
	测试H5、APP两种方式转化效果以进行预算倾斜	测试罗卡定向及DMP精准定向	持续跟踪效果数据进行优化调整
	测试定向与素材组合的模型	确定高质量素材文案组合	保证素材新鲜度

需要注意的是，并不是每条广告都能完美地按上述对标时间走过四个周期。腾讯广告平台上，有广告生命周期上的经验数据可供参考，笔者跟踪分析了数百个年消耗在千万级别以上的广告主，对数据聚类后做了分布统计，结论是：97% 的广告没有测试期，3 天左右就会自然衰落；而相应的，整体预算 96% 以上用于成功通过测试期的广告。

9.2.3 曝光提升方法

腾讯广告平台基于出价和广告质量等因素，系统计算出综合得分，并通过综合得分来评判曝光机会。

腾讯投放平台上的 ECPM 计算公式为

ECPM（曝光概率）=CTR（点击率）×CPC（点击价格）×1000

可见，出价和 CTR 的乘积越高，曝光机会越大。换言之，在决定了基础定向、日限额等因素外，对曝光影响最大的两个因素就是出价和创意点击率。

从投放平台的流量分发逻辑来看，出价、定向、推广时段、日限额等设置控制着可竞价广告流量的多少；而创意质量直接决定广告点击率、转化率等相关因素的竞争能力。

我们先来看定向、出价等影响竞价流量池的因子分析及优化方案。

■ 影响竞价流量池的因子

信息流广告在效果导向上的优化逻辑存在普适性，此处仅提炼腾讯投放平台上的优化逻辑并探讨经验。

1. 出价

新建广告时，建议上传优质素材后，将初始价格设置得略高于推荐出价的中值，这样可以快速获得曝光数据。

根据广告效果数据分析，若曝光量不足3000，则可以逐步提高出价，同时需要关注点击率、转化成本。

如果曝光起量数据快速上涨，则可以逐步降低价格，直到曝光量与成本趋于稳定。

这就要求我们密切关注巨量引擎部分探讨的两条曲线——曝光起量曲线与效果成本曲线。

新广告上线时，可供参考的日曝光量是3000～5000，可将其作为曝光趋于稳定的区间。

2. 精准定向

基于推广产品、目标受众的分析进行精准定向投放，然后通过报表模块的人群分析能力进行后验式定向调整。

与巨量引擎一样的逻辑，在曝光起量阶段，定向不宜过窄。

可从定向维度拆分广告组进行对比测试，一方面便于从定向上找到优化规律，还有一个原因就是可以避免同一账户下的广告因定向相同而相互竞争流量。

3. 日限额优化

初期没有参考的情况下可以先从日限额较少开始逐步放开；而对于消耗较快的广告，则以可拆分定向的方式，基于效果数据精细化分配日限额。

4. 推广时段优化

可通过推广目标的受众活跃时间来定向时间段，也可以先放开时段定向，通过效果数据分析来做推广时段定向。

在出价、日限额和相关定向确定的情况下，我们看在一条广告下如何通过创意的优化来提升曝光量。

■ 创意相关的曝光影响因子

创意相关的广告质量得分影响因子较多，其中可进行运营优化的因素有点击率、新鲜度、相关性、稳定性和投放时长。针对这些因子，常用的优化手段有定向精准、创意多变、规格齐全、投放稳定、出价有竞争力等。

我们具体来看一下创意相关影响因子的分析及优化方法。

1. 点击率

点击率主要受广告创意质量和用户需求匹配度影响。因此需要保证创意的吸引力及定向的匹配度。

对标数据上，如果期望广告曝光量在百万个/天以上，则创意点击率需要高于大盘平均值。

2. 新鲜度

新鲜度主要受覆盖频次和创意连续投放时长的影响。建议通过频次控制的方式避免同一用户看到同一产品或同一类目的广告。另外，腾讯广告平台上创意生命周期一般在7天以内，需要持续观察数据并及时更换创意。

参考数据上，如果期望曝光量级在百万个/天以上，则每周至少需要上一套创意。另外，为了保证创意的多样性，百万个/天以上的曝光，建议超过5个计划同时上线，且有20～40个创意处于“投放中”状态。

3. 相关性

相关性指的是广告创意与用户喜好的相关性。

相关性上的提升，除了创意质量之外，可以通过用户评论、广告屏蔽、点击率等数据进行后验处理。

4. 稳定性和投放时长

稳定性和投放时长指的是每日曝光数据和广告在线时长。稳定放量的广告创意本身可以为广告质量提升正向分。

参考数据上，稳定投放广告的日曝光量标准不少于 5000，且广告不提前下线——可以暂停后重启。

对于一个广告下有多条创意的情况，广告质量得分中创意相关因子的计算依据是该广告下表现最佳的创意，而非创意平均得分。

我们再来看一下曝光起量时常见的问题及解决方案。常见问题有三个，即不起量、波动大和在广告生命周期中所处的状态。

■ 曝光不起量

如上所述，曝光起量的标准是日曝光 5000 以上。在此数值之下，可以理解为广告曝光量低于预期。我们来看一下不起量问题系统性的排查方案。

1. 账户层级、广告计划级排查

首先要查看日限额、余额是否充足。初期设置日限额、余额过低会直接导致跑不起量来。另外，如果账户的曝光量急剧下降，也要在账户层级查看前几日的日均消耗与当前日限额的对比。如当前日限额或余额低于前几日的日均消耗，则曝光量也会明显减少。

在预算及余额充足的情况下，需要查看广告数量和广告规格是否充足。

广告数量在 3 条以下，可能因竞价单元过少而致竞价环境中的曝光量级不足。

另外，如果日限额、账户余额和广告数量充裕，但广告规格单一，也会因可竞价资源少且各广告之间的内部竞争而导致曝光不足。

多广告规格还有一个优势在于，与定向配合，对于同样的人群可使用多样化的创意来沟通，提升转化效果。

2. 广告层级排查

可先在广告列表中按“曝光量”字段进行排序，快速定位问题。我们以图 9-15 所示的广告计划为例进行说明。

在本案例中，除了第三、四条广告审核不通过外，第一、二、五、六条广告明显地曝光量不足。我们可以针对这四条广告进行问题排查。

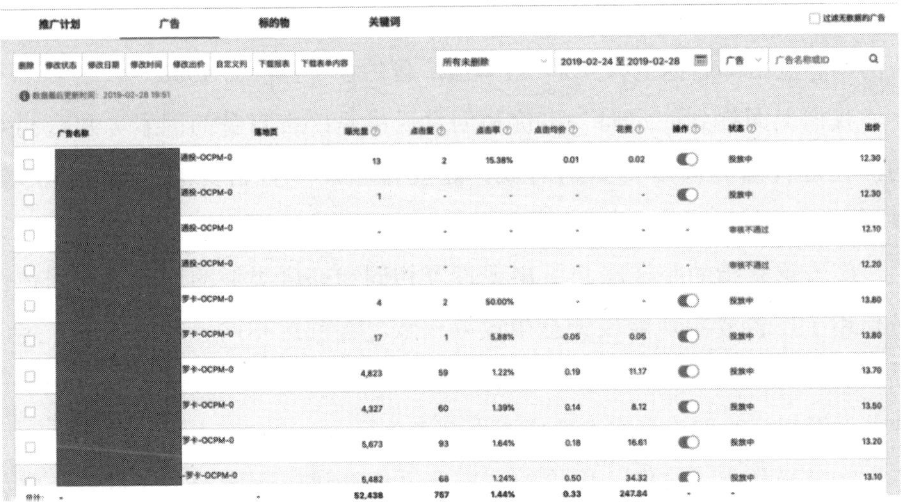

推广计划 广告 标的物 关键词　　过滤无数据的广告

删除 修改状态 修改日期 修改时间 修改出价 自定义列 下载报表 下载表单内容　　所有未删除　2019-02-24 至 2019-02-28　广告　广告名称或ID

数据最后更新时间：2019-02-28 19:51

广告名称	落地页	曝光量	点击量	点击率	点击均价	花费	操作	状态	出价
通投-OCPM-0		13	2	15.38%	0.01	0.02		投放中	12.30
通投-OCPM-0		1	-	-	-	-		投放中	12.30
通投-OCPM-0		-	-	-	-	-	-	审核不通过	12.10
通投-OCPM-0		-	-	-	-	-	-	审核不通过	12.20
罗卡-OCPM-0		4	2	50.00%	-	-		投放中	13.80
罗卡-OCPM-0		17	1	5.88%	0.05	0.05		投放中	13.80
罗卡-OCPM-0		4,823	59	1.22%	0.19	11.17		投放中	13.70
罗卡-OCPM-0		4,327	60	1.39%	0.14	8.12		投放中	13.50
罗卡-OCPM-0		5,673	93	1.64%	0.18	16.61		投放中	13.20
-罗卡-OCPM-0		5,482	68	1.24%	0.50	34.32		投放中	13.10
总计：-	-	52,438	767	1.44%	0.33	247.84	-	-	

图 9-15　广告列表示例

广告曝光不足的原因我们通常能想到的是出价低、定向窄、创意差，这些我们可以将其归结为广告自身的原因。

首先是定向窄的排查。定向窄会导致可覆盖用户数量少。排查的时候可以使用曝光预估数据作为参考。腾讯广告投放平台上的预估用户数及日曝光量，参考的是前面一周的曝光数据。量化指标上，预估覆盖用户数低于 1 万就非常小了，建议放宽定向。另外，定向排查上需要注意一级定向在系统规则中取的是交集。因此，必要的标签要选全，不必要的标签不要选。

定向排查完了，就看出价设置。出价过低会导致广告竞争力不足。出价设置可参考系统的出价建议。系统给出的出价建议也是根据系统的历史数据计算得出的。我们假设在定向设置后，系统预估的日曝光量为 10 万，而系统给出的出价建议区间为 0.8 ～ 1.5 元，选用出价建议的上阈值 1.5 元，则系统预估可覆盖预估最大日曝光量 10 万的 60%，6 万。而若选用出价建议的下阈值，仅能覆盖最大日曝光量的 40%，即设置出价为 0.8 元，则预估日曝光量为 4 万。

定向、出价两个因素直接决定预估覆盖人数及日曝光数据量。而实际上，广告投放后的表现还受创意质量、当前竞争环境、广告效果等因素限制。

这三个因素可通过腾讯广告平台上的“竞争分析”功能来评估优化。

其中，创意质量上的评估首先要看创意点击率。从经验数据来看，开屏广告的创意点击率达标值为4%，信息流广告的参考标准为1%。

我们上面提到的定向、出价和创意质量是广告自身的因素。那么相对的，在进行曝光问题排查的时候，还要排查非广告自身的因素——广告重复。

广告重复指的是在账户下出现设置相同和高度类似的广告，原因往往是使用了广告复制功能或无意中设置一致。在创意相同、规格相同、定向高度重叠的情况下，系统在广告筛选时只会选择一个广告来曝光，这就意味着设置相同的广告事实上造成了内部竞争。

实际操作中，定向、出价的调整要循序渐进，不要一下子放开。比如出价上，可以 0.1 元为阶梯来逐渐调整。

另外，在新广告上线的前面 3 个小时要高频查看广告的曝光、点击表现。根据各广告的表现及时调整出价、定向，如果表现依然不好则需要更换创意。

■ 曝光波动大

曝光不稳定有内部原因和外部原因。

1. 内部原因

可查看操作记录，看是具体什么时间段开始的曝光波动。根据该时间段的操作记录，针对具体的广告进行调整。举例说明，导致曝光急剧降低的操作包括调低出价、从加速投放变更为匀速投放、投放时段或投放日期调整导致流量减少、定向收窄、素材变更等。同时，还要看操作上是否有广告暂停、启用等。

另外，按照上述曝光不起量的原因排查方案，需要查看账户余额是否充足、素材是否失效等。

2. 外部原因

查看流量环境的变化，可使用竞争分析工具。一个典型的场景就是类似于“双 11”“双 12”的电商节。

近几年，各大电商平台在“双 11”等节点展开轰轰烈烈的造节运动。为了支撑流量的引入，在营销方案上采用了“全渠道”打法，即能买的各渠道流量尽可能购买。在这种竞争压力下，广告主要么是错开行业竞争，要么是在资源位和时间段上利用好差异化，再不然就只能在同一时间的同一个池子里提高出价竞争流量。

■ 广告生命周期

腾讯广告平台对于新广告有一定的资源倾斜。我们可以使用图 9-16 来理解广告生命周期的逻辑。

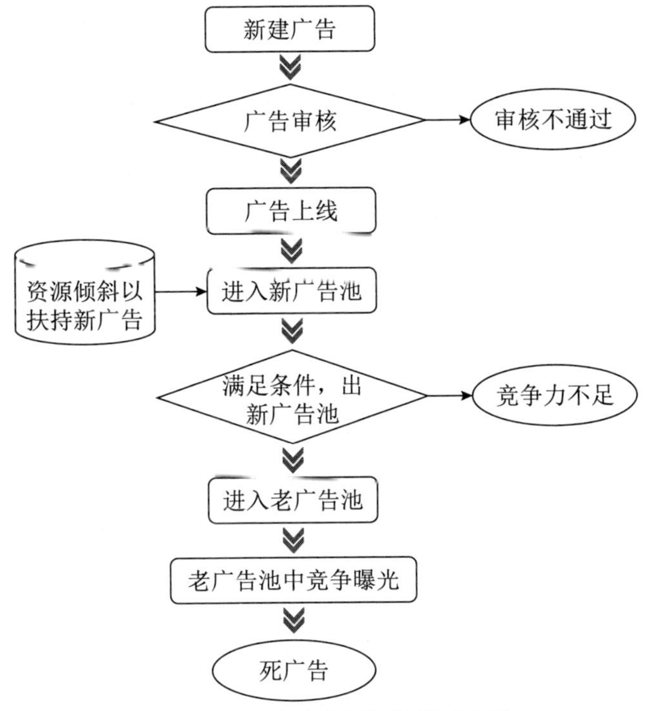

图 9-16　广告生命周期逻辑示意图

下面分步骤来说明。

1. 新建广告与广告审核

新建广告、更换创意等都需要经历广告审核环节。一般审核周期在一天内都可完成。完整的一个广告生命周期，从新建广告—审核通过—上线开始。

2. 广告上线与进入新广告池

新广告上线后，会进入新广告池。在新广告池中，系统会评估广告质量、CTR、预估转化率等指标，同时从资源上给予新广告曝光机会上的倾斜。

新广告池阶段是曝光模型上的训练机会。

3. 出新广告池并进入老广告池竞争曝光

新广告具备足够的曝光竞争力，则会进入老广告池。在老广告池中，广告会在公平的竞价环境中持续竞争曝光机会。

4. 广告衰退成为死广告

当广告再获得不了曝光机会时，即成为“死广告”，此时需要重新建立广告，重启广告生命周期。

系统不会明确标注出广告当前处于新广告池还是老广告池。因此，建议在新广告上线初期，初始价格设置高一些，“给系统一个好感”。比如说，经验上的参考价格为 1 元，则新广告可以设置 1.2 ～ 1.3 元。这样在新广告池中可以获得较好的曝光量和点击量，为模型打下较好的基础。在广告曝光稳定后，可以逐渐降低出价。

老广告池阶段对应到运营优化的持续放量期，此时通过更换创意等手段来维护广告即可。

从老广告到死广告，可能的原因有多种，比如说定向用户已经“洗完”。

逐渐进入死广告状态的判断标准有两个。一个是广告点击率低于前几天的平均点击率；另外就是曝光量下降到 1000 以下且难以优化。走到死广告阶段后，常规优化手段已无效，只能进行新一轮的广告投放。

从广告生命周期上，腾讯广告平台与今日头条巨量引擎平台从经验数据上有着统计上的差别。整体而言，腾讯广告平台起量相对较慢，但稳定后的广告生命周期较长（笔者曾跟踪过稳定跑量长达半年的广告）；而巨量引擎平台起量较快，但生命周期较短。

造成这种局面的原因可能是腾讯广告平台上的用户基数大，所以流量基数大；而今日头条因其资讯分发的核心逻辑，从精准度上说，它在曝光起量阶段可能更具优势。

除了曝光起量外，精准的定向也是营销漏斗的点击、互动及转化环节的关键因素之一。我们接下来承接上一章留下的问题，看腾讯广告平台上的定向应用技巧。

9.3　定向实战技巧

因腾讯广告平台的强社交属性，精准有效的定向设置对于广告的效果尤为重要。我们会对从基础定向方式的解析到深度用户挖掘的技术逻辑进行深入探讨。

9.3.1　定向方式解析

因信息流广告的原生属性，腾讯投放平台在做受众定向与创意匹配的时候，旨在“让广告在对的时间以对的形式出现在对的人眼前”。

在此理念下，腾讯广告平台提供了20多种定向方式，引入用户标签1000多个。并且，基于腾讯QQ号码、OpenID等账号体系，可以实现跨屏用户识别及定向投放。

上一章节，我们初步探讨了腾讯广告平台后台的定向功能，现在我们来系统分享其定向体系。

■ 腾讯广告平台的基础定向体系

2019年，腾讯广告平台将商业兴趣和行为定向做了升级，称为“罗卡定向”。罗卡定向的主要目的是对原来的商业兴趣进行拆解，使得标签具备更好的时效性。其中，行为定向用以标注中短期用户曝光及交互行为，兴趣爱好定向用于标识中长期兴趣。

升级之后，腾讯广告平台上的基础定向分为八个类别。

1. 人口属性

人口属性包括地域、年龄、性别、学历、婚恋状态、工作状态等定向维度。

腾讯系的用户国内外都有，故地域定向上国内和国外都支持。国内可精准到直辖市、省以下二级市，也可支持LBS定向；国外可到国家级别。

年龄、性别、学历等其他人口属性的定向，往往要受广告主的目标受众或营销场景限制。比如，母婴产品，可能需要定向女性、25～35岁、已婚，再根据其价格区间选择工作状态等。

使用地域、年龄等人口属性定向时需要注意覆盖面不宜过窄，以免曝光量不足。另外，建议结合流量较大的广告版位进行投放，且使用有竞争力的出价赢得曝光机会。

2. 用户兴趣

定向维度包含商业兴趣和关键词。

商业兴趣标签和关键词，都是基于腾讯系产品中用户的社交数据、行为兴趣等挖掘，并经数据清洗、聚类分类算法等得出的。挖掘来源包含 QQ 群名称、URL 点击浏览行为、APP 安装数据、广告点击交互数据等。

二者的区别，兴趣定向可选择与推广产品契合的兴趣点，定向范围较广，曝光量更大；而关键词可以个性化定制，更精准、灵活，但人群覆盖范围较小。

在使用商业兴趣标签的时候，建议善用二级分类取并集的逻辑。可选择符合潜在客户特征的多个标签，比如“孕产育儿”与“童装童鞋”，在精准定向的同时避免受众过窄。

使用关键词定向的时候，原则上关键词要短而多，单只广告的关键词上限为 2000 个。常用的关键词可以是品牌词、产品词、场景通用词、受众人群词、相关产品词等。

举例说明，如果投放日本旅游产品，关键词组合可以是旅游、日本旅游、东京、大阪、日本、北海道、境外旅游、出国游、自由行、房产、理财、奥迪……

因商业兴趣定向、关键词定向是精准的场景化定向，不建议再与其他定向叠加，以免不必要的曝光流失。

3. 用户行为

包含 APP 行为和 APP 安装定向方式。

APP 行为定向用于覆盖特定类型 APP 的活跃或付费用户，也可定向到具体的某 APP 行为用户。在指定活跃周期的时候，最长时间为前面一年（365 天）。

APP 安装定向通常用于竞品投放或明确目标的应用推广。

4. 消费能力

包括付费用户、消费状态和居住社区价格三个定向维度。

付费用户包含 APP 付费和电商付费两种，因其用户覆盖面小，非必要情况下不建议使用。

消费状态、居住社区价格用于定向高、低两种消费能力的人群。针对高消费人群的典型场景是汽车、房产等低频高消费产品的推广；而低消费人群往往用于描述追求价格低廉、性价比高，且对品质要求不高的用户。

5. 设备定向

定向维度包括上网场景、操作系统、联网方式、移动运营商和设备价格。

其应用的典型场景是应用推广。比如，应用过大（1G 以上），则联网方式可以选择 Wi-Fi 或 4G。又比如，应用包区分 iOS 和安卓推广时，则建议使用操作系统定向。

6. 流量方属性

定向维度包含移动媒体类型和微信公众号类型。

移动媒体类型定向，用于指定广告展现在特定类型的外部媒体平台上，如办公类、教育类等。

微信公众号类型定向，用于指定广告展现在特定类型的微信公众号上，如教育培训、家居装修等。

7. 天气定向

可通过温度、紫外线指数、穿衣指数、化妆指数以及气象几个维度进行定向。

天气定向本质上是地域定向。基于实时的天气数据更新，可按天气数据覆盖指定气象条件下的地域。

8. 自定义人群

包括定向用户群、排除用户群等。

自定义人群用于再营销场景的使用。例如，访客人群重定向、已安装人群单品导流、拉新用户时的老用户排除等。

让我们重复一下以加深印象。第一，定向方式的运算规则是一级定向取交集，二级定向取并集；第二，曝光起量阶段，定向使用的原则是必要的标签全选，非必要的不选。

定向应用的技巧上，善用账户搭建的 A/B 组方案，其逻辑与巨量引擎平台类似，此处不再重复说明。

我们来看一下腾讯广告平台提供了什么样的深度用户挖掘功能，以及其技术原理。

9.3.2 深度用户挖掘与精准定向技术原理

精准营销与传统媒介购买逻辑上的最大区别，在于精准营销使用的是用户定向技术，允许广告主在技术平台上仅覆盖具有特定属性的人群。

而对于媒体精准广告平台来说，强化受众属性、弱化广告位置，可以实现流量价值极大化。简言之，流量购买的逻辑上更重视“用户是谁”，而不再将“用户在哪里”放在第一位。

■ **腾讯广告平台定向技术原理**

我们先来看一下腾讯广告平台上，定向逻辑的技术原理，如图9-17所示。

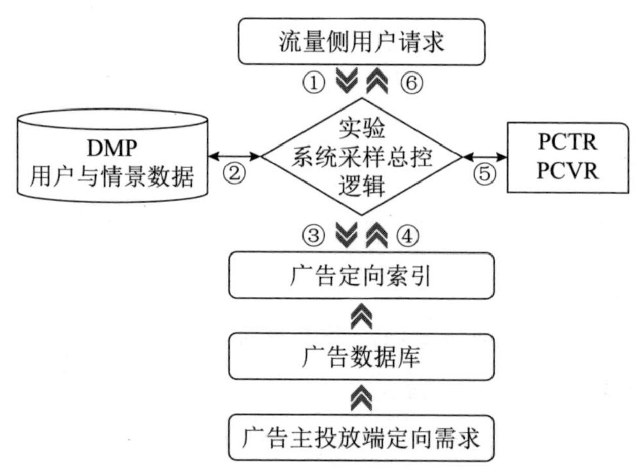

图9-17 腾讯广告平台定向技术原理

我们分步骤来说明，各步骤对应到上图的小字标注。

1. 流量侧发起广告请求

广告请求中包含广告位、用户信息、设备信息等关键数据，可参考我们前面探讨RTB技术原理比分的数据对象说明。

2. 用户与情景数据匹配

DMP中包含用户的标签数据、行为数据以及流量所属的情景数据。相关数据会进入投放引擎的总控逻辑。

3. 广告定向索引查询

总控逻辑请求广告定向的索引数据。

4. 广告定向索引的数据返回到总控逻辑

广告定向索引库中包含的是预处理过的广告数据。广告主定向投放规则与广告库存数据库事先经过匹配，“万中取百”之后的广告进入广告定向索引。

这个过程称为“scoring”（广告评分）。

5. 总控逻辑引入效果预估因素

总控逻辑在第二步已引入用户与情景匹配机制，在第四步引入了广告定向索引机制，而在第五步，会增加 pCTR 和 pCVR 效果预估因素。

其中，pCTR 指的是广告点击率预估值，pCVR 指的是广告转化率预估值。

经过效果预估后，总控引擎最终决出赢得曝光的广告。引入效果预估的总控逻辑，我们称为“Reranking”（重排序）。重排序的目标是将广告进行“百里挑一”，决出最终赢得曝光的广告。

6. 广告曝光

广告曝光，开始计费。

从上面的流程来看，广告中的定向，技术逻辑上就是挖掘目标用户精准投放的过程。广告定向体系要达成的效果，是把用户行为转化为广告主的投放需求。采用标签、关键词等方式，使得用户可被识别。

在做广告定向投放时需要平衡的两个维度就是定向效果与用户覆盖率。定向越窄，其效果可能越好，但用户覆盖率不足；反之亦然。

这也是为什么我们在运营方法上采用测试期、突破期、放量期等几个阶段的原因。如图 9-18 所示，不同运营周期的核心都是为了平衡精准度与覆盖率两个维度。

我们再来看一下腾讯广告平台上的用户数据是如何整合的。

■ 腾讯广告平台用户数据整合逻辑

从上往下，我们可以将腾讯系用户数据分为三层，即广告平台用户数据应用层、业务数据整合层和基础数据层。

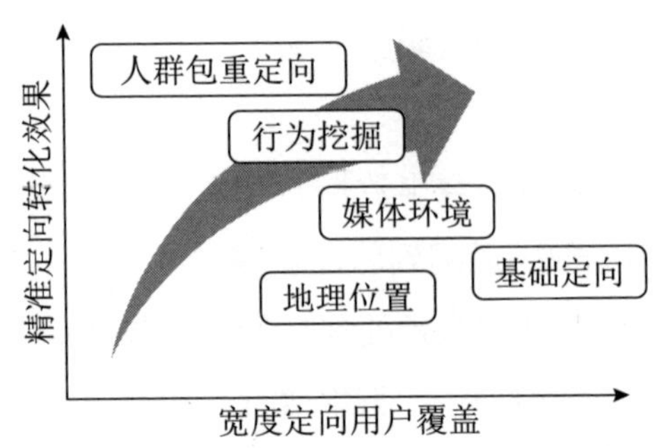

图 9-18　定向方式与两个维度的平衡示意图

1. 广告平台用户数据应用层

广告平台用户数据应用层包含腾讯侧用户广告数据、第一方和第三方数据，以及流量数据。

腾讯侧广告数据包含了用户的曝光、点击、转化等行为，并且可按需生成人群包用于再营销。当然，腾讯侧广告数据不出站，广告主使用的时候只能到人群包级别，而不能到设备级别。

第一方和第三方数据指的是广告主上传的号码包，支持 IME、IDFA 等各种格式。

流量数据指的则是从腾讯聚合的流量方的人群数据，比如京东商城。

2. 业务数据整合层

这一层需要处理的是腾讯系各业务单元的数据整合、应用及打通问题。基于业务上的用户行为打通，从而识别用户、为广告平台提供用户定向应用。

简单来说，腾讯系需要打通的业务数据包括社交业务、腾讯应用和第三方应用。

社交业务中的业务数据包括 QQ 群、腾讯说说、QQ 相册、腾讯课堂，以及站内的 URL 点击、分享数据等。

腾讯应用指的是腾讯系的应用或网站，包括游戏、微博、腾讯视频、腾讯新闻等，也可以获取 LBS 和地图 POI 数据。

第三方应用指的是腾讯深度合作的第三方，包括京东商城、拍拍网、58 同城、大众点评和搜狗搜索等。2019 年还要增加微信体系新起的第三方 ISV 有赞、微盟等。

3. 基础数据层

在基础数据层需要解决用户数据的基础属性和跨终端账户体系两个问题，从而支撑上面两层的业务体系、广告用户定向。

人口基础属性对应到广告平台，解决了基础标签和关键词等用户标注问题。具体的内容可包括年龄、性别、上网场景、学历、职业等。

跨终端的账户体系，包括 IMEI 到 QQ 号的映射表，及 IDFA、Cookie 向 QQ 号或微信公众号的映射表等。

广告投放平台上的用户定向体系，隐含的是上述三层的用户数据挖掘与语义分析能力。举例说，用户分析上，使用的典型方法是User-Item矩阵（用户行为分类矩阵）；而 QQ 群用户识别上，使用的是关系链矩阵分解。

这进一步解释了定向中的商业兴趣标签的数据来源。用户商业兴趣的判定，本质上是一个用户分类问题，其基于的是 QQ 群、URL 点击、广告点击及互动等用户数据。然后，利用语义处理工具，结合时效性进行加权平均后，进入置信区间的用户方会被打上相应标签。相对的，此类机制对于投放中的定向精准度和实时性提供了保障。

了解了技术逻辑后，我们来看广告定向的效果衡量及优化。

■ 广告定向的效果衡量与优化

衡量定向的效果，一般考虑几个指标的数据：用户覆盖量、广告曝光量、CPM、CTR 和 CVR。其中，CPM、CTR 和 CVR 指标如果采用定向前、定向后的对比提升数据，则更有衡量意义。

我们来看一下定向实操上的常见优化场景。

1. A/B Test 设计，用于新定向方式的广告上线

可使用同一广告计划下的两条或多条广告进行 A/B Test（A/B 测试）。实验组为使用新定向投放的广告，对照组为使用其他定向投放的广告。

分析人群覆盖数、CPM 成本、CTR 及 CVR 提升数据，从而调整定向方式进行优化。

2. 拓量方案应用，用于解决高质量用户覆盖率低的问题

常见的一个问题是高质量数据用户在投放覆盖的时候召回率过低，导致

曝光量少。此时，拓量操作（Lookalike）来增加目标用户量成为最常用的方案。

腾讯广告平台上有两种 Lookalike（拓量）方案。

第一种方案，我们称之为种子用户学习法（PU-Learning）。PU-learning 是基于用户画像和关系链对于相似用户进行挖掘，拓量机制会考虑多维因素。

第二种方案，则是基于社交网络的标签进行拓量。其维度更强调标签的相关性。

无论哪种方案，拓量后的效果往往会有下降。实际使用中为了保证效果，一般不建议超过 10 倍级以上的拓量比例。

拓量方案的效果衡量及优化，通常使用三类用户分组来完成，即拓量人群组、原始人群组以及随机组。其中拓量人群与原始人群的对比是为了看到人群覆盖与效果降低的均衡点；而拓量人群与随机组的对比，则是为了确保拓量后人群效果不低于随机人群。

上述优化建议针对的都是精准人群定向的单一维度。实操中，对于曝光较少的用户定向，可以采用提高出价的方式来获得更多曝光机会。另外，对于点击成本高的人群，也可以通过更换更匹配的创意、高点击创意等方式来实现。

问题归因往往单一维度比较有效，但优化方案往往需要组合出价、定向、广告位、创意等多维度，以降低试错成本。

我们接下来探讨腾讯广告平台的 OCPA 智能出价模式。

9.4 善用 OCPA

OCPA，即 Optimized CPA（CPA 优化出价），是腾讯广告平台 2018 年推出的基于投放目标和期望平均价格的智能出价模式。

在广告投放中选定优化目标、设定目标平均价格，并且回传效果数据后，OCPA 算法将借助转化预估模型，自动出价并最终按点击扣费。

我们先来探讨一下 OCPA 自动优化的逻辑。

9.4.1　OCPA 产品说明

使用 OCPA 时，需要指定一个唯一的优化目标。OCPA 通过机器学习来替代人工调价经验，在确保转化成本稳定的情况下，提高转化率，提升转化量。

相对于 CPM、CPC 出价，OCPA 直达效果投放目标，且通过系统的机器学习，OCPA 可以自动优化、提升效率。我们来对比一下 OCPA 相对于 CPM、CPC 出价模式上的区别，如表 9-2 所示。

表9-2　腾讯广告平台上三种出价模式的区别

	CPM	CPC	OCPA
目标	最大化用户曝光量	获得最有可能点击广告的用户	基于每次转化成本，获得最有可能发生转化的用户
出价	曝光	点击	转化
计费	曝光	点击	点击
目标相关度	低	中	高
转化成本控制	难	较难	易

使用 OCPA 时主要有以下四点注意事项。

1. 优化目标设定下的转化率预估模型

OCPA 模型下，需要指定一个唯一的优化目标，比如移动应用推广的目标可设置为激活。

OCPA 当前支持的推广目标为 H5 落地页和 APP 应用推广。H5 销售线索推广目标下，全量零门槛可投放；应用推广目标下，使用 API 方式对接转化数据时，需要满足账户内近 3 天的转化量超过 50，方可使用 OCPA 投放。

系统会根据历史投放数据和对接的转化数据来预估转化率，从而将广告曝光给转化率较高的用户，实现自动迭代优化。

2. 目标转化成本设置

OCPA 模式下，可直接对优化目标进行出价操作。出价逻辑为每条广告期望为此转化目标支付的平均转化价格（Average TargetCPA）。

举例说明，推广目标为应用推广，转化目标为应用激活，则所设的目标转化成本为应用推广中期望的平均激活成本。

3. 智能自动出价

转化率预估模型和出价，会决定系统为每次广告进行竞价的动态出价。自动出价的智能优化目标是确保最终的激活成本与期望出价中的设定拟合。

因此，OCPA 需要对接实时的转化端数据，从出价到转化成本形成数据闭环，方能支撑模型的训练回路。

4. 扣费机制

OCPA 依然按照点击扣费，从而保障广告主与流量方的利益平衡。

简单来说，在设定了定向、转化目标及目标出价后，系统会判断该广告定向的人群每一次点击的转化价值，并且动态地、差异化地出价。在对接效果转化数据的前提下，OCPA 优化模型会基于效果反馈数据实时调整下一次点击转化价值的判断，从而使得机器学习越来越精准。

■ OCPA适用范围

当前 OCPA 支持移动应用推广和销售线索收集类推广目标。

在使用 OCPA 模式时，系统需要获得足够的转化数据进行转化率预估。因此，广告主侧效果数据的对接是使用 OCPA 的必要前提。

我们使用表 9-3 来探讨具体的 OCPA 适用范围。其中根据不同行业和广告主站内转化路径的不同，节点指标会有所不同。按经验来看，越往前端的转化节点，模型的效果越好。比如应用推广的激活节点，比付费节点的准确度更高。

表9-3　腾讯广告平台上OCPA适用范围说明

	应 用 下 载	落地页转化
推广标的物	移动APP应用下载，包括安卓应用/iOS 应用及安卓联盟推广	外链H5落地页转化行为，网页、电商网页和本地广告
OCPA优化目标	激活、注册、下单、购买等	表单预约、下单、激活、注册、购买等
适用行业	适用于所有行业，购买决策越短的行业效果越好	

OCPA 模式的整体目标，是在保证转化成本可控的前提下，尽可能地获得转化量。我们来看一下具体怎么使用 OCPA 出价。

9.4.2　OCPA 实践建议

使用 OCPA 投放的流程分为四个步骤：对接转化数据、积累转化数据、OCPA 投放、迭代优化。我们将投放与优化合并为一个运营优化环节，分别说明三个步骤的要点。

■ 对接转化数据

从广告主侧进行转化数据上传或对接，是为了让模型理解转化人群，从而将曝光倾斜给潜在转化人群。对于销售线索收集（H5）推广类型和 APP 应用推广目标，转化数据的接入方案有所不同。

我们先来看 H5 转化数据的接入方案。

1. 使用腾讯广告平台提供的落地页制作工具

使用腾讯广告平台的落地页制作工具，可快速制作落地页并用于投放。基于落地页工具嵌套的数据回传机制，转化数据可自动上传匹配。

其优点是数据稳定、及时，缺点是落地页不见得能满足广告主期望。

其中，对于外链接电商广告主，可以使用枫叶电商管理平台制作的落地页进行广告投放；而对于非电商类中小企业广告主，可以使用腾讯广告平台提供的落地页制作工具制作落地页及投放。

2. 使用腾讯 Marketing API 进行数据对接

对于有技术能力的广告主，可通过腾讯 Marketing API（营销 API）进行数据对接。

如果广告主是自建落地页，且不希望添加媒体数据回收代码，则可以通过 Marketing API 方案进行对接。广告主仅需注册为腾讯广告平台开发者，按照技术规范完成开发对接即可。

腾讯广告平台的 Marketing API 能力为广告主的营销赋能，不仅仅在效果对接和 OCPA 投放上。我们在后续章节会进一步探讨 Marketing API 为营销生态带来的更多可行方案。

而 APP 转化数据的接入方案有以下三种。

1. 使用第三方监测平台

使用腾讯广告平台合作的第三方监测平台进行转化数据的回传，包括APPsflycr、热云、Talkingdata（腾云天下）等。这种方案普适于不同类型的广告主。

2. 嵌入腾讯 SDK

广告主 APP 中嵌入腾讯广告平台的 SDK，重新发布 APP 后即可自动回传转化数据。

3. 使用 Marketing API 对接方案

有技术能力的广告主，也可以使用与 H5 推广类似的 Marketing API 对接方案。

数据对接后要进行实时性和准确性测试。只有数据对接稳定及时的情况下，OCPA 模型才能稳定运作。如效果数据回传临时出错，可能会导致效果成本大幅波动。

在数据对接测试完成后，就进入投放测试的转化数据积累阶段。

■ 积累转化数据

为保证 OCPA 投放的稳定，最好在模型学习期积累转化数据到目标数据量之后，再调整为 OCPA 投放模式。

随着 OCPA 算法的升级迭代，机器学习阶段转化量的要求实际上已经逐步放开。我们看一下表 9-4 的建议转化数据，作为实操上的参考。

表9-4　OCPA转化数据积累建议

标的物	使用场景	目标数据量
APP	新建、复制广告或编辑CPC广告	账户内推广的该APP，近3天积累了50个转化
销售线索收集	新建、复制广告	账户内近7天积累了150个转化
	编辑CPC广告	账户内近7天积累了150个转化，或者单条广告近7天积累了50个转化

■ OCPA投放与迭代优化

OCPA 投放在达成效果成本及量级目标前，需要保持稳定投放，且要保证预算充足。当转化数据量积累充分后，成本会趋于稳定。

而广告初期使用 OCPA，或者较大幅度地编辑调整后重新投放，在转化数据不足的时候处于机器学习阶段，效果成本波动是正常现象。

这里边有两点需要注意。一个是在机器学习阶段，出价、定向、创意上不要做大幅修改，以免模型跑乱；另一个是新建广告有较大的修改后，需要等待转化成本稳定后再进行二次修改。

我们分别探讨一下 OCPA 优化中出价、定向和创意上的优化技巧。

1. 出价设置技巧

这里的出价指的是目标转化成本。

在 OCPA 广告投放时，如果该广告或推广账户已有投放历史数据，则建议出价设为近一周的平均转化成本；如无历史数据可参考，则可借鉴竞品数据进行设置。也可以参考系统给出的出价建议。

出价完成后，在机器学习阶段不建议修改出价；稳定投放阶段，建议出价调整幅度建议控制在 ±5% 之间。

无论是机器学习阶段还是稳定投放阶段，都不建议对出价做大幅调整，因为大幅调整会直接导致模型训练结果与预期不一致。

出价修改次日生效。

2. 定向优化

使用 OCPA 的总原则是定向逐渐放宽，给模型足够的空间。

因此，初期可基于广告主的受众要求或参考账户内其他广告设置一个定向。在机器学习完成、成本稳定后，逐步放宽定向条件。

3. 创意优化

OCPA 的核心逻辑是找对用户、出对价格，其价值更多是在流量筛选侧；而对点击、转化有重要影响的创意因素，则是用户沟通的关键因素。

在机器学习期，为了模型训练的稳定，建议创意不变。在投放稳定后，需要观察指标数据，当曝光、点击、转化数据出现下滑趋势时，需要及时更新创意以保证新鲜度。

通常来讲，使用 OCPA 投放时，创意的生命周期较 CPC、CPM 出价要长一些。在稳定期的 OCPA 投放，创意生命周期上的经验数据可达两周左右。

我们来看一个案例——某互联网金融广告主考核外链中的留资转化。

在使用 CPM 和 CPC 投放的时候面临两个问题。一个是投放账户和广告计划较多，管理困难；另外，CPC 投放效果不稳定，尤其是在长尾广告位上难以突破。

因此，运营优化上的诉求是简化广告效果分析方式，且在成本可控的情况下消耗量级。

在多次更换创意效果提升不明显后，运营优化团队启用了 OCPA 方案。在 OCPA 出价设置上，使用前面一周的平均留资成本；而在定向上，OCPA 初期使用较为有效的精准定向组。

在模型训练期结束后，出价方式不变，将定向拓宽到必要的一级定向。在稳定跑量期，日均消耗增长 496%，且转化成本降低 18.6%。

这个案例给出了 OCPA 普适性较强的一种方案，即在 OCPA 初期配合精准定向来训练模型，而在稳定期放宽定向以获取更大的流量和转化量。

另外两条 OCPA 实操上的经验可供参考。

（1）使用 OCPA 智能出价时，可配合使用精准定向和宽度定向以达成成本、效果的最优组合。精准定向广告配合高出价，可在赢得更多转化的同时训练精准模型；而宽度定向配合较低出价，可获取更多曝光机会。

（2）OCPA 基于流量的转化价值动态出价，因此可多尝试不同的广告资源位。不同位置配合起来投放在提升整体曝光量级的同时，有机会拿到低价转化量。

使用 OCPA 方式进行效果数据分析的时候，需要注意报表数据有延迟问题。腾讯广告平台在效果数据上有追溯期的概念。一般来说，实时的效果数据可能会偏小，2 ～ 3 天后才能看到完整的效果数据和更新后的成本。

以 APP 下载激活的推广为例，用户在点击广告下载 APP 后过了两天才打开，则此效果数据会两天后在腾讯广告平台上进行追溯修正。类似的问题也可能发生在广告主侧的效果数据回传延迟等。

正常的延迟可以通过数据追溯方案解决，不影响模型的训练；而若是数据对接出现较大延迟或数据不足，则需尽快解决，以免模型跑乱。

第三篇

技术赋能篇

第 10 章 代表平台案例解析

广告主在效果广告上获取增量用户的需求，促进了信息流广告的爆发。在基础的营销漏斗模型中（认知—决策—转化），信息流广告使用户决策路径变得简短且可量化。从信息传递、用户深度沟通及互动，到广告主站内转化行为，可能只需要用户的几次点击即可完成。

而对于广告主来说，无论是品牌广告还是效果广告上的诉求，策略上的第一步总是覆盖产品定位上的目标受众。这就是为什么在做营销决策的时候，首先需要考虑媒体用户的量级和受众重合度。

不同媒体的受众特点、营销场景各有不同。在信息流资源众多的情况下，选择合适的媒体及资源位是考验运营优化的第一步。本章以案例的方式，针对市场上具有代表性的信息流平台，从策略到实践进行具象的分享。从中，我们探讨一下信息流广告在营销闭环上的趋势。

10.1 腾讯广告平台案例分享

我们先来看一个腾讯广告平台上短视频 APP 推广案例。本推广案例中，推广对象为某短视频 APP，推广目标为应用下载激活。

首先，我们要对推广的目标产品进行分析，从而找出目标受众匹配的渠道。

10.1.1 投放策略制定

■ 推广产品分析

先来看一下推广目标 APP 所处的行业状况、产品特点以及目标受众定位。

1. 市场分析

2014 年 11 月，短视频社交应用“GIF 快手”改名为“快手”上线。此后，秒拍、抖音等多个短视频 APP 陆续上线，短视频行业成为互联网领域的风口，并从 2016 年起进入井喷期。流量机会爆发的同时，新兴短视频 APP 的推广竞争压力越来越大。

2. 产品分析

该产品为百度系新推出的短视频 APP，对标火山视频；当前行业中的用户量在国内排名第七。

产品差异化上，主要优势为智能推荐算法、内容创作者激励以及优秀的用户体验。

3. 受众分析

相对于其他短视频 APP 的受众，该 APP 的目标受众区域下沉，主要针对三四线城市及其下的乡镇级用户。

用户画像上，男女比例为 6∶4，年龄占比上以“70 后”和“80 后”为主。

本案例中，广告主对于新增用户的需求更大。同时，也期望提升老用户的黏性来累积 MAU。基于产品分析及营销目标，我们来进行推广策略的制定。

■ 推广策略的制定

市场上已有多个竞品 APP 的推广经验作为参考。因此，我们可以基于竞品的推广经验，结合目标产品的特点来拟定推广策略。

1. 竞品推广分析

服务团队通过行业调研，挖掘到四个竞品 APP 在腾讯广告平台上的推广要点，如表 10-1 所示。

表10-1　竞品APP推广要点分析

竞品APP	用户增量要点
抖音	合理搭配联盟资源位
	优秀素材类型为记录并分享生活类型
火山	联盟和应用推荐资源位效果好
	优秀素材类型为猎奇围观类
好看视频	信息流大图资源位和OM资源位效果好
	优秀素材类型为生活小技巧、老歌类
西瓜视频	主要投放广点通联盟资源
	优秀素材为手机工具类型

既然已经有明确的竞品推广经验可以借鉴，我们接下来可以直接进行推广策略制定。

2. 制定推广策略

本案例的 APP 推广目标中，既有拉新用户的增量诉求，也有对存量用户提升黏性的需求。因此，对于拉新诉求来说快速获取用户量非常关键，之后对于整体 MAU 提升的目标，需要进行更多资源位和创意上的尝试，如图 10-1 所示。

推广阶段	聚焦目标	关键任务
测试期	模型确认：优势资源、创意规律	优先测试联盟资源
		快速积累OCPA数据，并转入OCPA出价
突破期	明确机会：发力资源与重点素材	确保OCPA稳定放量
		保持素材新鲜度
放量期	增量点：可进行量级再突破的资源位与创意类型	在OCPA稳定放量时，挖掘新的广告资源和创意类型，不断提升消耗量
		依据产品特点，尝试新的创意类型以提升客户黏性

图 10-1　整体推广策略制定

广告主设定的 APP 激活成本是 10 元。在满足成本需求的情况下，客户允许日消耗预算可达 100 万元。接下来就到了投放执行阶段。

10.1.2　投放执行与优化

投放执行按照计划的测试期、突破期、放量期来逐步提升预算消耗量。

■ 测试期

按计划，测试期的重点任务是筛选广告资源与优选创意，从而确定优化模型。

1. 资源筛选

测试资源上，从 58 个广告版位中筛选出重点资源八类进行投放。其中 OM 资源有腾讯新闻大图、腾讯视频大图、天天快报大图等，内广资源有浏览器大图、附近的人、兴趣部落，联盟资源使用的是移动信息流原生广告位。

经过15天的测试，资源位上的测试结论基本可以判定。各测试资源位中，移动原生广告位和腾讯新闻大图广告位成本和质量稳定；腾讯视频大图量级较小，可继续测试；而浏览器大图等其他广告位质量分低，不再进行测试。

2. 创意优选

创意方向上，考虑到竞品的创意经验及自身产品的优势，定义了五个创意方向：美女、红包、街头采访、猎奇和乡村主题。

尝试了广告位场景与创意的叉乘逻辑后，15天后创意测试的结论为：美女主题的创意成本及广告质量较为优秀；街头采访、猎奇类成本较高，而乡村主题类素材质量差异大，均可继续测试。让人惊讶的是，红包、工具类质量分居然很低，不得不停止测试。

经过15天的测试，在激活成本曲线均值稳定在10元的情况下，日消耗值从8000元提升到5万元。

此时，竞品APP在腾讯广告平台上日消耗量也从5万元大幅提升到20万元左右，资源上对于该推广产品形成压制。尽管后面5天的消耗基本可以稳定在5万元左右，但此时需要解决一个关键问题——如何进一步进行消耗量上的突破。

■ 突破期

腾讯广告平台上，投放期内观察到短视频素材的点击率和成本比图文素材更有优势，而且越来越多的广告主预算向视频上迁移。服务团队寻求突破的一个尝试，就是信息流视频这种新的创意形式。

因此，突破的方案就是在拳头资源位上提升预算量级，同时主攻视频资源位置。这里边经测试出的拳头资源位包括腾讯新闻大图、移动原生大图和腾讯视频大图。而在视频创意上，进行了利益直达、街头采访、室内对话、剧情场景等多种类型，以期确认适合的创意点。

经过11天的放量突破期，视频消耗占比逐渐增大到62%，移动原生资源位占比28%，其他资源位占比仅为10%。放量突破期的后面5天，日均消耗量突破35万元。

那下一步的问题，就是如何实现量级进一步扩大，且可稳定放量。

■ 放量期

在原有资源位跑量稳定的情况下，除了常规的广告维护外，保证放量期量级稳中有升的重要举措就是扩充资源位。

在放量期，图文广告位和视频广告位均进行了扩充。

1. 图文资源拓展

图文资源上，常用资源多方位进行覆盖，使得测试更加广泛。其中，内广资源位增加信息流、“随心互动”位置，OM 资源位上增加腾讯新闻、腾讯视频的长图版位，联盟资源位上增加开屏微动资源，微信资源位上也增加了底部图版位。

2. 视频资源拓展

对视频资源进行了全面测试，包括视频流竖版、腾讯新闻视频、腾讯视频的视频版位，以及腾讯视频的前贴位置。

放量期得益于老广告位的稳定与新资源位的量级提升，整体视频消耗占比为 51%，日消耗峰值为 77 万，月均值 63 万，成本保持在 10 元左右。

至此，经过 49 天的投放优化，量级从最初的日均 8000 元提升了 49 倍。

10.2 今日头条平台案例分享

针对今日头条的巨量引擎平台，我们来分享一个社区电商 APP 的推广案例。

10.2.1 投放策略制定

本案例中，广告主为某社区电商平台，所属行业为网服（网络服务类）；推广目标为 iOS 和安卓两端的 APP 激活。本案例的时间跨度为 2018 年 8 月 30 日到 10 月 31 日，整体投放周期为 2 个月。

营销推广策略的第一步，我们依然是从产品分析出发。

■ 推广产品分析

首先分析推广目标产品的定位及特点。相对于市场上头部的天猫、京东等电商平台，此社区电商平台的定位更垂直。目标产品的市场定位，是海外购物笔记分享社区，同时也是自营保税仓直邮电商。

推广目标 APP 于 2013 年上线，初期主打为 UGC 购物笔记分享社区。在跨境游市场高速上涨的过程中，该 APP 利用高效的购物分享攻略方案，解决了旅游期间购物决策困难的痛点；在此基础之上，建立了自营海外购电商平台，提供精选海外购物服务。

那么对于这种垂直电商 APP 产品的推广，精准挖掘与锁定用户并用可触动用户的创意来沟通，就成为运营优化的主策略。

目标用户的锁定上，一方面利用广告主自有大数据平台的用户画像，从存量用户来挖掘；另一方面，从网络新人群、消费动机出发来挖掘新需求用户。

先从存量用户分析上看一下目标用户的画像。

■ 用户画像

该产品是围绕分享购物笔记社区延展出来的电商平台。其用户群体对奢侈品或高品质商品有购买需求，受众普遍具备以下几个特点。

（1）性别占比上，女性为主。

（2）年龄分布上，主流目标人群集中在 20 ～ 35 岁。这个年龄段的人群对于平台商品具备较强的购买欲望和购买力。

（3）职业画像上，以大城市高收入人群和留学生为主。白领、公务员等高收入人群收入稳定，且追求生活品质；而海外留学生是购物笔记分享的主力。

本案例中，服务团队为广告主建议的推广渠道是今日头条 APP。我们从用户画像出发来分析一下渠道匹配度。

■ 渠道策略

我们从年龄和地域分布上看一下今日头条的用户匹配度。

1. 年龄分布

年龄段分布上，两个 APP 相似度极高，都是在 25 ～ 40 岁处于正态分布区间，如图 10-2 所示。图中上面阴影部分为今日头条用户数据，下面为推广目标 APP 的用户数据。

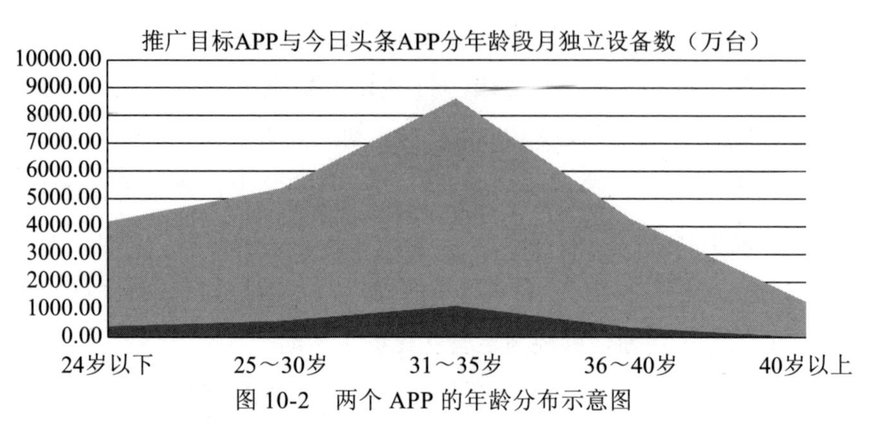

图 10-2　两个 APP 的年龄分布示意图

2. 地域分布

目标 APP 与今日头条 APP 的用户分布上，整体均衡，以一二线市场为主。其中，广东、江苏、四川、浙江四省均有用户量级上的优势。

服务团队从第三方调研公司获取了今日头条与目标 APP 的用户数据。2018 年 10 月，今日头条活跃用户数 2.6 亿左右，目标 APP 活跃用户数约 3200 万。二者的重合用户数经第三方比对，在 660 万左右。重合率上，今日头条上目标 APP 的重合率仅有 2.5%；反向计算，目标 APP 用户在今日头条 APP 上的重合率为 21% 左右。

这意味着，今日头条上有很大一部分用户可挖掘引流到目标 APP。

产品分析、用户画像及渠道匹配分析完成，实际上意味着定向、媒体和资源位的导出。那么接下来就要看如何与用户进行沟通，即创意策略部分。

■ 创意策略

我们将目标受众划分为核心用户、高潜用户和辐射用户，围绕购物分享笔记社区分别制定沟通策略。

1. 核心用户

核心用户以城市白领人群为代表。这个人群追求生活品质，喜爱购物且乐于分享，创意方向上可先测试明星效应和分享美好生活类主题。

2. 高潜用户

高潜用户以有购买需求但尚未了解目标产品类人群、商务男性、时尚达人等为代表。这类人群的创意沟通上，可先测试街拍类、购物分享类，尤其可使用巨量引擎的地域词包进行深入挖掘。

3. 辐射用户

可辐射影响的用户，典型的以电商中的高消费人群为主。创意策略上，可先测试服饰搭配、化妆、护肤等主题。

在对用户的沟通引导上，短视频比图文信息流可以传递的信息更丰富。因此，测试阶段就直接使用短视频创意为主、图文创意为辅的方案。

接下来就是运营优化的实践经验。

10.2.2 运营优化实践

运营优化过程中，主要围绕锁定用户和创意沟通。让我们来看看策略执行的结果以及可以借鉴的机会点。

■ 执行结果

经过上述产品分析、用户画像、渠道及创意策略导出，执行中聚焦到两个要点。

1. 广告资源

集中使用今日头条APP的信息流资源，资源位上包括图文广告位和短视频广告位。

2. 创意策略

以短视频创意为主，辅助图文创意以实现曝光、点击成本的均衡。

创意内容上，优先级由高到低设定为：女性穿搭短视频、美女模特类、室内采访类、幻灯片视频、男性穿搭视频、明星视频、美妆视频、图文内容。

为期两个月的投放中，总消耗量为560万。其中，安卓端消耗占比93%，iOS端因为投放启动得晚，只占7%。

效果数据上，安卓端平均激活成本为20.87元，留存率为20.59%；iOS端激活成本较高，为25.71元，但留存率相对较好，为32.41%。

在过程复盘中，有两点值得注意。

1. 消耗贡献 VS 成本控制

消耗量贡献上，信息流视频资源位最高，占比为 56%。消耗量由高到低排序为：视频、大图、组图、小图。

激活成本上，由高到低排序为：小图、大图、组图、视频。

因此，加大短视频资源位的投放量、其他资源位作为量级补充的理由不言而喻。

2. 亮点 VS 问题

其间消耗量峰值的两个时段，一次是因为穿山甲信息流广告库存多，日内消耗平均突破 26 万；第二次是因为真人视频素材跑量快，单日消耗突破 14 万。

出现的问题：10 月 19 日消耗突然掉量严重，经排查是因为 API 接口出现问题，导致 OCPA 出价缺乏效果数据而模型出现问题。

这里边除了 OCPA 使用时的数据稳定性需要引以为戒外，短视频创意的起量及成本表现非常亮眼。

我们看看在今日头条 APP 上，信息流视频类型的投放有什么可借鉴的地方。

■ 机会借鉴

同样是信息流资源位，短视频创意相对于图文创意有四个优势。

1. 意图直观

视频的信息传播效率远高于图文，更利于表达推广意图。

2. 内容丰富

视频可以借“音容笑貌”来影响用户，且有更多元化的创作空间。

3. 曝光度高

今日头条 APP 上的短视频创意起量较快，内容阅读使得曝光力度更强。

4. 互动性强

转化、评论、点赞等互动行为，实际上带来了曝光的二次传播。

从各短视频创意类型上来统计，真人实拍类消耗占总消耗的比例为

31%，幻灯片类占比为 6.9%。这两种类型的短视频创意成为跑量和成本控制上的亮点。

短视频创意上，我们总结了可供参考的方法论要素。

1. 真人实拍类创意

真人实拍类视频起量快、成本稳定，且由于真人现身说法的表现形式，用户留存率也高达 26% 以上。

在广告资源位上，竖版实拍视频在量级和成本上普遍优于横版。

创意内容上，外景、采访和街拍类视频较容易引起用户好奇心，起量速度快，而室内视频效果较差。

2. 幻灯片视频类创意

幻灯片视频的排版和背景要尽可能简单，其中白色背景效果较好。

素材版式上，真人实拍类效果较好，起量快且成本稳定。

3. 短视频创意的封面图

视频素材的封面图直接决定点击率。本案例中，使用视频中的真人封面，注册用户数提升高达 9 倍。

视频封面的选取，比较好的实践参考包括：突出活动利益点、用户现身说明效果、用户痛点带入等。

点击率的优化中，视频封面尤为重要。而在播放率、激活率的优化中，一方面需要视频前 3 秒与封面图的内容连贯起来，另一方面内容中对于推广产品的价值描述需要有吸引力。

在留存率优化节点中，视频内容中对于产品的价值点描述需要与产品自身特性高度一致。

10.3　微信平台案例分享

微信平台上，我们来分享一个面向企业端用户投放的金融行业营销案例。

10.3.1 投放策略制定

本案例中，广告主为腾讯牵头设立的某银行，成立于2014年12月。

我们先从产品分析逐步导出营销策略。

■ 推广产品分析

推广目标为企业贷产品，具备两个特点。

1. 额度较高

目标产品可为中小微企业提供流动资金贷款服务，最高额度为300万元。

2. 全流程线上批贷

从申请到提款全部线上完成，无须抵押质押，资金可即时到账。

■ 用户画像

推广目标对于B端目标受众有着明确的定义。

1. 地域限制

投放地域跟着业务拓展范围走，当前投放范围包括广东、浙江、江苏、山东等12个省份。

2. 目标用户

核心用户、高潜用户和广泛用户定义为：有资金困难的中小企业主、中小企业主、企业主。

也就是说，本案例的用户触达，是在限定的区域内精准覆盖目标用户。

我们再来拆解一下营销目标。

■ 营销目标

广告主的投放目标有两个，H5销售线索收集和公众号加关注。这两个目标是并行关系，用户导流及转化路径如图10-3所示。

广告主考核的KPI为费用率，计算公式为

费用率 = 广告花费 / 授信金额

现在我们列举一下广告投放的约束条件：

（1）KPI：销售线索或公众号加关注后的授信费用率≤0.5%。

（2）预算消耗要求：日均25万。

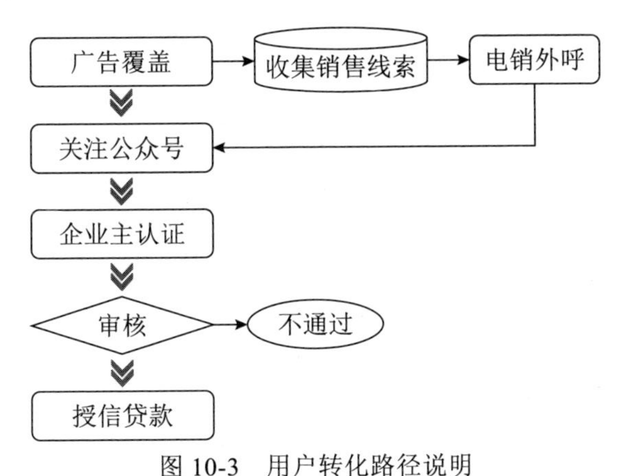

图 10-3 用户转化路径说明

（3）定向要求：广告主投放的名单内 B 端用户，可做新用户挖掘。

（4）广告位置：朋友圈信息流。

本案例中，定向、预算、用户转化路径、广告版位需求明确，执行策略上可操作的空间仅剩预算分配、定向和素材三个维度。

■ 执行策略

我们分别看在预算分配、定向和素材上可以操作的空间及优化思路。

1. 预算分配

因用户转化路径包括公众号加关注和销售线索收集后加关注，后者多了一个转化节点，理论上费用率更高；另外，广告投放 12 个省份，费用率也会有区别。

本案例中，广告主对于转化方案和各省份上的预算分配未做要求。因此，预算分配上有了运营优化的空间。

2. 用户定向

B 端用户名单较长，且可做新用户挖掘。因此，定向上有一定操作空间。

3. 投放创意

广告主允许服务团队进行创意制作，投放创意上可正常地多方向优化。

10.3.2 运营优化实践

类似本案例这种需求极为明确的信息流推广，风险往往在于难以消耗起量——钱花不出去。因此，在有限的优化空间上做到极致，才有可能实现目标用户的增长。

何况，本案例中广告主对于用户增量的需求是分阶段叠加的。

■ 第一阶段实践

第一阶段的需求是在满足费用率不高于 0.5% 的前提下，日均消耗达到 25 万元。我们看如何利用上一小节设定的三个优化策略达成放量目标。

1. 预算分配

经测试，直接引流到公众号添加关注的费用率为 0.41%，而导流到销售线索落地页后完成授信的费用率为 0.59%。可见，直接做公众号引流的费用率明显占优。

本案例中，广告主的电销部门还有销售线索量的隐性考核需求。所以，在满足 H5 导流量的前提下，预算优先分配给了公众号关注类投放。

再来看地域分布上的预算分配。经过测试，将各个省份的费用率和消耗量级进行加权平均计算，计算结果做降序排列，将预算分配跟计算结果设为一致，然后根据前后端数据进行预算上的调整即可。

2. 用户定向

在广告主提供的人群名单和定向上，采用的是分优先级投放方案。

将广告主提供的白名单用户作为第一优先级，采用高出价和排期投放的触达方案。

第二优先级为挖掘企业名单，按中等出价进行覆盖；第三优先级为拓展名单，即从白名单上进行拓展，采用较低出价和交叉标签定向的方式投放。

最后是人群包之外的人群挖掘，采用罗卡定向到兴趣关键词，采用“企业贷款”“小微企业”等精准词进行投放测试，获取用户增量。

3. 投放创意

创意上，尝试了十多个素材方向，并配合预算分配和定向调整以实现 ROI 最大化。

其中表现较好的创意方向有表盘指针说明低利率优势类、真人实拍现身说法类、手持手机做产品说明类等创意。

第一阶段的投放周期为一个月。执行过程中经运营优化，费用率整体下降 37%，最终稳定在考核范围 0.5% 以内。

广告主对于费用率 KPI 和消耗量均表示满意，于是将消耗量目标从日均 25 万提高到日均 60 万元，同时放宽费用率目标到 0.7%。运营服务团队沿着当前的策略，完成了优化目标。

于是，广告主再次提高了日消耗要求，在费用率不变的情况下要求日消耗达到 90 万元。

这时候问题出现了。

■ 第二阶段实践

在按原有策略进行优化，并将预算逐步放大到 90 万时，费用率从 0.68% 飙升到了 1.03%。这就意味着，费用率超过了 KPI 值 40% 多。

从用户路径上进行各节点排查发现，曝光成本和点击成本并没有明显升高。这也就意味着，在关注公众号之前的节点没有问题。那么在公众号中产品描述不变的情况下，最大的可能性就是公众号新增粉丝质量下降。

公众号新增关注人群是从多个人群包和关键词定向的，而广告主回传的转化数据仅有统计数据。这里面存在以下两个问题。

（1）无法分析投放人群包、定向人群的转化效果，因为没有与广告主进行数据对接，无法对人群进行拆分分析。

（2）很大的可能性是 C 端用户关注公众号的占比在增大，而这些人不符合授信规则。

针对这两个问题，运营服务团队落实了以下解决方案。

（1）通过 H5 落地页数据监测的方式，与广告主进行数据对接。从监测数据上分析人群包及定向包上的人群转化质量，并以此调整人群优先级和预算分配。

（2）C 端用户误引流的问题，主要发生在人群包外的关键词、定向人群。因此，针对这类人群的广告创意上，强调“企业专属”之类的信息。

基于转化数据上“由终见始”的优化，费用率下降 32%，且同时量级上涨 20%。在满足费用率 KPI 的前提下，日均消耗量超过 110 万元。

10.4 粉丝通平台案例分享

我们来分享某电商广告主在粉丝通上做信息流广告推广的案例。本案例中，广告主初期考核 APP 内 UV 成本，但后期 KPI 有所变化。

先看第一阶段，考核 APP 内 UV 成本时的策略制定及优化过程。

10.4.1 UV 成本考核阶段

首先是基于广告主的产品分析、竞品分析，选择匹配的媒体渠道。

■ 推广策略

我们需要从“定位”理论上分析广告主产品的特点、市场竞争情况以及主流目标受众。

1. 市场分析

从市场分析来看，超过 78% 的用户更倾向于平台自营商品，33.9% 的用户表示自营商品更有保障；然而有 68.2% 的网购用户在意价格和优惠力度。

2. 竞品分析

从竞品友商分析来看，天猫主打的是“好物”，京东促销善用“领券”，而该广告主电商平台的特点为“特卖”。

3. 产品分析

该平台的品类主要聚焦于服装、鞋帽、化妆品，女性用户是该品类的主要受众群体。

接着我们向广告主建议推广渠道。从媒体调性及用户契合度上考虑，为该广告主推荐的媒体渠道是微博的粉丝通。原因如下：

1. 用户契合

50% 的微博用户为“90 后”，39 岁以下的占比高达 82%，符合该电商平台最希望导流的用户群体。

2. 场景匹配

用户会使用碎片化时间刷微博来看资讯、听音乐、看视频等，与电商购物的碎片化场景一致。

3. 内容原生

微博主打的是信息流广告，具备内容原生、用户互动、自主传播的优点。对用户来说，微博的信息流广告具备软营销的优势。

接下来是执行策略的制定。

■ 投放策略

首先是资源位的选择。不同资源价格不同、流量基础不同，用户场景也会不同。需要依据资源位的 MR 来设定创意类型及创意策略。

微博粉丝通可以利用的资源类型较多，包括信息流轮播、banner 长条、多图博文、九宫格、大 CARD、边看边下 /H5 等。

广告版位的多样化和用户的年轻化为创意制作带来了更多的选择。因此执行策略制定为以多样的创意匹配年轻、个性化的用户群体，沟通的 Key Message（关键信息）为“质优又低价”。

然后是目标拆解与投放执行阶段。

■ 投放执行

本案例也是个典型的效果导向的信息流广告需求，拼的是运营中优化和技术真刀实枪的功夫。

此案例中，客户考核的已下载客户 APP 的用户 UV 成本，要求导流到电商网站内的 UV 成本低于 1 元。在严苛的 KPI 下，服务团队与广告主沟通后争取到了 30 天的测试期。

测试期的关键任务是找出优化模型。找模型的第一步，是从 KPI 拆解出优化要素。

我们一起来拆解一下分析过程。

1. 基于 UV 成本的计算

UV 成本 = 总消耗 / 总 UV 数

总消耗数 =CPM 数 ×CPM 单价

得出变量 1：CPM 单价。CPM 单价受出价影响。

2. 拆解总 UV 数计算公式及影响变量

总 UV 数 = 导流数 × 转化率

得出变量 2 素材及变量 3 定向。素材、定向影响转化率。

3. 拆解导流数公式及影响因素

导流数 = 总曝光 × 导流率

其影响变量同样是素材和定向，因为二者皆影响导流率。

从上往下分析，该案例中 CPM 价格固定、转化率波动较小、定向上广告主已设定为老客户的已购人群包及未购人群包，则可优化的关键点在导流率上。新客户因为需要经过下载、激活两个转化环节，其成功导流到广告主站内的转化成本自然会高。因此，直接采用老客户人群包上传重定向的方案来投放。

所以回到上面分析过程的 3，定向无法操作的情况下，导流率与素材强相关。而此案例中，广告主对素材类型不做限制，进一步明确了测试期的重点就是进行素材的尝试。

至此，优化模型的探测聚焦到寻找创意规律上。

在一个月的测试期内，该案例测试的创意量高达 389 条，覆盖四种资源位，最终提炼出 25 个创意类型，包括原生类、穿搭类、对错对比类等。到最后两周，UV 成本降到了 0.9 元。

达成 KPI 并且素材规律探测清楚后，应该可以直接进入放量期了。

需要说明的是，信息流投放中的测试期与放量期之间的突破期不是必经环节，当探测出有效优化方案后，可直接放量。如本案例中，创意规律找到后，可直接使用能控制住 UV 成本且能起量的素材类型进行大规模投放，进入放量期。突破期是优化模型聚焦验证的环节。

然而，一波三折，在该案例即将进入放量期的时候，广告主的 KPI 变了。

10.4.2 新客成本考核阶段

之前的 KPI 是考核 APP 用户的 UV，那么实际的优化手段就意味着老客唤醒；而新的 KPI 是新客引入，新客成本要求低于 400 元一个。

显然，基于新的KPI老客唤醒模式失效了，需要重新建立优化模式。

我们再一次来拆解KPI及执行策略。

（1）新客，即第一次在平台上发生购买行为的用户。新客来源为新下载激活用户，或已下载而未购买用户。

（2）对于新下载激活用户的策略是精准定向提升导流率、下载率。

（3）对于已下载未购买用户的策略是使用广告主的DMP来精准挖掘，并配合诱导转化类型的创意进行沟通。

在新的KPI下，客户同步放开了定向的KPI。那么当前可以使用的优化工具有素材、资源位和定向。

在CPM出价不能变更的情况下，可选的几个方向包括基于广告主的产品特征深挖素材、新的资源位、更精准的定向做新客引流及基于客户DMP的老客唤醒。

首先看资源位与创意。该案例发生时，可参考的粉丝通大盘上图文创意的导流率为0.3%，而信息流视频的导流率均值高达9%。那么立刻可以导出的一个尝试方案就是短视频资源位+短视频类型的素材。同时，通过资源位的甄选利用粉丝通提供的“边看边下”投放形式，使用户曝光—观看—下载在同一页面内实现，从而缩短新客转化路径。需要说明的是，“边看边下”资源位的使用需要进行API对接。

如第一阶段一样，在选定了资源位和投放形式后，探测期要聚焦的就是定向与创意的匹配。改变后的KPI要求更严苛，因此代理公司与广告主沟通放开定向要求的同时，由广告主提供了大量爆款单品、特价商品等物料信息。基于商品的分析，服务团队使用了定向—创意相匹配的方案。

测试期中，将用户分为新客组、老客未购买组，而新客组又基于领券、特卖等分为多组，其中需要注意的是新客组、老客未购买组中需要将已购买用户排除掉。

因该案例涉及电商运营的实践细节，其测试出的组合模型本书不便枚举，仅做经验上的举例供读者参考。

（1）剧情类素材适合匹配新客，内容富有创意、搞怪、槽点，则点击率和转化率较高。

（2）商品的单品素材对于新客引流、老客购买均有效，但素材质量要高。

（3）做新客引流时，单品要与定向人群匹配，比如洁面乳的标签会包含女性、美妆等；另单品选择时首选好玩而客单价低的商品，其次是当季爆款。

（4）优惠券是利器，对于新客、老客购买转化都有效，其逻辑类似于在 1.4 章节中介绍的案例。

综合下来，在一个月的测试期中，使用超过 10 组定向，匹配 10 种以上的创意方向，测试的短视频素材超过 200 种，组合出的测试投放计划超过 600 条。最终寻找到能平衡起量和新客成本的定向与素材的组合模型，进入放量期。

进入放量期后，该广告主的推广预算从测试期日内消耗不足 3000 元，稳定到日消耗 8 万元以上。

第 11 章 媒体 API 产品实战

随着媒体流量集中化的趋势，头部媒体聚合的流量在市场总量中的占比越来越高。近三四年以来，国内外头部媒体的广告产品，已经从平台产品上开放围栏往生态建设上发展了。

在国外，Google Adwords（现命名为 Google Ads）和 Facebook 在多年前就已开放 API 扶持技术型代理商。以 Google API 为例，当前美国在传统的媒体采买代理商之外，还有一批专门做投放平台的技术公司，以技术和数据能力为代理公司和广告主提供媒体采买上的效率提升。

在国内，腾讯、字节跳动、阿里巴巴等也纷纷推出了营销 API，旨在以自身平台的数据和技术能力进行营销赋能，扶持数字营销生态的繁荣。

11.1 腾讯营销 API 能力介绍

腾讯在国内最早推出营销 API（Marketing API），后面今日头条、阿里巴巴等多个头部媒体纷纷跟进。

时至今日，腾讯广告平台提供的 API 功能，对于服务商进行技术升级来说已经比较完备。

11.1.1 腾讯营销 API 应用入门

腾讯营销 API 是基于腾讯广告平台提供的一套接口服务，用于让服务商、广告主实现营销自动化、数据监控、系统预警、数据打通及报表自动化等功能。

我们先来看一下如何使用腾讯营销 API。

■ 调用营销API

调用营销 API 前，使用者需要先获取接口调用权限和推广账号的操作权限。我们假定使用营销 API 的用户来自代理公司的技术团队，则该技术人员需要执行如下三步。

1. 注册成为腾讯社交广告的开发者

操作过程仅需关联 QQ 号并完善资料即可，注册入口为 https://developers.e.qq.com/reg。

2. 创建应用程序并提交权限申请

这里的应用程序指的是基于 Marketing API 开发的应用，比如投放工具、数据分析工具等。

应用程序创建后提交审核 2 ～ 3 天即可使用。创建入口为 https://developers.e.qq.com/APP。

创建应用程序后即可使用正式环境的调用权限。建议投放类应用程序先进行沙箱环境测试，以免因误投放等原因导致财务损失。

3. 获取广告主授权以操作指定推广账户

Marketing API 与腾讯广告平台逻辑上一致，是以广告主的推广账户为基础进行投放管理和数据管理的。因此，应用程序需要获得广告主每个推广账户的授权，方可操作该账户。

需要注意的是，一个广告主可能会有多个推广账户，对每个授权都需要单独操作。

授权操作比较简单，只要使用代理商或直客广告主的开户 QQ 请求授权，然后使用推广账户登录 OAuth2.0 授权页面点击“同意授权”即可。

腾讯 Marketing API 的所有接口都通过请求参数中的 access_token（授权令牌）进行身份认证和鉴权。开发者使用 API 功能时需要确保三个条件同时有效：access_token 有效、接口调用配额没用完、接口调用频次未超限。图 11-1 是援引自腾讯营销 API 说明的授权示意图。

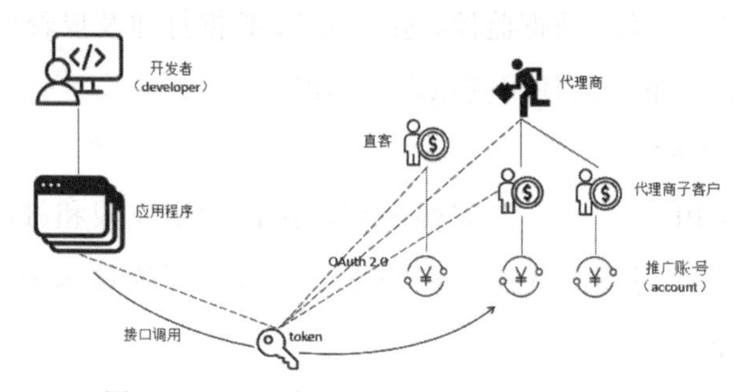

图 11-1　援引自腾讯 API 的授权流程说明

技术上，access_token 可以通过刷新接口保持其有效性。而接口调用配额和接口调用频次由腾讯授予，可从商务上协商。

腾讯 Marketing API 提供了从广告投放到报表分析、人群资产管理的整体服务功能，我们接下来对各个接口功能分类进行说明。

■ 账号管理

对于广告主用户来说，账户管理功能可用于实现投放账户的查询和修改、查看账户余额及实时消耗、查询账户资金流水等功能。而对于服务商来说，还可以用于为广告主开通新的推广账户，并在服务商账户和子客户账户间进行划账操作。

账户管理模块的 API 功能，对于代理商管理多个广告主子账号，在操作效率提升上的机会尤其明显。我们分别说明一下各个接口功能的要点。

1. 账户资料

广告主、代理商可用于查询投放账户信息和修改账号资料。

代理商查询的时候，可一次性请求下面各广告主子账户的信息。

修改账户资料一般应用于企业信息发生变更或需要提供推广资质时。需要注意两点，一个是修改账户资料后账户会变为“待审核”状态，需重新审核后方可投放广告；另外，此接口不能修改代理商的账号资料，仅可修改子客户或直客广告主的资料。

2. 财务信息

用于查询投放账户、代理商账户的资金财务信息，包括余额、实时消耗、资金流水等。

资金账户查询上，当前 API 已经支持腾讯广告平台上的资金分类，包括现金账户、分成账户、赠送账户和信用账户。

资金流水只能查询历史的资金日记和明细流水，不能查询当天的流水；当天分账号、推广计划和广告层级的消耗通过“实时消耗”接口来查看。

3. 代理商服务

代理商可使用此接口为服务的广告主新建投放账号和划账。

笔者的技术团队实践了在腾讯广告平台和今日头条基于 API 的划账工

具，通过一个入口进行划账，可节省大量的重复登录不同广告主投放账户的时间。基于 API 自建划账工具还可以打造一些风险预警和规避机制，避免划账上的误操作。

4. 资质管理

可使用此接口管理广告主的资质，通过一个入口实现效率的提升。

当前可管理的资质包括行业资质、广告资质、附属行业资质、微信行业资质和微信广告资质。

11.1.2　腾讯营销 API 投放相关功能

腾讯 API 提供了广告投放和管理、数据洞察、营销资产管理等功能，便于广告主、代理商实现运营能力上从人工向平台化上的演化。

腾讯 Marketing API 约两周会进行一次版本发布。因此，读者朋友见到本书时，相信 API 的能力已经更为健全。

我们看一下在广告投放相关能力上，API 提供的具体接口有哪些。

■ 广告管理

广告管理是 Marketing API 中最常用的功能。无论是代理商还是广告主，抑或第三方技术平台，都可以通过广告管理模块的接口功能实现程序化投放的对接。

广告管理部分的 API 功能，为沉淀运营优化逻辑、提升投放效率，以及进一步的营销链路打通提供了很大的操作空间。

API 中广告的层级架构与腾讯广告平台的逻辑类似，也是分为账户、计划、广告组、广告和创意五个部分。与巨量引擎平台不同的是，腾讯广告平台中广告创意不是广告的下一层。

基于 API 创建的广告只可以管理一条广告创意，但一条广告创意可以关联到同一计划下的多条广告上。腾讯广告平台 API 支持的广告架构如图 11-2 所示。

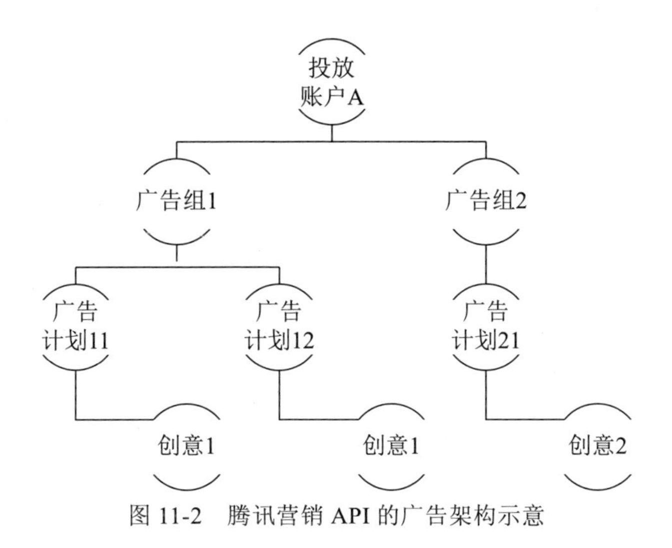

图 11-2　腾讯营销 API 的广告架构示意

推广账户的管理使用上面所述账户管理的接口功能实现，我们现在看一下其他四个部分的接口功能。

1. 推广计划管理

用于新建、更新、获取和删除推广计划。

基于 API 的推广计划管理功能与腾讯广告平台一致，包括推广计划名称、计划类型、推广目标类型、日限额和投放速度控制等。

Marketing API 当前支持三种计划类型：普通展示广告、微信朋友圈广告和微信公众号广告。

基于 API 的推广计划管理中，一个推广账户下最多可以有 15000 个计划。另外，微信朋友圈广告不能在计划层设置日限额。

2. 广告组管理

用于新建、更新、获取和删除广告组。其中，新建、更新、删除广告组使用 HTTPS POST 方法，获取广告组使用 GET 方法。

详细接口说明可参考腾讯开发者 API 接口说明，入口为 https://developers.e.qq.com/docs/apilist/ads/adgroup。

此处我们仅做广告组创建必选设置的相关说明，总体与腾讯管理平台类似，如表 11-1 所示。

表11-1　创建广告组必填属性设置说明

设置属性	参数名	使用说明
广告组名称	adgroup_name	同一账户下的广告组名称不能重复
所属推广计划	campaign_id	必填项
推广目标类型	product_type	必填项，需要与计划一致
推广目标id	product_refs_id	APP下载类广告和微信朋友圈本地门店广告时必填
站点	site_set	比如QQ空间、腾讯联盟流量等
定向条件	targeting	受众定向设置
优化目标	optimization_goal	设置优化目标
计费方式	billing_event	仅支持优化目标设置下的计费方式
价格	bid_amount	仅支持优化目标设置下的出价
日限额	daily_budget	适用于微信朋友圈广告
客户自设状态	configured_status	用于修改广告状态，含正常或暂停两种
用户行为数据源	user_action_sets	将用户行为数据源绑定至广告组，并可用于组下广告的转化归因分析

使用 API 创建广告组时，朋友圈广告有几个特别之处：一个是每个推广计划下最多创建 10 个广告组，且每个广告组下只能有一条广告；另外，朋友圈广告使用广告组日预算设置，而不使用推广计划日预算设置。

广告在系统竞价中的出价，由优化目标、扣费方式和出价金额共同决定。不同的优化目标下，可选择的出价方式不同。当前支持的出价方式有 CPC、CPM、CPA 和 OCPA。

我们从广告主属性设置中可以看到朋友圈广告的相关设置。使用 API 可投放的广告资源相对于投放后台，有着资源整合上的优势。不过当前营销 API 仅支持品牌活动推广、电商推广和本地门店推广三种标的物类型，而且仅能走朋友圈竞价投放。

当前 API 也支持投放公众号底部流量和朋友圈竞价信息流时，用户点击广告直接跳转进入小程序落地页。

腾讯 API 使用站点（site_ste）来管理资源渠道，站点决定了广告可以投放在哪些流量资源上。API 支持的站点包括 QQ 空间、QQ 客户端、QQ 音乐、移动联盟、腾讯网、微信、应用宝、腾讯新闻、腾讯视频、天天快报等。

在定向能力上，API 支持的定向类型与腾讯广告平台已经基本一致，包括地理位置、人口属性、用户行为、消费能力等。在2019年新版的API中，罗卡定向等能力也已同步。

3. 广告创意管理

可用于创建、更新、获取和删除广告创意。创建、更新和删除使用POST方法，获取使用GET方法。

另外，为了便于广告主、代理商自建广告投放能力，广告创意管理部分的API还支持创意规格查询、应用直达（Deeplink）和广告预览功能。

广告创意由创意规格、创意元素、站点等多个属性组成。创意规则定义了创意的元素及规范，并与站点属性结合决定了创意投放的位置。腾讯API当前支持的创意形式有文字链、图片、图文和短视频等几种。

广告创意创建时需要设置的属性如表11-2所示。

表11-2 新建创意时的属性设置说明

设置属性	参数名	使用说明
创意名称	adcreative_name	必填项，同一账号下的创意名称不能重复
所属计划	campaign_id	创意所属的推广计划，必填项
推广目标id	product_refs_id	对于APP下载类广告、微信朋友圈本地门店广告为必填项
站点	site_set	与广告组站点说明一致
创意规格id	adcreative_template_id	必填项，必须符合创意上设置的站点和推广目标类型属性
创意元素	adcreative_elements	必填项，含创意最终展示的信息，如图片、文案等
应用直达地址	deep_link	可选项，用于指定广告点击后广告主APP内的落地页面

开发者在自建系统时，可配合使用创意规格查询工具查看不同站点及推广目标下的创意规格及元素结构。

4. 广告管理

用于创建、查询、更新和删除广告。接口方法与广告主一样，使用POST和GET。

广告包含了创意信息和继承自广告组上的属性设置。一个广告组下有多条广告时，可设置为按轮选或以优选的方式选择投放。

广告创建时的必填项如表 11-3 所示。

表11-3　新建广告时的必填项

设置属性	参数名	使用说明
广告名称	ad_name	同一账号下的广告名称不能重复
广告组id	adgroup_id	广告所属的广告组
广告创意	adcreative_id	广告引用的创意
曝光监测地址	impression_tracking_url	用于监测曝光数据
点击监测地址	click_tracking_url	用于监测点击数据
是否支持转赞评	feeds_interaction_enabled	仅对部分创意类型有效，如信息流视频创意
转化归因开关	conversion_tracking_enabled	需要使用API、SDK、JS等方式上报转化数据

新建广告时需要注意两点。一个是广告组上设置的计划 ID、站点、推广目标类型与引用的创意上属性设置一致；另外，一条广告只能引用一个创意，但一个创意可被多条广告引用。

也就是说，对于素材 A/B 测试的场景，在投放功能自建上可考虑素材批量生成广告对比组的方案。

■ 营销资产

当前营销资产主要用于管理推广目标和落地页。

1. 推广目标管理

用于创建、更新和获取推广目标。前两个使用 POST 接口，获取使用 GET 接口。

推广目标决定了推广的内容属性。当前 API 支持的推广目标包括普通链接、应用推广、微信品牌页、本地门店、电商推广、应用宝推广、小程序和销售线索收集。

2. 落地页管理

新版的 API 接口支持自定义落地页和使用腾讯广告平台制作的落地页。

在腾讯广告平台落地页制作工具中创建的落地页，可使用 API 的获取接口查询落地页列表，并在自建的 API 投放平台上进行广告投放。

■ 数据洞察

数据洞察接口主要用于投放分析，是与广告管理配合的最常用的功能。基于数据洞察接口，代理商、广告主可按照自己的行业、产品特性，定制报表分析功能模块，对于分析及运营效率的提升往往效果斐然。

数据洞察包括广告数据洞察和人群洞察，另外可分析点击追踪报表和订单数据。

1. 广告数据洞察

广告数据洞察可用于分析账户、计划、广告组各层级的投放数据。

查询维度上，可以使用日报表接口以天为维度查询各层级的报表数据，也可以使用小时报表以小时为维度及时查询各层级的投放数据。

使用日报表接口时，仅可查询365天内的日数据，且单次查询的时间跨度不超过90天。在日报表的时效性上，通常每日8：00可获取上一日的完整数据。

小时报表接口最细查询颗粒度为广告组层级，不能到广告层级；仅可查询90天内的数据，一次请求一天。时效性上，一般广告曝光半小时即可查询。

使用了标签定向的广告中，可以按照性别、年龄、地域三个维度查询报表数据。

报表数据的获取上，可以使用增量接口，也可以使用异步任务接口获取全量报表数据。

2. 人群数据洞察

人群洞察用于查看受众画像，当前API仅支持对关键词人群和地理位置人群进行洞察。

人群洞察可查询的维度包括性别、年龄、学历、常住地、用户兴趣、用户行为和婚恋状态。

3. 点击追踪报表

主要适用于使用API接入转化数据的广告主。调用点击追踪接口，可以获取点击数据的成功率及及时性，可查询天级或小时级的点击统计数据。

使用点击追踪接口的其中一个定制化场景，是使用广告命名规则等方案，将广告的点击和转化人群打通，从而实现点击转化归因分析。

4. 订单数据

用于获取订单数据和更新订单状态。订单接口需要使用腾讯广告平台的枫叶落地页工具。

■ 人群管理

用于创建、更新、获取和删除广告主人群。

在什么渠道上覆盖什么人，是营销决策的第一步。腾讯营销 API 支持人群包文件、人群扩量、行为人群等多种方式进行人群包的创建，在受众定向上与腾讯广告平台的定向和运算能力基本一致。

API 规定每个广告主账号下可以创建的人群包数量限制为 50 个，超出数量的可以通过删除部分人群包重新创建的方式解决。

腾讯 API 当前支持七种人群包的创建及管理。

1. 客户文件人群

即广告主上传的人群 ID 号码包，支持的 ID 类型与 DMP 一致，包括加密 IMEI、加密 IDFA 等。

2. 用户行为人群

可以使用 DMP 或 API 接口提取行为人群，生成人群包。当前支持 APP 行为和 URL 浏览行为两种人群的提取。

3. 广告受众人群

用于提取与广告有过互动的人群，比如点击人群、转化人群。可以使用计划 ID 或推广目标 ID 来提取某计划下的人群；也可以设定一个时间窗，提取广告主下所有广告的互动人群。

4. 关键词人群

使用关键词人群，广告主可基于对受众的理解，设定定向或排除的关键词组，然后与腾讯的关键词标签进行匹配或映射，从而圈定人群来投放。

当前关键词人群的使用需要单独向腾讯线下申请权限，而且禁止挖掘竞品词。不过对于从受众理解和营销场景设定出发的营销意图，经过与腾讯关键词标签的转译和映射，圈人效果更符合品牌主的预期。

5. 地理位置人群

地理位置人群支持两种场景的受众挖掘。一个是常住人群挖掘；再一个是两地流动人群，比如某段时间内出现在某两个城市的差旅人群。

地理位置人群的使用需要申请成为白名单客户，且单次设定的人群区域限定为 10 个。这种定向方式为具体的营销场景带来了精准的受众覆盖可能，比如机票、酒店类营销需求。

6. 拓展人群

拓展人群接口从 API 上提供了基于腾讯 DMP 进行拓量生成人群包的能力。

当前拓量人群的种子人群包必须是广告主上传的号码包，不能进行拓量人群再拓量。

7. 组合人群

组合人群接口，为不同的人群包提供了交集、并集和排除上的运算能力。一个典型的场景是电商单品推广 ROI 考核上，可取浏览、点击、加购人群的并集，并排除已购买人群。

组合人群运算规则不支持拓量人群和组合人群的重复运算。

人群创建后，会生成一个人群包 ID（audience_id）。与腾讯营销 API 支持的七种人群包配合，可为广告主的人群定向和再营销带来更大的自由度。

在基于腾讯营销 API 自建广告平台时，我们可以假设和验证不同的应用场景。效果推广上，是否可以提取近期的点击人群进行屏蔽？是否可以点击无转化人群查询标签，然后作为反向样本对比定向效果？

在品牌营销上，我们是否可以生成点击人群包进行创意更换后的覆盖，以提升信息触达率？是否可以将点击人群、转化人群作为品牌方的资产来做分优先级的管理和引导？

另外，人群管理接口为代理商为广告主或多广告主进行数据资产管理带来了可能性。代理商创建的人群可以直接提供给子客户定向使用，所以代理商从跨界合作营销、行业人群应用上可为子客户带来数据服务上的价值。

■ 数据接入

数据接入接口，其实是品销联动思路上为全链路营销提供的数据对接工具。使用数据接入接口，广告主可将自己APP或网站内的用户行为上传到腾讯的专属第一方数据仓库中。

使用第一方数据资产，经过人群管理接口上的人群包提取能力进行广告投放，投放后的转化数据再通过数据接入接口回传到专属数据仓库中，就构造了营销上的数据闭环。

行为数据主要由四个部分组成：用户标识、行为类型、行为发生的时间和行为参数。当前支持的行为数据主要包括五种。

1. APP行为数据接入

包括SDK和API两种接入方式。

2. Web行为数据接入

可使用DMP的数据接入模块，或调用API接口创建Web行为数据源，并接入广告主侧的用户行为数据，如加入购物车、付费等。

3. 离线行为数据接入

可创建离线（Offline）行为数据源，并采用S2S（服务器对服务器）的方式进行离线数据的对接。

4. 标签数据接入

标签数据接入方式允许广告主创建自己的标签体系，然后上传用户行为数据。这种方式为广告主提供了定制化的数据定向及用户营销链路分析能力，对于广告主在具体场景下的用户增长需求定制化程度更高。

11.2 今日头条营销API介绍

今日头条营销API（Marketing API）的定位与腾讯广告平台营销API类似。

今日头条的营销API，将巨量引擎的平台能力拆分为一个个模块。广告主可以使用 API 封装功能，像搭积木一样定制化构建自己的营销平台。自建平台上可实现广告投放优化、创意制作、数据洞察、DMP 人群数据和转化数据推送等一系列功能。

API 本质上是数据和指令的一个通道，用于连接广告主自建的平台与巨量引擎平台。广告主的指令传递给巨量引擎平台，然后巨量引擎平台将信息和数据回传给客户。我们先来看一下 API 对接的流程。

■ API对接流程

今日头条的 API 对一切有技术能力的开发者开放。市场上典型的 API 对接用户是有巨量引擎平台投放需求的代理商、广告主或第三方技术公司。当前市场上月均对接的广告主增量超过 6000 个，平台总注册数超过 600 个。

开发者对接 API 的流程与腾讯营销 API 类似，共分为六步。详细对接说明可参考 API 官方文档（https://ad.toutiao.com/openapi/doc/index.html?id=33）。

（1）注册成为巨量引擎平台的开发者，注意一个主体只能注册为一个开发者。这里的主体指的是头条企业账户。

（2）平台审核通过后，开发者创建 APPID。一个开发者最多能申请五个 APPID。

（3）APPID 审核通过后，授权要对接的广告主投放账户。

（4）授权行为经过广告主确认后，开发者获得授权码，即可进行 API 技术对接。

在技术扶持上，今日头条没有像腾讯一样给出赋能激励，但他们在 2018—2019 年发起了名为“雏鹰计划”的扶持项目。该计划项目从技术支持、方案答疑及问题排查等方面可为 API 开发者赋能。

■ API功能说明

今日头条 API 功能分为六类，分别为账号服务、广告投放、数据报表、工具、DMP 人群管理、数据上报管理。

因前面腾讯营销 API 已做过详细介绍，且今日头条营销 API 本质上是巨量引擎平台能力的封装，接下来为避免内容重复，我们对各部分功能仅做要点介绍。

1. 账号服务

对广告主和代理商用户，基于账号服务接口可实现广告主信息查询、广告主创建、转账退款等功能。其功能可细分为四块。

第一块，广告主和代理商可用于获取广告主信息和资质管理。具体功能包括：获取广告主账户信息、资质信息，提交广告主资质信息，以及获取广告主公开信息。

第二块，代理商账户管理功能，可用于获取子客户账户列表，创建和修改广告主，以及获取代理商的二级代理商列表。

第三块，如果授权的是账户管家账号，则可用于获取账户管家下的广告主账户 ID 列表。

第四块，广告主和代理商可使用资金和流水管理接口进行资金管理。具体功能包括：查询代理商或广告主的账户余额、日流水及流水明细，代理商可对其子客户账户或二级代理商进行转账、退款操作。

今日头条 API 中有二级代理商管理功能，这也是与腾讯营销 API 的一个区别。

2. 广告投放

广告投放 API 可用于广告的创建以及增删改查操作。

今日头条 API 的账户层级分为账户、广告组、广告计划、广告创意四层。账户的层级结构和各层级的命名与腾讯广告平台是不同的。

广告投放部分 API 的能力也分为四块。

第一块，账号日预算接口，用于获取和更新账户级日预算。

第二块，广告组模块，可用于获取广告组信息，创建和修改广告组，并可对广告组进行启用、暂停和删除操作。今日头条 API 中对广告组层的设置主要是在推广目的和广告组预算上。

第三块，广告计划模块，可用于获取广告计划信息，创建和修改广告计划，并可对广告计划进行启用、暂停、删除，以及对广告计划更新出价、预算等操作。今日头条 API 对广告计划层的属性设置与巨量引擎平台基本一致，包括受众定向、出价、计划预算、应用下载链接或落地页 URL 等。

第四块，广告创意模块，可用于获取广告创意列表、详细信息和素材信息，创建和修改广告创意，并可更新广告创意状态。当前API支持创建大图、小图、组图类型的创意。对于应用下载类创意，广告的详情页URL也在此模块设置。

今日头条的广告投放API，为广告创建、复制和管理上的批量操作带来效率工具上的机会。我们在后续产品实践部分会进行探讨。

3. 数据报表

数据报表API可用于分层级查看广告投放的报表数据，也可用于多维度分析广告受众数据。

首先在广告投放数据上，可查看广告主账户、广告组、广告计划和创意四个层级的数据。

广告主层，可查看广告主的花费、点击量、点击单价等基本数据；在广告组、广告计划及创意层，可分别查看展示数、点击数、点击单价等数据。

再一个是受众分析数据，可按受众维度查询报表，进行受众画像分析。当前支持的维度有省级和市级地域、性别、年龄和兴趣标签。

另外，代理商账号在使用数据报表接口时，可用于查询其子广告主的基本数据，包括展示、点击、消耗等。

4. DMP人群管理

DMP人群管理的功能类似于腾讯广告平台的“人群管理”，也是用于管理广告主的人群包。

从创建到使用人群包，需要经过数据源文件上传、数据源创建、生成人群包ID和发布人群包四个步骤。之后可进行人群包的增删改查操作。

今日头条人群包当前可支持同一广告主下多个账户的使用。DMP人群管理中的“推送人群包”API接口，可将人群包推送给同一广告主主体下的多个投放账户，这样为人群包的跨账户营销应用带来很多便利。

DMP人群管理接口也支持人群包的删除和拓量操作。删除时需要保证没有广告计划在使用该人群包；拓量操作时要求人群包的ID数量超过5000个，且不可使用拓量包再次进行拓量操作。

人群包合并、交叉和排除运算在今日头条API中也能得到支持。另外头条 API 还支持规则人群包，即通过行为标签、教育标签等生成人群包。规则人群包的功能与腾讯营销 API 中的标签管理功能有异曲同工之处。

5. 工具

广告主在自建投放平台可使用此 API 整合广告创建中所需的工具。今日头条营销 API 上披露的能力比腾讯 API 稍微领先。工具能力上封装的多达 9 个，基本实现巨量引擎平台的工具部分全覆盖。

第一个，文件管理工具，可用于实现广告主资质图片、创意素材和视频素材的上传和查询。

第二个，动态创意词包，可用于广告主、代理商自建投放平台上的创意词包的增删改查。使用此工具，广告主有机会基于自己的营销需求进行场景化的精细化营销。比如说电商推广，可将推广城市作为关键词放在文案中进行动态替换，从而针对用户的位置展示城市创意词。

第三个，查询工具。今日头条 API 当前披露了 8 个查询接口，对于自建广告平台来说，可用于在广告创建、设置上提升效率。这 8 个查询接口包括受众预估查询、APPID 查询、建议出价查询、DPA 商品库可用信息查询、DPA 可用人群查询、广告质量度查询、行业列表查询及地域列表查询。

第四个，兴趣关键词包，可用于创建兴趣关键词包。创建好的兴趣关键词包可在自建的广告平台上关联广告计划投放应用，并可在创建计划时利用创意词包接口的创意词 ID 添加兴趣关键词包。当然，创建后的兴趣词包也可使用 API 接口进行增删改查操作。

第五个，转化目标管理，提供的是转化跟踪接口。在自建广告平台上使用 OCPX 投放时，此部分 API 尤其有用。转化跟踪 API 提供的能力包括创建、推送转化 ID 和增删改查能力。这里边做自建平台实践时有两个细节需要注意。一个是 API 本身不提供转化跟踪的联调能力，需要在巨量引擎投放平台上进行联调激活；第二个是在创建应用下载类转化跟踪时，可使用推送接口将已激活的转化 ID 推送到相同账户主体下的其他账户中，无须重复创建。

第六个，图片转视频工具，可在自建平台上使用巨量引擎后台的转视频工具。其优势在于，使用API可本地管理图片素材和构建转化规则，便于打造自己的图片转视频素材库。图片转视频工具API使用的是异步任务模式，创建后需要先通过获取任务状态接口确认任务已完成，方可关联广告计划进行投放。

第七个，获取建站列表工具，可与巨量引擎平台的建站工具配合，在自建投放平台上获取广告主建站列表并关联投放。需要注意的是，JSON返回值不是建站地址，需要按API规定的格式进行拼装。

第八个，获取穿山甲流量包，用于查询和获取穿山甲流量包后在自建平台上上传投放。

第九个，获取计划诊断信息，此API可用于在自建投放平台上使用巨量引擎后台的计划诊断功能。自建平台上可使用API获取计划诊断的详情信息以及预估诊断变化趋势数据，在自建平台的投放模块或报表分析模块，可快速定位投放问题并进行优化。

6. 数据上报管理

用于向今日头条上报转化数据。上报转化数据后，在媒体端会构成数据闭环，一般应用于广告效果分析、针对转化人群的受众挖掘等场景。

当前今日头条营销API支持销售线索收集和应用推广两种投放目标的数据上报。

应用线索收集上，可采用JS布码、API打通和今日头条研发的XPath工具三种方案。其中XPath工具一般应用于H5页面结构复杂的情况下。

移动应用推广上，可使用SDK和API对接方案。其中API对接方案监测链接由广告主提供，对于广告主的数据资产安全性主动权控制在广告主侧。

11.3 媒体API整体趋势

在传统意义上，API指的是编程接口。随着互联网2.0的发展，平台型服务提供者逐渐基于API提供开放能力，从平台策略走向生态战略。这里边典型的是微信的开发者平台，可提供公众号开发、小程序等。

从平台化到生态化，宏观逻辑上是基于平台能力打造了 OS+ 端的生态模式。在数字营销领域，随着头部媒体流量矩阵不断聚合流量，API 在数据闭环和 AI 技术的支撑下，将逐渐为营销全链条提供生态赋能。

到 2019 年，市场上推出营销 API 的媒体平台已有七个，连接数千个广告主。我们先来看一下支持的媒体平台都有哪几家，其共性能力是什么样的。

■ 主流媒体平台在营销API上的进展

当前国内推出营销 API 的媒体平台包括腾讯、今日头条、搜狗搜索、OPPO、UC 的汇川平台、神马搜索和 360 搜索。

各个媒体平台的营销 API 在成熟度上有所区别，但本质上都是自有投放平台能力的接口服务。通过营销 API，广告主可构建自动化营销平台，从广告投放优化、数据分析、广告物料制作及更换等不同维度提升运营效率。另外，基于 DMP 人群管理及分析，有机会基于大数据技术走向自有的智能投放平台。

综合几个平台的营销 API 能力，我们可以看出三个共性。

1. API 的受众

媒体平台推出 API 的目标，是披露封装好的平台能力用于广告主营销服务。因此，基于 API 自建营销平台的一般是代理公司、广告主以及第三方技术公司。

这里边代表性的代理公司包括派瑞威行、多盟、智云众、点我、致维等多家，而广告主中手游、电商、金融等行业纷纷也进行了实践。

2. 使用 API 解决的问题

API 作为媒体平台与广告主之间的桥梁，用于打通营销链条上的数据闭环问题。同时，对于广告主或代理公司来说，基于 API 提供的大量功能，可实现营销决策到运营优化上的效率提升。

3. API 的共性能力

各媒体平台营销 API，封装的是营销后台的全部或部分能力。而媒体营销后台一般分为代理商管理层和广告主管理层，分别可用于进行 BI 分析、自建投放及分析平台、数据资产管理。

接下来，我们从 API 功能细节上对代表性的媒体平台进行横向对比。

■ 媒体平台在营销API能力上的横向对比

我们选取的媒体广告平台包括腾讯广告平台、今日头条巨量引擎、微信 MP 平台和阿里汇川。

需要注意的是，笔者取用 API 信息的时间为 2019 年 2 月。随着媒体 API 的版本迭代，读者阅读此书时各媒体平台的 API 因版本迭代会有不同程度的更新。

让我们先看一下各个功能模块的异同点。

1. 账户管理

账户管理上，四个平台均可实现广告主信息的管理；除阿里汇川外，均可实现广告主和代理商两个层级的账户管理，如图 11-3 所示。

模块	二级模块	API能力	腾讯广告	今日头条	微信MP	阿里汇川
广告主	无	广告主信息	✓	✓	✓	✓
		获取资质信息	✓	✓	✓	
		创建广告主资质	✓	✓		
		更新广告主资质	✓	✓	✓	
		删除广告主资质	✓	✓	✓	
		查询广告主余额	✓	✓	✓	
		查询广告主流水	✓	✓	✓	
代理商	无	广告主列表	✓	✓		
		创建广告主	✓	✓		
		修改广告主	✓	✓		
		转账	✓	✓	✓	
		退款	✓	✓		
		二级代理商列表		✓		

图 11-3　代表性平台在账户管理能力上的横向对比

代理商和广告主层级的账户管理，对于广告主自建平台来说，可用于日常运营线上化以及业务信息 BI 化的场景。

2. 广告投放

四个媒体平台的营销 API 在广告投放管理部分披露的能力都是最全的，如图 11-4 所示。

模块	二级模块	API能力	腾讯广告	今日头条	微信MP	阿里汇川
广告投放	广告计划模块	广告计划列表	√	√	√	√
		创建广告计划	√	√	√	√
		广告详细信息	√	√	√	√
		修改广告计划	√	√	√	√
		广告更新状态	√	√	√	
		广告更新预算	√	√	√	
		广告更新出价	√	√	√	
		广告计划模块	√	√		
		广告创意模块	√	√		
	广告组模块	广告组列表	√	√	√	√
		创建广告组	√	√	√	√
		广告组详细信息	√	√	√	√
		修改广告组	√	√	√	√
		广告组状态				√
		广告组出价				√
		广告组定向				√
		广告组更新状态	√	√	√	√
	广告创意模块	广告创意列表	√	√	√	√
		创意更新状态	√	√	√	√
		广告创意素材信息	√	√	√	√
		创建广告创意	√	√	√	√
		创意详细信息	√	√	√	√
		修改创意信息	√	√	√	√
		查询朋友圈电商推广能力	√			

图 11-4　代表性平台在广告投放能力上的对比说明

需要注意的是，腾讯和今日头条在广告的账户结构和命名上有所不同。图中为了横向对比的方便，统一使用腾讯广告平台的层级结构及命名。

在广告的不同层级，广告主使用媒体广告平台的 API 均可实现自建平台上的广告投放及管理。这也就意味着媒体提供了充分的 API 接口，供广告主、代理商、第三方技术公司自建广告投放及管理能力。

3. 数据报表

与媒体投放后台一样，在广告投放的数据报表上各媒体 API 也分为两大类报表，即广告投放效果相关的数据报表以及受众分析报表，如图 11-5 所示。

模块	二级模块	API能力	腾讯广告	今日头条	微信MP	阿里汇川
数据报表	无	广告主数据	✓	✓	✓	✓
		广告组数据	✓	✓	✓	✓
		广告计划数据	✓	✓	✓（朋友圈）	✓
		公众号数据			✓	
		朋友圈数据			✓	
		创意数据	✓	✓		✓
		创意词包数据		✓		
		地域数据				✓
		APP数据				✓
		分操作系统数据				✓
	受众分析	省级数据	✓	✓		✓
		性别数据	✓	✓		
		兴趣数据	✓	✓		✓
		年龄数据	✓	✓		
		关键词数据				✓
		市级数据	✓	✓		✓

图 11-5　代表性平台在报表分析上的横向对比

广告投放数据分析上，均可分日级、小时级获取从账户到广告 / 创意层级的数据用于分析；受众分析上，各媒体平台的 API 提供了标签颗粒度的人群画像。

数据报表 API 对于自建投放平台来说，带来了运营和优化效率提升上更大的可能性。举例来说，通过聚合报表数据，我们可以进行营销决策支撑、业务 BI 分析、产品推广分析等；而通过基于运营方法论沉淀上的报表定制，我们可以在运营优化中快速定位问题或找到优化对象。

4. 人群管理

各媒体平台营销 API 的推出，基于数据闭环赋能营销全链条是一个已获得共识的期望。我们从图 11-6 也可以看到，各家 API 在人群对接支持中封装的能力都是比较完备的。

模块	二级模块	API能力	腾讯广告	今日头条	微信MP	阿里汇川
DMP人群管理	无	上传数据源文件	✓	✓		✓
		创建人群包	✓	✓	✓	✓
		更新人群包	✓	✓	✓	✓
		人群包列表	✓	✓	✓	✓
		人群包详细信息	✓	✓		✓
		推送人群包	✓	✓		✓
		删除人群包	✓	✓	✓	
		号码人群包				✓
		广告受众人群包				✓
		行业意向人群包				✓
		扩展人群包	✓	✓		
		运算人群包	✓	✓	✓	✓

图 11-6　四个代表性平台在 DMP 人群能力披露上的横向对比

基于人群数据对接的 API，广告主在自建平台上可以方便地上传人群包、基于报表部分查看效果数据及受众画像；另外，广告主可基于人群包的管理实现广告前端数据资产的管理。

除了上述各模块外，今日头条在 API 中还封装了大量的“工具”能力。因其他媒体营销 API 在工具部分披露的能力较少，此处不做详细对比。

在了解到媒体广告平台基于营销 API 披露出来的能力后，我们来看一下对于代理商、广告主或第三方技术公司来说，基于营销 API 可满足什么样的应用场景。

11.4　媒体 API 应用场景

媒体基于自有信息流投放平台开放的营销 API，本质上是将平台能力封装为类似“乐高”的积木块。开发者在使用 API 自建投放平台时，是将各个能力搭积木一样搭成适合自己的产品。

因此，从信息流广告的投放场景出发，代理商、广告主和第三方技术公司首先要将自建平台的核心用户定义为运营优化人员。

从核心用户的定义出发，我们大概可将营销 API 在自建投放平台上的应用场景分为三类：人效场景、风控场景和定制化应用场景。

我们来看一下这三类应用场景可以用来解决什么问题。

首先，信息流优化是运营优化人员服务密集型的模式。因此，API 可用于“人效”的提升。

■ 人效相关应用场景

人效可以理解为人均产出效率。在信息流广告行业，人效可以根据人均管理账户量、人均每日管理广告数、人均消耗预算等指标进行衡量。

以今日头条上的运营优化为例，运营优化人员需要为广告主建立多个账户，每个账户下会分为多个广告组，每个广告组中又会创建多个广告计划。而在跑量、优化的过程中，实际上在跑量和成本曲线上能达标的广告不会超过 20%。因此，这就意味着运营优化操作上的简化，是人效提升的第一步。

使用媒体营销 API，运营优化团队可使用自建工具实现自动化营销，提高工作效率，节省人力成本和时间成本。

考虑到不同媒体营销 API 的成熟度，以及代理商、广告主等角色在 API 应用上的共性场景，我们接下来探讨几个通用的人效场景。

1. 批量创建广告

批量创建广告适用于一个广告主有多个投放账号的情况。以游戏广告主为例，一个游戏客户可能需要开通几十甚至几百个推广账号。那平均下来，每个优化师需要管理的账号可能多达十几个。尤其是在测试期，十几个账号就意味着一天可能需要创建过百条计划。

我们试想一下这种操作场景。PC 操作后台因为 Cookie 不能跨域的问题，优化师每天需要对十几个账号反复登录、创建广告、查看报表、运营优化。这样优化师的时间就大量耗费在重复性操作中。

对于这个问题，聪明的优化师会使用多个不同浏览器登录不同账号，切换窗口进行操作。那聪明的技术人员应该怎么帮到运营优化团队呢？

API 开发者可以使用媒体营销 API 的广告创建接口搭建批量创建的功能。这样运营优化人员仅需要在一个界面上进行广告创建的操作，然后经过 API 一键上传上百条广告到媒体端。

批量创建广告仅需解决两个问题。一个是需要在自建平台上建立广告主实体到推广账户的映射表，如表 11-4 所示；另外，需要在页面交互中实现转化 ID 的批量推送、创意的批量上传、人群推送等功能。

表11-4　广告主名称与推广账号的映射表示意

客 户 名 称	推广账户ID	推广账户全称
百度AA	7421710	百度在线网络技术（北京）有限公司
百度AA	7421855	百度在线网络技术（上海）有限公司
腾讯BB	9335520	腾讯深圳
腾讯BB	9446622	腾讯上海
腾讯BB	9557733	腾讯北京

基于媒体营销 API 自建广告新建工具时，需要注意媒体在账户结构上的区别。典型的是腾讯广告平台与巨量引擎平台，二者从账户层级到各层级的命名都有所不同。在同一广告主的不同营销账户进行批量创建实现起来逻辑简单；而如果广告主的推广账户覆盖多个渠道，则需要分层级考虑其批量操作的应用效率。

批量创建广告的功能在开发实践中，可以采用 Excel 上传工具的方式。其优点是开发成本低，操作简便；缺点是需要较好的 API 以及数据格式上的容错和校验机制，维护成本较高，且操作界面不友好。

也可以分层级实现为工具型产品，为用户提供友好的操作界面和交互设计。这样需要较大的开发成本，不过作为产品的应用可扩展性会大得多。

2. 批量编辑广告

批量编辑广告的应用场景与批量创建广告类似，包括广告的启停操作、广告各层级属性的修改、批量编辑或更换创意等。

批量编辑广告的开发实践与批量创建一致，主要是解决跨账户问题和操作便利性问题。

在广告的批量编辑类功能实践中，API 开发者可针对运营优化的实操场景做延展性工具产品的搭建，比如批量更包和定时调价。

批量更包是指安卓应用推广中的渠道包批量替换。运营优化人员在更新渠道包时，需要登录不同的广告账户，逐条编辑其中的渠道包信息。人工操作的情况下，每次执行更包操作需要 2 ～ 5 小时。而开发者搭建批量更包工具，使得优化师可以在同一广告主下进行账户选择、标的物类型及标的物选择，查找旧渠道包和输入新渠道包进行批量操作，一般操作时间不会超过 4 分钟。

定时调价则帮运营优化人员提供了一个定时任务。在节假日、凌晨等时间段，媒体流量发生变化，这时候优化师往往需要进入系统进行调价操作。而开发者如果提供一个定时调价工具，优化师选择广告后仅需设定调价时间及价格即可。

3. 广告复制

媒体投放后台均提供了广告复制的功能，我们这边基于 API 的复制实践也是为了解决跨账户问题。

依然以上面手游广告主多账户创建的场景为例。优化师在多个账户中发现某些广告跑量效果好，会期望对优质广告进行复制、编辑。但对于媒体投放后台，优化师需要登录不同的账户，查看广告属性设置后再新建，操作烦琐。而 API 开发者在使用广告主进行多账户管理后，则可以在一个界面内进行不同账户下优质广告的复制、编辑，大幅提升实操效率。

4. 自建素材库

媒体投放后台提供了创意制作工具，基于营销 API 也可以获取创意效果数据。但只有创意维度的数据颗粒度依然不够细，运营优化团队可能希望按照素材、文案等维度进行分析。

API 开发者可以搭建一个自己的素材库进行素材管理。素材库满足的基础场景是素材的可复用和团队内共享问题。

进一步的，如果投放素材可以通过广告命名规则、素材 ID 映射等方案打通到广告的效果数据，则可以针对每条创意、创意里边的素材元素进行投放效果分析。实现方案上以今日头条的营销 API 为例，可以利用创建创意时提供的自定义参数做标记，将自建的素材库与基于 API 上传的广告创意关联起来。

素材上的效果分析又可延展为两个需求场景。从投放团队往后端延展，可以量化素材设计团队的ROI，并可基于素材效果数据上的反馈提升设计质量。另外一个场景则是投放自动工具上的延展，我们既然可以基于API获取到素材的投放效果，则在素材库与投放API结合可实现动态推送素材更新的能力。

基于素材库的积累，可以构建历史投放素材和竞品素材的分析能力，从而应用于广告优化流程的策略制定、测试期等环节。

5. 批量获取数据

基于营销API可以获取的数据为广告投放的明细数据，不包含设备ID信息。这类API数据可以拆分为广告数据、创意数据、人群数据三个类型以满足不同的应用场景。

创意数据的应用场景我们上面已有说明；人群数据的应用场景我们在后面的定制化应用部分说明。现在重点来探讨一下广告投放数据的应用场景。

基础的，广告投放数据可以获取后解决投放分析及制表需求。在媒体投放后台，运营服务人员需要一个个登录投放账户，下载表格进行分析。API开发者利用广告主与投放账户的映射关系，可以实现广告主数据批量获取。当然，运营优化也可以批量下载报表进行离线处理。

解决了基础场景后，我们可进而做一下工具来提升优化分析上的效率。一个常见的场景是Top广告、Top创意的查看。媒体后台需要的是登录不同账号做对比；而基于API接口，开发者可实现广告主下所有广告数据全展示，相当于提供了一个快速轮询机制来提升优化对象的查找效率。

当然，报表API也可用于为广告主提升服务质量，我们在定制化场景部分详细探讨。

运营优化人员在日常人工操作中的另外一个问题，是操作性风险和人工排查的时效性风险。在账户的优化操作上，我们再来探讨一下有哪些风险预警类场景可使用营销API来满足。

■ 风控相关应用场景

1. 余额不足

我们在前面的优化策略探讨中曾提及跑不起来量的一个解决方案是查

看账户余额。优化师在带多个推广账户时，不但要关心日限额，也需要查看推广账户的充值余额是否充足。某账户的余额不足，也会导致模型跑量失效。

对运营优化人员来讲，需要时时记着查看不同推广账户的余额显然是冗余行为。API开发者可利用媒体的账户接口实现广告主下余额风控告警。

开发实践时，可在推广账户级别或广告主级别允许优化人员设定一个告警阈值。系统监控到余额不足时，可通过短信、邮件、小程序等渠道通知相关人员。

当然余额告警可延展为一个简单的流程应用场景，即系统监控到余额不足，发起一个充值流程到财务人员，然后基于流程运转充值后再通知到运营优化人员。

2. 消费波动

消费波动的场景主要用于消耗暴增、骤降时的风控告警。在账户的日常优化中，可能由于流量波动、数据接口失误等原因，导致消耗量突然加大，即我们所说的爆量；也有可能因为创意表现、流量竞争加剧等原因导致消耗大幅下降。

这两种场景显然不符合优化师的预期，但优化师也不可能主动地7×24小时打开所有投放账户、查看所有广告数据。针对这种情况，API开发者可以使用消耗量阈值监控的方式，从主动轮询变为“被动告知”，来规避时效性风险。

同样地，有了监控预警机制后，API开发者可以基于优化需求构建自动规则，让系统及时帮忙调整异常广告。一个简单的解决方案是，系统可对消费波动异常的广告采用暂停操作。

3. 出价波动

出价波动往往是用于解决优化师的误操作问题。优化师在出价方式选择和填写出价时，如果因为误操作导致价格输入有误，则可能会带来较大的经济损失。

出价波动的API开发实践，可基于近3～7天的出价均值设定上下阈值。出价操作异常时及时给予告警提醒。

异常出价出现概率不高，但一旦出现可能损失较大。因此，建议实现时在告警的同时给予系统处理机制，比如最简单的就是暂停广告投放。

4. 预算撞线

运营优化在跑量阶段，为了快速起量，常用的一个手段就是将日限额设得较高。比如说广告主在测试期给的日预算为 5 万元，优化师为了跑量，可能将日限额设置为 20 万。

这种情况下，让优化师随时去后台监控每个账户下、每一条广告的消耗是否超过预期，显然是不现实的。更何况，优化师需要对超过实际预算限制的广告进行暂停操作，而第二天还需要重启，是一个不断重复的工作。

API 开发者可另外在自建平台上提供一个预算撞线的告警功能，即优化师根据实际情况设置一个预算值（日限额），只是为了告警提醒。如刚才的例子，优化师可将预算撞线的提醒阈值设置为 4.8 万，则到了此边界值时即可收到提醒，进行相应的操作。 当然，告警功能延展为匹配自动规则性的需求可能更符合优化师的期望。比如预算撞线后，系统在告警的同时自动暂停广告。

5. 创意拒审

优化师在整个投放过程中需要不断上传素材。进入不同的投放账户、不断上传素材且不断检查素材的审核结果，也是一个烦琐低效的过程。而且人工轮询也不能保证及时发现拒审的素材并及时更换它们。

以手游、互联网金融类广告主为典型，这类广告素材要求在不同媒体平台上因为监管等原因经常变化，而且不同的审核时段和审核者，也会造成同一创意有时候审核通过有时候不通过的情况。

API 开发者可以基于媒体的素材审核接口，让系统轮询审核结果，并将拒审的素材通过告警方式及时通知运营优化团队。优化团队在接收到信息后，可及时上传和更换素材，避免拒审带来的跑量损失。

素材拒审也可以延展为流程需求场景。当服务团队收到素材拒审信息后，可转发设计人员进行素材编辑，编辑后的素材经由自建的素材库可再次上传到媒体平台。

6. 成本过高

成本数据是运营优化人员除了跑量数据外最关心的数据。然而对于优化师来讲，同时负责多个账户几十到上百条广告，很难及时通过轮询机制发现某一时间段内某一广告的成本突然增高，比如在节假日、休息时间、会议时间，等等。

我们在前面探讨优化部分的内容时，对成本过高的排查方案进行了说明。但排查方案不是预防机制，对于问题解决的及时性依然是重点之重。

API 开发者可以为广告成本设置某个上阈值，到达该阈值时，系统可以发出告警信息。优化师可以在收到预警后快速处理，也可以将系统能力延展一下，采用自动调整出价或及时暂停等方案来处理。

综上所述，使用 API 定制风险告警类功能，核心还是为了及时发现问题和解决问题。从对问题发现的及时性来讲，用户的通知方式比较重要。API 开发者可以根据用户习惯使用短信、邮件、小程序等不同渠道。而对于解决问题的时效性需求，使用系统搭建自动处理规则不失为一个好的办法，比如暂停、调价等机制。

媒体的投放后台功能是标准化的。我们接下来看基于媒体营销 API 可满足的第三种应用场景，即广告主定制化服务。

■ 定制化应用场景

广告主的营销需求是多样的。不同行业、不同广告主的推广产品或目标，其 KPI、指标体系、考核维度等可能各有不同。媒体的投放平台往往无法满足广告主差异化的需求。

我们看一下可能的几种定制化应用场景。

1. 前后端数据打通

在效果营销需求下，广告主关心的核心指标是量级数据与成本数据，比如花了多少钱，买了多少量，成本如何。因此，优化师往往每天需要花费 3 个小时以上的时间进行人工制表，用以从各个维度来分析跑量数据与成本数据并汇报给广告主。

API 开发者可以将媒体投放的前端数据与广告主侧的后端数据打通，定制分析报表并将其自动发送给广告主侧的需求人。其中，前端数据包括展示、点击、消耗、点击率等指标，后端数据包括激活、应用内付费、ROI 等指标。后端数据需要与广告主进行 API 对接，或采用监测方案，当然敏感的广告主也可以采用离线上传方案。

在分析维度的定制化报表实践上，可以区分资源位、媒体平台、创意类型等多个维度进行组合筛选，并可定制报表格式来推送。

报表自动化的机制，从制表成本到沟通成本，会大幅提升服务效率。这种场景对于代理商、广告主内部的运营团队均有效。

2. 媒体大盘报表

腾讯、今日头条、网易等媒体会分享部分大盘数据给 KA 广告主或代理商。这些大盘流量、点击率等效果数据，可以定制为运营优化中重要的对标数据。

API 开发者可经由 API 和媒体的离线数据定制行业对标报表。运营优化人员可用以分析分行业、平台、资源位的数据，快速进行对标分析产出优化策略。

3. 广告主级报表

媒体投放平台上的报表最高层级为推广账户。我们假定广告主自己或代理商为广告主提供的营销服务是多媒体渠道的。那么，运营服务团队如果需要产出广告主整体的数据，需要进入不同的媒体后台，进入每个后台的所有投放账户，下载报表并聚合到媒体级，再聚合到广告主级。

基于我们在广告批量创建中提及的广告主与账户的映射关系，API 开发者可以定制一个广告主级的报表工具，方便运营服务团队直观查看和导出报表。自上而下的，API 开发者可以提供广告主级的整体数据及趋势分析，然后到媒体渠道层级，再通过选择跳转等交互方式进入账户层级、广告组、广告层级等。

广告主级定制报表除了人效上的价值外，对于渠道起量与效果表现还可以进行横向对比，便于广告主调整预算分配决策。

4. 实时报表

部分广告主对定制化报表有较强的时效性需求。笔者团队服务过的某

OTA 广告主，在测试期甚至要求产出 15 分钟定制报表。

于是，运营服务团队需要专门有两个人轮流制表，发送给广告主。对于类似的场景，API 开发者通过每 15 分钟请求媒体前端数据，再与广告主后端数据 API 打通，即可实现数据的自动更新。再经过定制化报表的前端开发与报表自动化发送工具，即可完成这两位优化师的人工制表工作。

当然，对于 API 开发团队来说，高度定制化的工具开发需要考虑其研发资源上的投入产出比，以及工具的规模化应用价值。

5. 自定义报表

不同行业的广告主在不同的推广目标下，其报表的分析指标不同，甚至可能会出现广告主自定义指标的情况。对于优化师来说，定制化制表和分析是冗余的操作；而对于 API 开发者来说，为不同的广告主量身定制一套报表，显然是出力不讨好的事情。

一个比较好的解决方案是构建一套完备的指标体系，优化师使用时在广告主或推广账户层级选取需要的指标，生成自定义报表进行分析，如图 11-7 所示。

图 11-7　自定义报表指标设置示例

这样，通过自定义列的字段选择，运营服务人员可以保存自己需要的报表设置，仅做自己需要的关键指标的分析。

与媒体后台的“自定义列”功能相比，自建投放平台的自定义报表功能需要解决媒体指标差异和广告主指标差异问题。不同媒体投放平台上的指标体系不同，可以采用映射、转义和取并集等方案来解决；而对于广告主指标上的差异，可以先聚合到行业层级取并集，然后通过映射或在代码逻辑上通过判断解决。

当然，如果我们将用户的视角从优化师扩大到整体服务团队上，营销API还可以帮忙满足一些辅助类场景。

■ 辅助工具场景

我们看一下可能的几种辅助工具应用场景。

1. 余额分析

余额分析的目标用户包括财务人员、优化师和商务团队。余额不足会影响跑量效果，因此提供一个不同权限下的一站式分析工具有助于提前发现问题。

除此之外，余额其实还可用于解决另外一个问题。我们在本书的前面章节分享过，信息流广告是预充值类型的业务。这样就意味着，有可能代理商、广告主在某些账户下预充值的余额是远大于消耗所需的。因此，API开发者打造的一站式余额分析工具，可以帮助财务和业务人员更好地在不同账户间划拨预算，从而实现资金健康度上的最大化利用。

2. 开户

开户的目标用户是开户运营人员。在使用媒体后台开户时，每个媒体平台的审核要求都不一样，且资质要求也会变化。而对于代理商来讲，为广告主开户又需要有个审批流程。这就意味着，代理商需要有几个流程节点，且需要不断查看开户的资质要求变化。

API开发者可以打造一个简单的流程工具，将开户的审批环节做到线上，且可以经由API维护一个审核规范说明。运营人员仅需按页面说明进行少数几次操作即可。

3. 划账

划账的目标用户是财务人员。使用媒体后台划账，财务人员需要不断登录不同的后台进行一笔一笔的操作，效率低也容易出错。

API 开发者可以打造一个聚合不同媒体划账能力的工具，财务人员仅需一次登录，即可通过媒体、账户的筛选进行操作。

4. 创意分析

在投放策略制定及测试期，优化师需要足够的创意源。当前市场上热云、有米等提供了收费的创意搜索工具。而在积累了足够多的投放创意后，API 开发者可以自建一个创意库，通过文案关键词搜索、创意属性筛选等方式给运营优化人员共享使用。

当然，API 也可以使用爬虫等方案获取行业创意来丰富自己的创意库。

5. 人效报表

人效统计属于管理辅助类报表。业务管理人员需要整合各部门的产出表和人员资源表来统计人效。这里边除了数据的及时性、准确性问题外，人工进行报表梳理、整合也存在人力成本。

API 开发人员可从广告层数据结合组织架构进行人效管理类报表的统计，实现业务分析的线上化。此类报表常用的有部门投放报表、媒体投放分析、人均产出报表等。

运营优化人员当前的操作入口主要是在媒体投放后台的 PC 端，而业务人员则很少登录媒体投放后台。API 开发者在自建投放平台时，也可以打造移动端的工具入口来使工作应用变得“随时随地”。试想一下，如果用户只需要下拉一下小程序，就可以看到效果数据、消耗数据、成本信息、告警信息等，并可以快速进行启停、调价、改日限额等，会不会更放心愉悦呢？

参考文献

[1] Malcolm Gladwell. 引爆点 [M]. 钱清，覃爱冬，译 . 北京：中信出版社，2014.

[2] Viktor Mayer-Schonberger,Kenneth Cukier. 大数据时代 [M]. 盛杨燕，周涛，译 . 杭州：浙江人民出版社，2013.

[3] Kevin Kelly. 新经济，新规则 [M]. 刘仲涛，康欣叶，侯煜，译 . 北京：电子工业出版社，2014.

[4] Bill Franks. 驾驭大数据 [M]. 黄海，车皓阳，王悦，译 . 北京：人民邮电出版社，2012.

[5] 范冰 . 增长黑客：创业公司的用户与收入增长秘籍 [M]. 北京：电子工业出版社，2015.

[6] 刘鹏，王超 . 计算广告：互联网商业变现的市场与技术 [M]. 北京：人民邮电出版社，2016.

[7] ANDERSON Q.Storm 实时数据处理 [M]. 卢誉声，译 . 北京：机械工业出版社，2014.

[8] PEROTTE A,BARTLET N,ELHADAD N,et al. Hierarchically Supervised Latent Dirichlet Allocation [C].Proceedings of NIPS'11,2011.

[9] 吴军 . 智能时代：大数据与智能革命重新定义未来 [M]. 北京：中信出版社，2016.

[10] IAB. Digital Video Ad Serving Teamplate (VAST) 3.0[EB/OL]. 北京 . 2014. http://www.iab.net/media/file/VASTv3.0.pdf.

[11] YI ZHU, WILBUR K C. Hybrid Advertising Auctions [J]. Social Science Electronic Publishing, 2011, 30(2): 249-273.

[12] 阿里研究院 . 互联网 +：从 IT 到 DT [M]. 北京：机械工业出版社，2015.

书中主要专业术语一览表

	术　语	含　　义	英 文 全 称
A	API	应用程序编程接口。原本用于应用程序例程之间的访问，而又无须访问源代码。在数字营销领域，媒体推出的API规范可以理解为为广告主、技术型代理公司提供的自动化营销服务接口	Application Programming Interface
	ARPU	每用户平均收入，用于衡量电信运营商和互联网公司业务收入的指标。ARPU值高说明平均每个用户贡献的收入高。在电商、手游行业的数字营销中，ARPU往往与客单价/单客户付费强相关	Average Revenue Per User
	ATR	平均真实波幅	Average True Range
B	BI	商业智能。BI系统通常指的是一整套完整的解决方案，用于将企业数据整合并以报表方式可视化，提供决策支撑能力	Business Intelligencc
C	CTR	点击通过率，简称为点击率，为点击数/曝光数	Click-Through-Rate
	CDP	客户数据平台，其定义与2018年前的PDMP（私有数据管理平台）类似。在数字营销领域，指的是广告主第一方营销数据管理平台	Customer Data Platform
	Cookie	储存在用户本地终端上的数据文件，没有官方的中文译名	Cookie，有时候也叫Cookies
	CPC	平均点击价格，按照广告点击数计费，限定1个IP每24小时内只能点击1次	Cost per click
	CPA	每次行动成本，行业中CPA最常见的是用以描述单个下载激活成本	Cost Per Action
	CPD	按天付费	Cost Per Day
	CPL	每条数据收费	Cost per lead
	CPM	千人曝光成本	Cost Per Mille
	CRM	客户关系管理，在互联网行业一般指CRM应用	Customer Relationship Management
	CPQL	有效线索成本，是升阶版的CPL要求	Cost Per Qualified Lead
	CPT	按时间付费，可以是按天、周、月付费等	Cost Per Time
	CPUV	独立访客成本	Cost Per Unique Viewer
	CPV	单次播放成本	Cost Per View
	CVR	点击转化率	Conversion Rate

续表

	术　语	含　　义	英文全称
D	DAU	日活跃用户数量	Daily Active User
	Deeplink	移动端深度链接，是移动互联网上使用统一资源标识符（URI）链接到一个APP中特定位置的技术	（mobile）Deep linking
	DMP	数据管理平台	Data Management Platform
	DPA	动态产品广告，其基本特点是可以根据潜在顾客行为纪录，建立针对每一位顾客的个性化广告	Dynamic Product Ads
	DSP	需求方平台	Demand Side Platform
E	ECPM	有效CPM	Effective CPM
G	GD	担保式保量投放，头条推出的概念，一般也直接理解为“固定位广告”	Guarantee Delivery
H	H5	第五代描述网页的标准语言，通常信息流广告中的落地页使用H5技术制作	HTML5，Hyper Text Markup Language
	HTTP	超文本传输协议	HyperText Transfer Protocol
	HTTPS	超文本传输安全协议。超文本传输安全协议，HTTP协议的安全版本。当前主流的HTTP数据传输都已升级为HTTPS协议	Hyper Text Transfer Protocol over Secure Socket Layer
I	IAB	（美国）互动广告局，是程序化购买相关技术规范的制定者	Interactive Advertising Bureau
	IDFA	广告标识符，iOS系统的设备上尝用作描述用户信息的设备ID。 IDFA为8位-4位-4位-4位-12位，数字字母组合，如1E2DFA89-496A-47FD-9941-DF1FC4E6484A	Identifier For Advertising
	IDFA_MD5	MD5加密过的IDFA，为16或32位数字字母组合，如ae7eecfd2c93396a89ba3b5efc482d7b	Identifier For Advertising _MD5
	iGRP	互联网总收视率，是OTV投放的其中一个评估指标	Internet Gross Rating Points
	IMEI	国际移动设备识别码，安卓系统的设备上常用作描述用户信息的设备ID。IMEI为15位字母数字，如353202045abcdef	International Mobile Equipment Identity
	IMEI_MD5	MD5加密过的IMEI，为16或32位数字字母组合，如ae7eecfd2c93396a89ba3b5efc482d7b	International Mobile Equipment Identity _MD5

续表

	术 语	含 义	英文全称
I	Inmobi	印度第一大移动广告交易平台，尚无中文译名	Inmobi
	ISV	独立软件开发商。在数字营销领域，头部媒体往往将第三方技术公司也称之为ISV	Independent Software Vendors
J	JSON	JS对象简谱，一种轻量级的数据交换格式。XML和JSON都是做API做数据交换时最常用的数据格式，今日头条营销API的返回值全部使用JSON格式	JavaScript Object Notation
K	KA	重点客户，在数字营销行业，KA一般指的是年度预算较大的广告主。KA对应的是SMB客户	Key Account
	KOL	关键意见领袖	Key Opinion Leader
	KPI	关键绩效指标	Key Performance Indicator
L	LA	客户的首选代理公司	Leading Agency
	LBS	原意为“位置服务”，在数字营销中一般指的是具体区域或位置的定向，如商圈、小区、街道、店铺等	Location Based Services
M	MAU	月活用户数，一般对于考核留存及用户活跃类的广告会使用MAU作为KPI	Monthly Active Users
	MCN	是舶来品，是一种多频道网络的产品形态，将PGC内容联合起来，在资本的有力支持下，保障内容的持续输出，从而最终实现商业的稳定变现	Multi-Channel Network
	MD5	MD5消息摘要算法，移动广告中常用的设备信息加密算法	MD5 Message-Digest Algorithm
	MR	广告物料要求，包含广告尺寸、大小等详细创意规范说明	Material requisition
O	O2O	线上线下，通常指的是将线下业务与互联网整合在一起的业务形态	Online To Offline
	Oauth2.0	RFC6749协议，是目前最流行的授权机制。使用此协议，数据所有者经系统同意授权第三方应用进入系统。系统产生一个短期令牌（token），用来代替数据所有者的密码供第三方应用使用	Oauth2.0
	OCPA	CPA优化出价	Optimized Cost Per Action
	OCPC	以目标转化为优化方式的点击出价	Optimized Cost Per Click

续表

	术 语	含 义	英文全称
O	OCPM	优化千次展现出价	Optimized Cost Per Mille
	OTT	本意指基于开放互联网的各种视频及数据服务业务，国内一般直接理解为互联网电视应用	Over The Top
	OTV	在线视频	Online TV
P	PV	页面浏览量,或点击量;通常是衡量一个网络新闻频道或网站甚至一条网络新闻的主要指标	Page View
	PCTR	广告点击率预估值	Predicted Click-Through-Rate
	PCVR	广告转化率预估值	Predicted Conversion Rate
	PDB	程序化直接购买	Programmatic Direct Buying
	PDMP	广告主的私有数据管理平台，用于管理广告主的投放、到站等人群数据	Private Data Management Platform
	PII	个人验证信息。在数字营销行业，用户的识别在不同渠道有不同的ID，比如Cookie、设备号、手机号等，PII在数字营销领域一般用于解决不同ID的映射问题	Personally Identifiable Information
	PMP	私有交易市场，也叫PA	Private Market Place
	POI	中文直译为“兴趣点”。在数字营销领域，指的是受众的位置记录数据或感兴趣的位置、商圈数据等	Point of Interest
	PU-Learning	种子用户学习（模型），其中Positive指的是种子用户，Unlabled指的是所有用户	Positive-Unlabled-Learning
R	ROI	投资回报率，意指广告消耗与收益回报的比率	Return on Investment
	RTB	实时竞价，是一种利用第三方技术在数以百万计的网站或移动端针对每一个用户展示行为进行评估以及出价的竞价技术	Real Time Bidding
S	S2S	服务器对服务器的通讯，一般是基于API进行服务器之间的信息和数据传输	Server to Server
	SAAS	软件即服务，用户无须软硬件设施即可接入的应用，一般从账户上收费	Software-as-a-service
	SDK	软件开发工具包。在数字营销领域，效果转化工具的监测一般是通过在广告主APP中嵌入sdk代码包的方式实现	Software Development Kit

续表

	术　语	含　　义	英文全称
S	SEO	搜索引擎优化，目标是利用搜索引擎的规则提高网站/产品在搜索引擎中的自然排名	Search Engine Optimization
	SHA-256	安全散列算法。哈希值用作表示大量数据的固定大小的唯一值。数据的少量更改会在哈希值中产生不可预知的大量更改。SHA256 算法的哈希值大小为 256 位。本章中所说手机号 SHA-256为 64位数据，由a-f, A-F, 数字组成。如ade0323ee23423423dfa134e32422eeecfd2c9390e82ed7e8332349128432	Secure Hash Algorithm
	SMB	中小企业客户，在数字营销领域一般指的是中小广告主	Small and Medium-sized Business
T	TA	目标受众，指广告希望覆盖的消费者群体	Target Audience
	TSA	腾讯社交广告平台，腾讯推出的综合性人型投放平台	Tencent Social Ads
U	UID	用户身份证明，通常为数字的组合。本章中所说的UID为今日头条系产品上的UID	User Identification
	URL	统一资源定位符，是互联网上资源、文件的地址	Uniform Resource Locator
	UV	独立访客	Unique Viewer
V	VTR	播完率，概念来自于Youtube的View Rate(观看率)。VTR在国内广告行业指的是用户观看完视频素材的比率	View Through Rate
	VV	视频播放次数，为衡量视频效果的重要指标	video view
X	XML	可扩展标记语言，一种用于标记电子文件使其具备结构性的标记语言	Extensible Markup Language
其他	4A	美国广告代理协会	The American Association of Advertising Agencies